J. de BEAUREGARD

Parthénon
Pyramides
Saint Sépulcre

EMMANUEL VITTE
ÉDITEUR
LYON

PARTHÉNON
PYRAMIDES
SAINT-SÉPULCRE

LIBRAIRIE E. VITTE

DU MÊME AUTEUR :

Le Circulaire 33 : *Du nord au midi de l'Espagne*. — 1 vol. in-12, 3me édition. 2 50

Le Circulaire 94 : *De Paris à Vienne, par Oberammergau (Allemagne du sud, Autriche, et Italie* septentrionale). — 1 vol. in-12, illustré. 3me édition. 2 50

Chez nos amis de Russie (*Allemagne* du centre et du nord, *Pologne*, et *Russie*). — 1 vol. in-8°, illustré par F. Lambert. Neuvième mille . . . . 3 »

En zig-zag aux Pays-Bas (*Belgique*, et *Hollande*), et sur les bords du Rhin (*Allemagne* occidentale). — 1 vol. in-8°, illustré par F. Lambert. 3me édition. . . . . 3 »

Du Vésuve a l'Etna, et sur le littoral de l'Adriatique. (*Italie* méridionale, *Sicile*, et *Italie* orientale). — 1 vol. in-8°, illustré par O'Netty. 3me édition . . . . 3 »

Aux rives du Bosphore (*Turquie, Roumanie, Bulgarie,* et *Serbie*). — 1 vol. in-8°, illustré par O'Netty, 4me édition . . . . . 3 »

Au pays des Fjords (*Danemark, Suède,* et *Norvège*). — 1 vol. in-8°, 71 illustrations en similigravure, et un frontispice composé par F. Lambert. 3me édition . . . . 3 »

Au pays de saint Augustin, et aux rives du Tage (*Tunisie, Algérie,* et *Portugal*). — 1 vol. in-8°, 85 illustrations en similigravure, et un frontispice composé par F. Girrane. 2me édition. . . 3 »

Chacun de ces volumes est expédié, franco, par la poste, contre l'envoi d'un mandat à M. Emmanuel Vitte, *libraire-éditeur, 3, Place Bellecour, à Lyon.*

EN PRÉPARATION :

Chez nos bons voisins d'Outre-Manche (*Angleterre, Ecosse,* et *Irlande*). — 1 vol. in-8°, illustré.

Lyon. — Imprimerie E. Vitte, 18, Rue de la Quarantaine.

J. DE BEAUREGARD

Parthénon
Pyramides
Saint-Sépulcre

(GRÈCE, ÉGYPTE, PALESTINE)

CENT DIX-SEPT ILLUSTRATIONS, EN SIMILI-GRAVURE

Frontispice composé par R. LENAIL

LYON

EMMANUEL VITTE, ÉDITEUR

3, Place Bellecour, 3

1899

AVANT-PROPOS

N *a publié, en ce siècle, tant de livres sur l'Orient, et il s'en trouve, dans le nombre, quelques-uns d'une si indiscutable valeur, qu'il faut, en principe, considérer la* QUESTION *comme définitivement* TRAITÉE. *Il y a donc, ce semble, quelque témérité à donner, sur ce sujet, un nouveau livre : outre que l'auteur s'expose au danger de n'y rien avancer de bien original, il risque, presque infailliblement, de provoquer des comparaisons désavantageuses, et, partant, de se faire défavorablement juger.*

Ce « livre nouveau », j'ai pourtant essayé de l'écrire : ce péril, j'ai cru pouvoir tenter de l'affronter.

Or, voici les deux considérations qui m'y ont surtout déterminé.

*Je me suis dit, d'abord, que, dans une matière aussi vaste et aussi complexe, où il ne va de rien moins que de tout ce qui touche à notre formation religieuse et à notre éducation intellectuelle, la description des contrées lointaines, si utile, si nécessaire même soit-elle à la bonne économie de l'ouvrage, n'y vient toutefois qu'au second plan. Ce qui domine, dans un tel livre, ou, du moins, ce qui doit y être mis en relief, c'est la civilisation, c'est l'*ESPRIT*, dont ont vécu, dont vivent encore, à Athènes, comme à Jérusalem, comme au Caire, les races respectives. Etudier l'âme même de ces races dans l'ondoyante manifestation de leurs croyances, de leurs aspirations, et de leurs œuvres, voilà un thème, qui, s'il n'est pas absolument neuf, a, du moins, l'avantage d'être à peu près inépuisable et d'offrir, à l'observateur qui le retourne et le creuse, un fonds éternel d'appréciations et de remarques. J'ai donc tâché de dire, d'après mes impressions ressenties, ce que j'ai éprouvé, au contact immédiat des hommes et des choses, sur la terre des Pharaons, au pays du Christ, et chez les Grecs. Ce que m'ont appris, par une vision directe, les monuments fameux dont ces contrées surabondent, je l'ai ensuite, simplement, raconté. Mais, je l'avoue, j'ai pris un plaisir extrême à évoquer, chemin faisant, tous les vieux souvenirs, à réveiller tous les échos endormis.*

*Puis, je me suis rappelé le mot très juste qu'un grand voyageur, doublé d'un savant, Louis Léger, jetait, non sans quelque intention, dans son dernier livre (*RUSSES ET SLAVES, *3*me *série, 1899) : « Il est certain, disait-il, que, si nous connaissions mieux ce qui se passe hors de nos frontières, nous serions moins sujets à nous em-*

baller, à tout propos ». Et, comme ce mot exprime, en perfection, l'une de mes idées les plus chères, à savoir, que rien n'élargit mieux l'intelligence que les voyages, ni n'ouvre un champ plus large aux rapprochements, j'ai trouvé que, après une patiente chevauchée de deux mois « hors de nos frontières », l'occasion s'offrait particulièrement propice, au retour, pour apprécier certains faits, caractériser certains actes, dénoncer certaines compromissions, et, au besoin, flétrir certaines lâchetés. Qui ne le sait? Rien n'est absolu, en ce monde; et telle chose, qui nous paraissait bonne, il y a quelques années, peut très-bien, maintenant, nous sembler médiocre, ou même mauvaise, si, entre temps, l'Histoire nous a pourvus de lumières nouvelles et de renseignements plus copieux, pour en prendre plus exactement la mesure. J'ai donc dit nettement, sincèrement, ce que je pense aujourd'hui, ce que j'estime qu'il faut penser, et de l'incroyable attitude des Anglais en Egypte, et de l'Alliance russe, et de tous les dangers que le schisme, de quelque masque d'ailleurs qu'il se couvre, fait courir à la France.

Ne servît-il qu'à ouvrir des yeux qui semblent s'obstiner à ne point voir, ce livre valait donc peut-être la peine d'être écrit.

Beauregard, 27 avril 1899.

PREMIÈRE PARTIE

AU PAYS DES PHARAONS

PREMIÈRE PARTIE

AU PAYS DES PHARAONS

CHAPITRE I

UNE VILLE FLOTTANTE : L' « ORÉNOQUE »

INQ heures trente-trois minutes de l'après-midi, un jeudi d'août 1898. Sur le quai des Messageries maritimes, l'animation, depuis trois heures, est extrême. Autour de l'*Orénoque*, qui domine fièrement, de sa masse imposante, tous les bateaux d'alentour entassés dans le bassin de la Joliette, vont et viennent, empressés, voyageurs, porte-faix et commissionnaires. Dans la cale, au grincement des poulies et au grondement des grues, s'empilent les colis énormes, pendant que, dans les cabines ou sur le pont, s'alignent les bagages à peu près « portatifs ». Peu-à-peu, le pont s'est peuplé d'une foule de passagers, qui, accoudés aux bastingages, assistent, des hauteurs propices de ce poste d'observation, au spectacle très-divers qui se déroule en effet sous leurs yeux : au

premier plan, tout en bas du paquebot, la cohue des derniers arrivants, et l'échange des adieux qui précèdent le départ ; au-delà, le fourmillement fiévreux des embarcations qui se croisent, et des matelots qui se hèlent ou... s'injurient ; plus loin, le profilement des quais qui contournent les bassins, et, presque en face de l'*Orénoque*, la Major, aux lignes majestueuses et aux coupoles aériennes ; enfin, à l'arrière-plan, la vaste agglomération Marseillaise, avec ses vieux et ses nouveaux quartiers, ses hauts édifices cramponnés aux flancs d'un sol inégal, et ses constructions échafaudées jusques aux pieds des roches grisâtres que domine et couronne l'image souriante de Notre-Dame de la Garde.

Nous devions, réglementairement, lever l'ancre, à quatre heures. Mais le paquebot ne part pas sans le « courrier » ; et, aujourd'hui, la Poste s'est fait attendre. Il est cinq heures et demie bien sonnées, quand, après le dernier coup de cloche traditionnel, la sirène gémit, et que, lentement, solennellement, avec toutes sortes de précautions, l'*Orénoque* glisse hors du bassin où elle s'était amarrée (FIG. 1).

D'ailleurs, un bateau superbe, l'*Orénoque*. Construit dans les chantiers de la Ciotat, il y a environ un quart de siècle, avec une seule machine et une seule hélice, il mesure cent vingt-cinq mètres de long sur quinze à seize mètres de large, et peut transporter jusqu'à quinze cents passagers. Comme il a, d'autre part, au moins quatre-vingts hommes d'équipage ou de service (1), cela lui fait donc, en cas de chargement complet, un chiffre de presque seize cents personnes. C'est à peu près, sinon même plus, le total de la population de quelques-unes de nos sous-préfectures de province : Saint-Julien, par exemple, dans la Haute-Savoie ; Puget-Théniers, dans les Alpes Maritimes ; Lombez, dans le Gers, etc.

Pour rendre le rapprochement plus exact, il est permis

---

(1) Le corps des Officiers du bord se compose d'un Commandant, d'un Capitaine en premier et d'un Capitaine en second, de deux Lieutenants, d'un Docteur, et d'un Interprète.

d'ajouter que, sur cette ville flottante, tout de même que dans lesdites sous-préfectures, il existe les mêmes contrastes qu'on trouve dans nos cités, petites et grandes. L'*Orénoque* a, comme elles, son quartier aristocratique, son quartier bourgeois, et ses quartiers populaires. Les « premières », avec leurs cabines luxueuses, leurs vastes salons, et les agréments variés ménagés à la clientèle qui y fréquente, forment, sur le bateau, une sorte de « faubourg Saint-Germain », où la vie a tout le confort désirable; les « secondes », quoique moins privilégiées,

Fig. 1.
L'*Orénoque*, au sortir du port de la Juliette.

jouissent pourtant encore d'assez d'avantages pour en faire un quartier agréable à occuper; mais, aux « troisièmes » et aux « quatrièmes », l'organisation se ramène progressivement au strict nécessaire. Là, plus de salle à manger, ni plus de cabines : groupés, presque entassés, sur le gaillard de l'avant et dans les soupentes latérales, les passagers vivent, mangent et dorment, au grand air, et font songer à ce qu'on voit, à Napoli, dans les ruelles invraisemblables qui dévalent, vers la mer, aux bords de la baie. C'est le même grouillement bizarre de fourmilière humaine, le même amoncellement de hardes, la même pendaison de loques séchant au soleil. Ils sont là, sur l'*Orénoque*, une centaine de Syriens, retour d'Amérique, qui se sont empilés, hommes, femmes et enfants, avec, pour tout trésor, la cargaison de peaux de tigres qu'ils rapportent d'outre-mer et dont ils escomptent, confiants, le bénéfice de la vente aux tanneurs de l'Orient. Des concombres, des pastèques, du pain, et, pour arroser le tout, de l'eau filtrée à discrétion, voilà le très-rudimentaire menu de leurs maigres repas. Mais cela semble suffire à leurs estomacs, de longue date assouplis à cette discipline ; et cela n'enlève rien à la sérénité de leur humeur, qui se donne carrière en des fusées d'un rire cristallin et dans une conversation ordinairement très-animée et très-bruyante. Sur le tout, brochent, pour achever le tableau, les glapissements joyeux ou les larmes des petits enfants, qui pullulent, et qui jettent ainsi, gaie ou triste, leur note bien personnelle dans ce singulier concert. Au surplus, tout le monde y va de ses bras et s'entr'aide, dans ce phalanstère à la belle étoile : pendant que, accroupies sur un tas informe de chiffons qui supplée à l'absence de tapis ou de nattes, les femmes ravaudent des loques et se livrent à d'interminables « reprises » de couture, les hommes, eux, s'affirment habiles à toutes sortes de travaux : ils balancent les bébés, à la mine barbouillée, qui refusent de dormir dans un hamac suspendu, en guise de berceau ; sur le réchaud à esprit de vin, ils préparent, avec le recueillement que met nativement tout Oriental à ce genre d'exercice, le café noir (1) qui va fumer, tout-à-l'heure, dans les tasses microscopiques, et qui est le seul luxe de ces pauvres gens ; ou encore, en un coin, près des matelots, et avec leurs outils, ils reclouent et consolident la caisse où s'engouffreront, à l'arrivée, tous les menus objets disparates du ménage ambulant.

On aime, pendant les longs loisirs de la traversée, à venir errer dans ce faubourg du paquebot, si vivant et si original sous son aspect populaire, et à essayer d'y prendre sur le vif quelques observations. Il n'est pas besoin en effet d'un long principe réflexe pour faire, de son sort à celui de ces faubouriens, une comparaison qui est tout à l'avantage du visiteur : de là à remercier la divine Providence qui, dans l'inégale quoique toujours paternelle

---

(1) A l'entrée du gaillard, il y a, d'ailleurs, une humble cabine dont la porte est surmontée de cette microscopique enseigne « CAFÉ ARMÉNIEN », et où le café turc coule en permanence.

répartition des dons qu'elle fait à ses créatures, nous a ménagé le lot que nous avons, il n'y a qu'un pas. Et cet acte de reconnaissance, provoqué par la vue d'êtres moins favorisés, fût-il le seul résultat de cette visite, en serait déjà un bénéfice appréciable. Mais il y en a maint autre à recueillir : celui, par exemple, de constater combien sont divers, même en Europe, les usages et les habitudes : celui de voir l'orientation presque exclusivement uniforme des préoccupations de ces nomades ; celui surtout de découvrir, et de saisir, indéniable, en dépit de toutes les variantes qu'il peut subir ou de toutes les bigarrures dont on peut le surcharger, ce fonds, éternellement le même, de l'humaine nature, qui fait qu'on se retrouve en partie soi-même jusque dans les types les plus originalement accusés, et qui, de plus, prouve bien que, tous, nous sortons des mains du même bienfaisant et habile Créateur.

S'il existe vraiment, et très-concrètement, des quartiers distincts, sur l'*Orénoque*, il s'y trouve aussi toute la sage et intelligente organisation d'une maison bien administrée et bien tenue. L'espace y étant limité, chaque service y est exactement à la place la plus favorable pour la bonne gestion de l'ensemble. C'est ainsi que, au centre du paquebot (1), sont localisées les cuisines, la boulangerie, la soute au charbon, la forge, la menuiserie, etc. Voici même que, sur le pont, le long des bastingages, à bâbord, on a installé, dans le voisinage des rôtisseurs, sept « boxs », où, debout, se tiennent tranquilles, en nous examinant de leurs grands yeux étonnés, sept magnifiques chevaux qu'un écuyer conduit au frère cadet de S. A. le Khédive. Plus près du salon, à l'arrière, et adossé à l'« appartement » du Commandant, est l'office, avec son personnel pour le service des « premières ». A l'heure des repas, le salon se transforme, en un clin d'œil, en une salle à manger, qui, riante, à déjeûner, sous les rayons éclatants du soleil du matin, a,

---

(1) Là, près des cuisines, dort, muette et inoffensive, dans sa robe, reluisante de cuivre, une pièce de campagne de 4, de 101 kilogs, RUELLE, qui n'est utilisée que rarement, pour les signaux.

le soir, grâce à la féérie d'innombrables lampes électriques, l'aspect enchanteur d'une « salle des fêtes ».

L'*Orénoque* n'a pas cependant la magnificence des paquebots construits, ces dernières années, par la Cie des Messageries Maritimes : il ne saurait rivaliser, sous ce rapport, ni avec le *Laos*, où un piano à queue d'Erard ménage aux passagers bien des ressources et bien des plaisirs, dans l'élégant salon de musique du bateau ; ni avec le *Chili*, qui possède des galeries et une cheminée, comme on en rencontre dans les palais historiques ; ni avec la *Plata*, dont la salle à manger est une merveille ; ni avec la *Cordillère*, au fumoir princier. Mais, à le prendre tel quel, en sa simplicité de bon goût, il reste encore très agréable à « habiter » : bon marcheur, il fait, si peu qu'y aide la qualité de la houille, ses treize à quatorze nœuds à l'heure ; et, solidement ponté, il tient admirablement la mer et se défend vaillamment contre la poussée des vagues capricieuses, si facilement irritables.

La distance à parcourir, de Marseille à Alexandrie, en coupant par les bouches de Bonifacio et le détroit de Messine, est calculée à raison de quatorze cent quatre milles, soit, en chiffres ronds, deux mille six cents kilomètres, puisque le mille français correspond à dix-huit cent cinquante-deux mètres. Partis, du port de la Joliette, le jeudi soir, nous devions arriver normalement, à Alexandrie, le mardi suivant, à quatre heures du matin : nous n'y débarquâmes toutefois qu'à midi, avec un retard de huit heures, causé par la qualité inférieure de la houille, à un moment où sévissait l'épidémie d'une grève de charbonnages (1). Chaque jour, à midi, pendant la durée de la traversée, un officier du bord relève exactement, avec le point où se trouve le paquebot, le nombre de milles parcourus, et fait, de cette constatation, l'objet d'une note qui est immédiatement affichée à l'entrée du salon des

---

(1) Il ne faut pas moins de soixante tonnes de charbon, par vingt-quatre heures, pour alimenter la machine d'un grand paquebot, comme l'*Orénoque*.

premières (1). Et comme, à côté du chiffre des milles déjà effectués, figure celui des milles qui restent encore à faire, on a donc, chaque jour, au sortir du déjeûner, le plaisir de voir de quelle distance s'est rapproché progressivement le terme du voyage. Par une opération semblable, et qui complète la première, on règle, chaque jour, à midi, la pendule du salon, d'après le degré de latitude où l'on est parvenu ; et chacun d'avancer, en conséquence, les aiguilles de son chronomètre, et de marcher à l'unisson.

Pendant cette traversée, relativement longue, de quatre jours et demi et de cinq nuits, nous fûmes favorisés d'un temps idéal. A peine, deux soirs, entre sept et neuf heures, sentîmes-nous un peu de roulis. Personne, durant les repas, n'eut donc à fausser compagnie à ses voisins de table, ni à quitter la salle avec l'air, déconcentré et presque navrant, que l'on connaît. Groupés par carrés, nos compagnons restèrent, joyeux, tout le temps, à leur place respective, pendant que, autour de nous, sous la direction du maître d'hôtel, les gens de service vaquaient, actifs et empressés, à leurs fonctions, et que tous, avec l'appétit féroce qu'entretient la brise de mer, nous faisions grand honneur aux menus délicats de la Compagnie. A la table du Commandant Bouis, où l'on m'avait fait l'honneur de m'assigner une place, en compagnie d'un médecin distingué des hôpitaux de Paris et de sa famille, la cordialité la plus franche s'établit, entre nous, dès le jeudi soir, et rendit particulièrement agréables les heures que nous passâmes ensemble, dans la suite. Le Commandant, qui commence à blanchir sous le harnois, nous conta de

---

(1) Voici le texte du Bulletin affiché, le deuxième jour de notre traversée :
Point, à midi :
Latitude : 38°37' N.
Longitude : 12°40' E.
Milles parcourus : 529.
Milles à parcourir : 875.
 En mer, le 20 août 1898.
       Pour le Commandant :
       J. Neuhause.

curieux incidents de ses nombreuses traversées, et nous fit, en particulier, par le détail, le récit de la Croisière qu'il avait dirigée, sur l'*Orénoque*, au printemps précédent (9 = 30 avril 1898), aux rivages Helléniques, au mont Athos, et à Constantinople (1). Cette exploration extraordinaire, à travers les archipels de la mer de Grèce, lui avait donné, pour parer aux accidents possibles en des parages peu fréquentés par les bateaux de la Compagnie, bien des sollicitudes; il avait dû passer en observation, sur la dunette, la plupart des nuits.

Si, le premier jour, même en « première », surtout en « première », chacun se tient, vis-à-vis des autres passagers, sur une prudente et discrète réserve, la glace cependant ne tarde pas à se rompre. Le hasard des rencontres, sur le pont et dans les vastes espaces ménagés pour la promenade, y aide singulièrement, sans parler des rapprochements que font naturellement surgir la similitude des goûts, la communauté des études, et, peut-être aussi, la présence du fluide insaisissable que développe le courant des sympathies. Arrivé seul sur le paquebot, il est rare qu'on ne s'y trouve, après trente-six heures, avec un petit cercle d'amis, — amis de passage et de fortuite rencontre, sans doute, qu'on a grand chance de ne plus jamais retrouver sur son chemin, mais amis tout de même, dont le commerce et la conversation ne jettent pas un médiocre agrément sur la monotonie de la route.

Au surplus, elle n'est point si monotone, cette route; ou, du moins, elle ne risque de le devenir un peu qu'après qu'on s'est éloigné des côtes de la Sicile et qu'on se trouve, jusqu'à Alexandrie, absolument en pleine mer. Jusque-là, au contraire, bien des sites apparaissent tour à tour pour stimuler l'attention et défrayer la curiosité. Je

(1) Cette savante Croisière fut organisée sous les auspices et par l'intermédiaire de la *Revue générale des Sciences*. M. Ch. Diehl, professeur à la Faculté des Lettres de Nancy, l'a racontée dans une piquante brochure (In-8° illustré, Berger-Levrault, Nancy. 1898). En 1896, le *Tour du monde* avait pris l'initiative d'une Croisière toute semblable, dont M. G. Larroumet, professeur à la Sorbonne, a retracé l'histoire.

me rappelle que, éveillé, le vendredi matin, à cinq heures, par le bruit que faisaient, sur ma tête, les matelots occupés à laver à grandes eaux le pont et les couloirs, je quittai hâtivement ma cabine et que, arrivé sur le pont, j'y eus, tout à point, l'agréable surprise d'un magnifique lever de soleil, par-delà les cimes rocheuses et dentelées des montagnes de la Corse. L'air était frais, mais d'une fraîcheur très douce ; le ciel, où, une à une, commençaient à s'éteindre les dernières étoiles, avait la profondeur azurée et la fluide transparence qu'on lui trouve habituellement en Orient ; et, là-bas, à l'est, la ligne d'horizon, où peu à peu se dessinaient les arêtes d'abord indécises des montagnes, se ponctuait, elle-même, de minute en minute, de colorations plus brillantes, plus chatoyantes, plus chaudes. L'*Orénoque* arrivait en face d'une large échancrure demi-sphérique ménagée dans la masse des rochers, quand, par cette échancrure, et en s'y encadrant à souhait, émergea, rouge et incandescent comme s'il sortait d'une fournaise, le soleil du matin. Lentement, il monta, dans l'échancrure granitique, inondant, à mesure qu'il poursuivait sa triomphale entrée en scène, inondant tout, et les monts, et la plaine, et la vaste mer, de ses rayons d'or et de feu. Le spectacle était magique ; et le plaisir en était peut-être doublé par la pensée d'être seul à jouir de cette bonne aubaine, tandis que, insouciants, les autres passagers sommeillaient, comme une lettre dans son enveloppe, en l'étroite et plate couchette de leur cabine.

Vers onze heures, sur une mer très calme, nous franchissions les « bouches » de Bonifacio, laissant, à gauche, la pittoresque petite ville, aux maisons capricieusement étagées sur la falaise à pic, pour trouver, bientôt, à droite, le solide rempart des roches séculaires qui dessinent l'arête septentrionale de la Sardaigne. La nature semble s'être complue, en cet endroit, à ébaucher les plus fantastiques compositions. Entre vingt autres dessins originaux formés par les saillies de la montagne, il faut citer, à cent mètres environ de la tour carrée que domine la lanterne du phare, un rocher dont les singulières découpures donnent l'illusion de la soudaine apparition d'un aigle monumental, planant, la tête arquée et les ailes éployées, au-dessus des abîmes. Plus loin, beaucoup plus loin, aux approches de la Sicile, c'est le défilé des îles Lipari, aux flancs volcaniques, aux formes bizarres : à leur aspect, s'éveillent, comme un essaim endormi, tous les vieux souvenirs poétiques dont les avait peuplées l'inventive imagination des Grecs; aussi bien, comme au temps d'Homère, Stromboli, ce séjour d'Eole, lance toujours vers le ciel le panache d'épaisse fumée qui témoigne de l'incessante activité de ses fournaises intérieures. Puis, c'est Charybde et Scylla, cauchemar des Anciens, mais bien inoffensifs aujourd'hui, et pour la passe desquels nos grands vapeurs ne jugent pas cependant inutile de s'adjoindre parfois un pilote expérimenté. L'*Orénoque*, avec une sage lenteur, décrit une longue courbe pour entrer dans le détroit de Messine, en passant assez près de la petite ville de Palmi, d'abord, qui se détache, à mi-hauteur du mont S. Elia, d'une véritable forêt d'oliviers et d'orangers ; puis de celles de Scylla, peut-être plus pittoresque encore que sa voisine, et qui domine le rocher célèbre, proche du légendaire tourbillon. Voici ensuite Reggio de Calabre, si souvent secoué par les tremblements de terre, et si gracieux, ce soir, dans l'éclairage du soleil couchant : en face, Messina, qui prend, chaque jour, sa revanche, aux premières lueurs du matin, se trouve, à cette heure, comme recouverte d'un manteau de tristesse, perdue qu'elle est à demi dans la fumée de ses manufactures et dans l'envahissante pénombre du crépuscule.

Et la nuit nous enveloppe bientôt nous-mêmes de ses voiles, trop tôt, hélas! pour nous laisser le loisir de contempler, jusqu'au bout, le prestigieux décor qui se déroule, à plaisir et sans cesse renouvelé, le long de cette côte italienne. On s'arrache avec d'autant plus de regret à la vision fugitive, que, le détroit franchi, c'est la mer qui commence, solitaire et implacable, dans son bleu d'azur, jusqu'à ce qu'apparaisse, après deux jours et demi de route, la silhouette du rivage égyptien. Avec quelle curiosité on fouille, de sa lorgnette, les lointains de l'horizon, le matin de l'arrivée ; avec quelle joie on salue la première apparition de la terre ferme, cela se devine. Ce n'est, d'abord, que la vision imprécise d'une masse vague qui semble sortir des flots ; puis, insensiblement, cela prend corps, et se dessine dans les contours ; en se rapprochant, les lignes et les objets s'accusent de plus en plus distinctement. Voici bien un phare ; voici des mâts de navire ; voici des maisons, et, là-bas, quelque chose qui ressemble à une colonne ; voici des cheminées d'usines. Abrégeons : voici Alexandrie ! Attendue depuis le matin, l'arrivée du paquebot est saluée par des acclamations enthousiastes : autour de lui, canotent vingt barques de plaisance, qui échangent, avec des groupes de passagers, des salutations joyeuses et d'impatients appels. Sur le quai de débarquement se bouscule, prête à donner l'assaut aux voyageurs, l'armée, l'inévitable armée, des porte-faix, guides et pisteurs, dont nous allons avoir bien de la peine à nous défendre. Par bonheur, il y a un port, à Alexandrie, et l'*Orénoque* nous dépose « à quai » : les pirates pourront donc faire main basse sur les bagages ; du moins nos personnes auront quelque chance de leur échapper. Je ne saurais dire exactement ce qu'il advint de mes compagnons, dans la cohue de la sortie. Ce que je puis affirmer, ce que j'aurai l'occasion de répéter bien des fois dans ce livre, c'est que, muni d'un billet circulaire de la Cie Thos. Cook, j'eus, dès cette première étape, l'occasion de me féliciter des services inappréciables que peut rendre, et que rend en réalité, cette Société, dans toutes les villes de l'Orient. Bagages et personne, tout fut, grâce à sa protection, non seulement respecté, mais transporté, comme par enchantement, du port à l'hôtel. Aucune visite intempestive ni indiscrète de la douane, si facilement ombrageuse ; les formalités de visa du passe-port singulièrement simplifiées ; enfin, en arrivant à l'hôtel, un accueil tout ensemble respectueux et amical : voilà certes qui n'est pas à dédaigner quand on tombe, de notre vieille Europe, sur la terre inconnue et dans la civilisation exotique des pays orientaux. Je remplirai donc un simple devoir d'équité et de gratitude en disant, à l'occasion, ce que je pense d'une Agence dont, après Loti, bien des gens ont jugé spirituel de médire, sans prendre seulement la peine d'étudier la question, ni de faire, à ce sujet, quelques distinctions élémentaires, qui les eussent empêchés de répéter à peu près autant de sottises que de mots.

CHAPITRE II

ALEXANDRIE

uelque désolée et nouvelle qu'apparaisse, tout d'abord, la terre d'Egypte, le long de cette côte jaunâtre, sèche et dépourvue de végétation qu'on a aperçue du pont du paquebot, on ne tarde pas cependant à s'y trouver presque en pays de connaissance, si peu qu'on ait déjà exploré notre grande colonie africaine, l'Algérie, et les rivages brûlants de la Régence de Tunis. Ce sont, ici et là, les mêmes palmiers, dressés vers le ciel et éployés en panaches, comme de gigantesques plumeaux ; les mêmes villages, aux humbles maisons pétries de terre glaise, séchée au soleil ; les mêmes mosquées, aux blancs minarets, en pointe d'aiguille ; les mêmes files de chameaux, aux larges enjambées, à la tête pensive, emmanchée d'un long cou qui fend l'air avec des oscillations de proue de navire ; la même variété enfin des costumes aux draperies flottantes, et la même fantasmagorie des couleurs. On n'a donc pas, tout de suite, comme on se complaisait à le croire, en débarquant, l'impression totale de quelque chose d'inédit, de non encore vu, de vraiment original ; et en attendant que cela se rencontre, la visite d'Alexandrie, ville d'affaires et à demi occiden-

tale, n'est pas peu faite pour corroborer cette première impression (1).

Il serait difficile en effet d'imaginer rien de plus moderne, de plus parfaitement européen, que la vaste et belle Place Méhémet-Ali, qui est comme le centre de la vie locale, à Alexandrie. A la voir toutefois, aujourd'hui, avec son cadre de constructions imposantes, ses squares, ses ombrages, sa statue équestre du fondateur de la dynastie khédiviale, et son animation incessante, on ne soupçonnerait guère qu'il ne se trouvait là, il y a un quart de siècle, qu'un monceau de ruines lamentables. Pourquoi ces ruines? Par qui furent-elles accumulées? A quelle occasion, ou sous quel prétexte? — Il importe de le rappeler ici, avec précision, tant pour la pleine intelligence des faits, que pour le maintien des droits imprescriptibles de la vérité et de l'histoire, en face des faux-fuyants et des ruses de la diplomatie anglaise.

On sait que, dans la première moitié de ce siècle, Mohammed-Ali avait réussi, à la suite de courageux et brillants faits d'armes, à faire reconnaître, par la Porte, son droit d'hérédité, en Egypte, sous le protectorat du Sultan : un firman d'investiture lui avait solennellement accordé,

(1) Dès que le voyageur met le pied sur le sol égyptien, l'une de ses premières préoccupations doit être de se procurer de la monnaie du pays. La chose est aisée, grâce aux changeurs qui, sur la Place des Consuls, tiennent leurs comptoirs, en plein air ; grâce surtout aux Banques, et, en particulier, aux succursales du Crédit Lyonnais, où l'opération se fait avec une sécurité plus grande pour l'étranger, non familiarisé encore avec les divisions et subdivisions du système monétaire en usage. A l'Hôtel Abbat, où j'étais descendu, l'on me remit, dès mon arrivée, une petite feuille très pratiquement libellée, où figurait, en dessous des pièces égyptiennes, dessinées grandeur naturelle, un tableau comparatif de leur valeur, tant en monnaie française qu'anglaise. La pièce d'*or* égyptienne qui s'appelle *livre*, se divise en cent *piastres* et correspond à peu près à 25 fr. 90 centimes : la piastre vaut donc cent fois moins, c'est-à-dire 0,26 cent. La monnaie d'*argent* se subdivise en pièces de vingt piastres (5 fr. 20), de dix piastres (2 fr. 60), de cinq piastres (1 fr. 30), de deux piastres (0 fr. 52), et de une piastre (0 fr. 26) ; toutes ces pièces sont désignées sous le nom générique de « piastres *Tarif* » : il existe en effet une pièce divisionnaire, en nickel, qui vaut 0 fr. 13, et qui est appelée « piastre *demi* Tarif ».

le 13 juillet 1841, pour lui et sa famille, le droit héréditaire de souveraineté, avec le titre de Vice-roi, ou de Khédive. Mohammed travailla sans relâche à établir, en Égypte, un gouvernement fort et à y faire respecter son autorité des puissances européennes, et, en particulier, de l'Angleterre, qui ne redoutait rien tant, pour son commerce et ses colonies, qu'un gouvernement de cette sorte. Il fut singulièrement aidé, dans sa tâche, par son fils adoptif, le célèbre général Ibrahim, dont le talent stratégique hors de pair était doublé de rares aptitudes administratives. Or, après la mort des enfants de Mohammed, ce fut un fils d'Ibrahim, Ismaïl, qui fut légitimement investi de la souveraineté (1863). Taoufik, fils d'Ismaïl, lui succéda, à son tour, en 1879, et travailla, comme ses prédécesseurs, au relèvement de l'Égypte. Peut-être ne le

Fig. 2. — Alexandrie.
Le Port occidental, et le Palais du Vice-Roi.

fit-il point avec toute la vigueur qu'attendaient de lui les « patriotes nationaux », extrêmement ardents alors à vouloir faire disparaître, dans le pays, les derniers vestiges de l'influence européenne toujours agissante. Ce qui est sûr, c'est que, en précipitant l'opération, la révolution militaire qui éclata, au Caire, en 1881, et qui assiégea le Khédive dans son palais, acheva de tout gâter. Bientôt, l'esprit d'opposition gagne la province, et Alexandrie devient un foyer de troubles sanglants. Une flotte anglaise mouille alors dans les eaux du port, et, du 11 au 12 juillet 1882, commence, sous prétexte de défendre Taoufik contre ses sujets révoltés, le bombardement de la ville. Le prétexte était honnête : mais, prendre ainsi l'offensive, pour étouffer la rébellion fomentée par Arabi-Bey, ministre de la guerre, n'était qu'un prétexte. L'insatiable Angleterre saisissait, avec un avide empressement, cette rare occasion d'intervenir militairement dans les affaires du Vice-Roi, et, sous couleur de services à rendre, de s'implanter adroitement en Egypte. Le général Wolseley, qui commandait le corps d'expédition crut cependant devoir donner prudemment le change sur les intentions réelles de l'Angleterre. Dans sa proclamation du 19 août 1882, il affirma hautement que « *le Gouvernement de Sa Majesté avait envoyé des troupes en Egypte dans* LE SEUL BUT DE RÉTABLIR L'AUTORITÉ *du Khédive* ». En réalité, c'était surtout, c'était exclusivement dans le but d'y établir définitivement l'influence anglaise, et de l'y faire dominer. L'histoire est là pour le dire, depuis vingt-sept ans ; et nous aurons l'occasion d'en fournir, plus loin, des preuves indéniables.

FIG. 3. — La Place Méhémet-Ali, après le bombardement, par les Anglais.

En attendant, constatons que les obus de la flotte anglaise avaient, en quelques heures, sous prétexte de faire rentrer dans le devoir les sujets ameutés du Vice-Roi, réduit en cendres les plus beaux édifices d'Alexandrie et amoncelé, en particulier, les ruines, sur la grande Place centrale, qui porte officiellement le nom de Place Méhémet-Ali (Mohammed-Ali), mais qu'on appelle équivalemment Place des consuls. Les victimes de cet acte de sauvagerie intéressée furent nombreuses, car le désastre avait été presque complet (Fig. 3) : longtemps Alexandrie en porta le deuil. Mais, aujourd'hui, le Temps a fait son œuvre, œuvre réparatrice, à l'inverse de celle dont il est coutumier : de superbes édifices se sont élevés à la place des murs croulants et des maisons en cendres ; et, sur le sol, labouré jadis par les boulets, ont poussé et grandi, près des fontaines murmurantes, des arbres vigoureux aux épais ombrages. (Fig. 4).

Deux civilisations bien distinctes s'épanouissent côte à côte, en cette grande cité, qui compte aujourd'hui plus de 300.000 habitants : celle de la population européenne, et celle de la race indigène ou arabe. Localisées, pour ainsi dire, dans leurs quartiers respectifs, elles gardent, bien tranché, leur caractère personnel; et, si elles se mêlent, c'est sans se confondre. Rien n'est plus parfaitement européen, par exemple, que toute la zône de la vaste Place et des grandes artères qui s'y amorcent, la longue rue Ibrahim, la rue Rosette, et vingt autres, larges, élégantes, peuplées de magasins luxueux, et où circule, à pleins bords, notre vie occidentale. Au rebours, rien n'est plus absolument indigène que la zone du quartier arabe, où, dans les boutiques en plein air, s'empilent les marchandises dont l'étalage empiète jusque sur la chaussée, et où, sur le sol boueux et glissant, piétinent gens et bêtes, avec de perpétuels arrêts causés par l'encombrement général. On ne s'attarde guère en un tel milieu, soit parce qu'on sait qu'on doit le retrouver ailleurs, plus complet encore et plus fortement accusé ; soit parce que, en réalité, bien qu'on soit venu chercher l'Orient en Egypte, il y a un charme extrême à y retrouver, à la descente du bateau, comme un coin de la France. Car, il n'y a pas à le nier,

Fig. 4. — Alexandrie.
La Place Méhémet-Ali, après la reconstruction.

malgré tous ses efforts, depuis bientôt trente ans, l'Angleterre n'a pas réussi à imprimer profondément sa griffe léopardine sur la ville qu'elle a bombardée ; c'est chose faite, bien manifestement faite, hélas ! au Caire ; mais non pas à Alexandrie, ou, du moins pas encore. On pourrait même soutenir que, s'il existe en Orient, une ville « franque », c'est essentiellement celle-là. Franque, Alexandrie l'est par sa langue, par ses goûts, par ses sympathies, par ses écoles florissantes, et par je ne sais combien d'autres détails encore.

Les Ecoles ! Voilà pour nous, en Orient, le plus puissant, le plus infaillible moyen d'influence ; c'est aussi tout le secret de celle que nous y avons pu conserver jusqu'ici. Or, il semble que, à Alexandrie, plus encore peut-être qu'ailleurs, l'histoire prend à tâche de se répéter. Après les Ecoles célèbres où, pendant si longtemps, les Ptolémées surent attirer les savants et les retenir, Alexandrie, eut, pendant la domination romaine, des Ecoles fameuses, non moins justement vantées. Puis le Christianisme la dota d'une gloire nouvelle, en lui envoyant des maîtres comme les Clément, les Origène, les Athanase, les Cyrille, qui, à pleines mains, répandaient la science et la lumière, tandis que, à plein cœur, les athlètes de la foi, comme Catherine, versaient leur sang pour la cause de la vérité. Sa réputation de cité affinée et intelligente, au lieu de s'amoindrir, allait donc au contraire en grandissant, de siècle en siècle. Partout, on citait avec admiration les riches trésors amassés dans sa Bibliothèque, qui comptait, à l'époque d'Omar et de Jean le Grammairien (641), plus de sept cent mille volumes. (1) Et aujourd'hui, voici, à Alexandrie, une nouvelle floraison d'Ecoles qui, à leur tour, font merveille. C'est, à côté des asiles et orphelinats,

---

(1) Suivant une tradition assez persistante, cette Bibliothèque aurait été incendiée, en 641, sur l'ordre même d'Omar, qui aurait tenu ce propos : « Si ces livres ne renferment que le Koran, ils sont inutiles ; s'ils contiennent autre chose, ils sont dangereux : qu'on les brûle ! » Mais, quoique tenace, cette tradition n'est rien moins que scientifiquement établie : Lavisse et Rambaud n'ont pas cru devoir y faire même allusion, dans leur *Histoire générale* (T. I, page 466.)

où les vaillantes Filles de Saint Vincent de Paul initient les petits enfants aux premiers principes, le Collège des Pères de la Compagnie de Jésus, où se déroule, complet, le cycle des fortes études classiques. C'est, en particulier, le magnifique Etablissement des Frères de la Doctrine chrétienne, où, grâce à l'ingénieuse combinaison d'un externat et d'un pensionnat, ces dévoués éducateurs dispensent, dans leur Collège Sainte-Catherine, le bienfait d'une instruction solide et brillante à plus de mille jeunes gens. Et c'est aussi, à côté de l'Œuvre des Salésiens de dom Bosco, cette merveilleuse Ecole française d'Arts et Métiers, qu'ont ouverte les mêmes Frères, les « Frères *Français* », comme les appelait si heureusement S. A. le Khédive Abbas-Hilmi, dans le firman par lequel il leur concédait une maison pour leur Ecole.

Fig. 5.
Marchand de canne à sucre.

Certes, depuis leur arrivée en Egypte, il y a un demi-siècle, les fils du Bienheureux de la Salle avaient parfaitement compris tous les besoins du pays. Ils étaient entrés de plain-pied, sans aucun de ces tâtonnements qui paralysent les premiers débuts, dans l'intelligence de la population au sein de laquelle ils allaient vivre : ils avaient eu admirablement le flair des aspirations du milieu, et de ses exigences ; et, sans rien changer à leur méthode ni à leur discipline scolaire, ils avaient adopté le programme idéal, qui, en suffisant aux aptitudes comme aux situations, n'éveille pourtant pas les ambitieux désirs, presque toujours avant-coureurs des déceptions amères. Et pourtant, quelque autre chose, une chose différente et meilleure, que celle qu'ils avaient faite, restait encore à faire ; et ce sont eux qui l'ont trouvée : c'était de fonder un enseignement, avant tout pratique, en ouvrant une Ecole d'arts et métiers. Pour cela, il fallait des protections et des ressources : aucunes ne firent défaut, du moins, pour pouvoir jeter en terre les premiers grains de la bonne semence. Pendant que S. A. le Khédive reconnaissait hautement l'utilité de l'institution, en cédant gracieusement le terrain nécessaire pour la construction de l'Ecole, la municipalité d'Alexandrie, l'Alliance française, et de généreux donateurs fournissaient les premiers subsides nécessaires à la fondation. Aujourd'hui, après sept longues années de vicissitudes et de patience, l'Ecole est ouverte et fonctionne, avec des ateliers qui marchent à ravir. Là, soixante paires de mains, jeunes et actives, cousent, relient des livres, fabriquent des chaussures, ou manient le compas. Le labeur est intelligemment distribué, et la ruche gaie comme toute ruche où l'on travaille dans la cordialité et le respect. L'étude du français est jointe aux travaux manuels, et une attention spéciale est donnée au dessin, cet « outil » par excellence de l'ouvrier. Or, que deviendront, plus tard, ces apprentis d'aujourd'hui, déjà si fiers de leurs dix doigts ? — Leur avenir semble bien près d'être assuré : car, tandis que nos étudiants, plus ou moins pourvus de parchemins, encombreront les antichambres de nos administrations, ces braves travailleurs n'auront guère que l'embarras du choix pour trouver une « place » et du travail. On demandait, un jour, à la Religieuse de Saint Vincent de Paul qui dirige, à Beyrouth, l'atelier de l'orphelinat où tissent, brodent, et s'élèvent chrétiennement des centaines d'enfants des deux sexes, ce qu'elle pensait faire, plus tard, de tout ce monde : « Oh ! répondit-elle, plus tard, nous ne sommes pas en peine. La ruche essaime : nos enfants sont demandés partout : ils sont l'orgueil de leurs familles, et deviennent son trésor. » Il en ira de même, à Alexandrie, pour les jeunes ouvriers de la nouvelle Ecole. Et comme cette Ecole, où l'enseignement est gratuit, est très populaire, elle exercera, par surcroît, une puissante influence, et toute française, dans cette partie de l'Orient.

Après la visite des écoles, celle des Eglises. Voici, tout près du collège des Frères, la Cathédrale Sainte Catherine, église épiscopale du Vicaire Apostolique, S. G. l'Evêque d'Alexandrie. C'est ensuite, à l'entrée de la rue Ibrahim, la gracieuse Chapelle de PP. Lazaristes, aux peintures pieusement artistiques. Plus loin, c'est l'église catholique Melchite, où S. B. Mgr Géraigiry reçut, en novembre 1898, un accueil enthousiaste, lors de la visite que l'éminent et populaire Patriarche Melchite d'Antioche, d'Alexandrie, et de Jérusalem, fit à ses communautés. Cela se passait quelques jours seulement après les réceptions officielles et bruyantes de l'empereur d'Allemagne, en Syrie ; et, sans chercher à établir des comparaisons, l'on put voir toute la différence qui sépare une manifestation de commande, dont la pompe a été coûteusement préparée, d'une ovation spontanée, où tout est inspiré par la plus respectueuse déférence et par les plus délicats sentiments du cœur. Ici, à défaut du déploiement de troupes et des curieux que le cosmopolitisme a rabattus des quatre coins de l'horizon, la foule, une vraie foule, empressée sans convocation, et calme dans sa joie simple et évangélique. Pas de drapeaux éclatants, de décorations criardes, ni de fanfares stridentes, qui rappellent le convenu profane ; mais des rameaux, des prêtres revêtus des ornements sacrés, et, là-haut, dans les airs, toute la joie des cloches. Le peuple baisse la tête, et se signe ; il s'approche, et fait à son chef un vivant rempart, sans que la brutalité des gardes écarte ce concours sympathique ; et tout ce monde s'agenouille, à l'église, prie avec le pasteur, et, pieusement, écoute ses premières paroles, ce touchant discours où l'éloquence vient de l'âme, et où s'affirment la foi de l'apôtre, les désirs de l'ami, l'affection du père. Ce jour-là, comme un de nos compatriotes, reçu en audience par Sa Béatitude, après la cérémonie, demandait au Prélat, dont les sentiments français sont bien connus, pourquoi il aimait la France : « C'est, répondit-il avec une généreuse vivacité, c'est de l'affection vraie, celle qui se raisonne le moins. Il y a pourtant à cela plusieurs raisons, et, d'abord, l'influence bienfaisante de l'éducation que nous devons à la France. Nous sommes de cette génération de 1860 qui accueillit vos soldats en libérateurs, et vous savez que la reconnaissance est douce aux cœurs bien nés. Votre enseignement rayonne partout ; partout vos écoles sont des foyers bienfaisants qui répandent, avec la science, l'amour de votre patrie. Vous nous avez initiés à votre vie, à votre civilisation, à vos coutumes ; nous parlons votre langue et nous aimons votre caractère ; vous avez imprimé à notre nation une marque ineffaçable. Pendant des siècles, vous avez été nos protecteurs ; et nos mères nous parlaient de vous comme de nos amis de toujours. Et voilà qui suffit au sentiment populaire. Nous y ajoutons, nous, quelque chose de plus raisonné. Si Léon XIII maintient jalousement vos privilèges, nous avons humainement les mêmes

Fig. 6. — Allée de la colonne Pompée.

motifs pour tenir à ces traditions, et nous y joignons une amoureuse coopération aux intentions du Saint-Père. Toutefois nos sympathies pour la France ne diminuent en rien nos sentiments de fidélité pour le Sultan. La Sublime Porte sait bien que les Melchites sont de loyaux sujets, et que nous ne faisons pas de politique. »

Au sortir de la Cathédrale Sainte-Catherine, on débouche dans une rue, à l'extrémité de laquelle se dresse un des derniers souvenirs de la ville antique, bientôt devenue immense, qu'avait fondée Alexandre pour être l'une des capitales de l'univers. On longe cette rue, ou allée (Fig. 6) ; et, après avoir franchi une porte, appelée indifféremment « porte de la colonne Pompée » ou « porte du Nil », et longé un cimetière arabe, on arrive au pied de la colonne monumentale (Fig. 7), dressée sur une éminence, à l'endroit où, pendant longtemps, on supposa que se trouvait le tombeau de Pompée, assassiné à Péluse, en 48 av. J.-C. De là, le nom traditionnel sous lequel elle est désignée. Il est cependant plus probable qu'elle date seulement de Dioclétien, en l'honneur de qui elle fut élevée, plus tard, après qu'il eut fait couler, en Egypte, le sang de tant de martyrs. En tout cas, elle a bien la couleur propre qui convient pour rappeler ces cruelles hécatombes, car elle est en granit *rouge* d'Assouan ; mais son chapiteau corinthien n'est plus couronné par la statue du sinistre empereur, qu'y avait fait ériger, au commencement du IV° siècle, le préfet romain Posidius, comme le rappelle l'inscription dédicatoire, aux trois quarts effacée par le temps, qui s'aperçoit encore sur l'une des faces du socle.

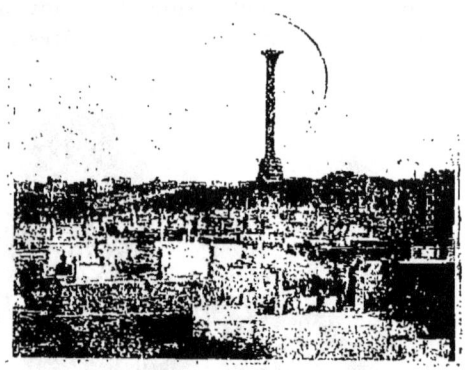

Fig. 7.
Colonne Pompée, et cimetière arabe.

A travers le quartier arabe et ses Mosquées (Fig. 8), et en suivant la principale de ses artères, la rue Ras-et-Tin, on arrive au quartier turc, qui tranche agréablement sur le précédent par la coquette élégance de ses habitations et l'agrément de ses nombreux jardins. Il s'étend sur le périmètre assez vaste de l'ancienne et célèbre île de Pharos, où Ptolémée Philadelphe avait fait construire la monumentale tour lumineuse, qui fut une des « merveilles » de l'antiquité : le « Pharos » d'Alexandrie donna en effet son nom à tous les *phares* du monde. Puis, en longeant la rue, on arrive au Palais de S. A. le Khédive, dont la masse laiteuse avait d'abord attiré l'attention, à l'entrée du paquebot, dans le port (Fig. 2). La princière demeure, sans avoir un caractère architectural bien accusé, bénéficie de sa position, au bord de la mer, où se balance le yacht doré du Vice-roi : du balcon ajouré, qui se développe en longueur sur la rade, on jouit d'une vue exceptionnellement belle. C'est toutefois au quartier européen que l'on revient le plus volontiers, en particulier, à la rue Ibrahim, la plus longue et la plus spacieusement ouverte des artères d'Alexandrie, la plus animée aussi et la plus vivante, où, sur les larges dalles de la chaussée, roulent, à fond de train, au risque d'écraser les passants, les victorias attelées de deux chevaux arabes, et où commencent à apparaître les ânes et les âniers, qu'on retrouvera partout en Orient. Construites à l'européenne, selon toutes les règles de l'architecture moderne, les maisons offrent cela de particulier que leur façade est à peu près invariablement agrémentée d'un balcon, à chaque étage ; c'est, ici, le triomphe de la superposition et de l'échafaudage des balcons, lesquels, du reste, n'y sont point un objet de luxe ou de parade, qu'on regarde et dont on n'use pas, mais un objet d'utilité pratique, une sorte d'appartement « en dehors », où, à toute heure du jour et du soir, les locataires des immeubles aiment à se grouper pour causer, voir et être vus, flâner, et, parfois même, travailler. Il y a en effet, dans cette rue, un tel défilé perpétuel et une telle bigarrure, qu'on s'explique très-bien la présence persistante de toutes ces grappes humaines aux balustrades des ascenseurs immobiles : sans cesse renouvelé, pour le plaisir des yeux, le spectacle doit être, cela se devine, sans cesse attrayant. Le piéton coudoie là, en effet, avec les groupes de passants qui trottent comme lui, les innombrables variétés de marchands ambulants, depuis le débitant d'eau à la glace jusqu'au marchand de canne à sucre (Fig. 5) ; les chars attelés de bœufs lents qui remorquent gravement les groupes paysanesques de la campagne d'alentour ; les bataillons de soldats qui regagnent leur caserne ; les blanchisseurs et repasseurs, avec, pour ces derniers, leur cargaison de linge amidonné qui reluit au soleil (1) ; enfin, pour clore

(1) A Alexandrie, et un peu partout, en Orient, le linge est *repassé* par des mains d'hommes ; et l'on n'est pas d'abord médiocrement

une énumération qui menacerait d'être longue, les inévitables arroseurs, qui, la lance en main, ne décessent d'inonder la chaussée et, dans un pays où la poussière abonde et s'infiltre partout, d'y convertir le sol en une sorte de marais où l'on ne s'aventure qu'en glissant, et d'où l'on ne sort le pied qu'avec des allures de barbet effaré.

Telle est, aujourd'hui, prise en sa physionomie d'ensemble, la grande ville qui, il y a un siècle, lors de l'expédition de Bonaparte en Égypte, comptait à peine cinq mille habitants. Elle doit sa rapide prospérité et sa brillante fortune actuelle au fondateur de la dynastie Khédiviale régnante, Mohammed Ali, qui comprit que l'avenir d'Alexandrie dépendait des canaux qui la rattacheraient à l'intérieur de l'Égypte. Ces canaux, qui, du même coup, ajoutaient à la fertilité du territoire local, il les fit creuser : l'un d'eux, le plus important, celui qui porte le nom du Sultan Mahmoud, le « canal Mahmoudyeh », suffirait, tout seul, à illustrer sa mémoire.

Fig. 8.
Mahométans à la Mosquée.

Peu-à-peu, les produits de l'Égypte, au lieu d'affluer, comme par le passé, à Damiette et à Rosette, arrivèrent, par les intelligentes communications nouvelles, au port d'Alexandrie, dont Mohammed Ali avait, entre temps, habilement amélioré les travaux : dès lors, la suprématie d'Alexandrie fut assurée, et son importance ne cessa de s'accroître. La banlieue elle-même bénéficia de cet élan et de cette prospérité : l'aristocratique oasis de San Stefano, à demi-heure de la ville, en est une des preuves les plus convaincantes. C'est

surpris de voir, dans les échoppes de blanchissage, le fer prestement manié, non par des repasseuses, mais par des repasseurs.

le lieu favori de rendez-vous de la société élégante. Ce n'en est point pourtant le seul. On va aussi volontiers, en excursion, d'Alexandrie, à Meks, au Palais Nimré Tébaté, à la villa Antoniadès, etc.

Mais, en août 1898, il y avait peut-être, vu la coïncidence des dates, un attrait particulièrement piquant à élargir le cadre des curiosités locales et à pousser une pointe jusqu'au village d'Aboukir. Après tout, Aboukir n'est qu'à une vingtaine de kilomètres d'Alexandrie. Or, n'est-ce point là que, en ce même mois d'août, il y a juste un siècle, nos vaisseaux, sous les ordres du brave amiral Brueys se trouvèrent aux prises avec la flotte de l'Anglais, l'éternel ennemi? Dès l'année précédente (1797), l'amiral Nelson avait été envoyé, dans la Méditerranée, pour surveiller les mouvements de la flotte française qui préparait, à Toulon, l'expédition d'Egypte. Une tempête, qui dispersa les vaisseaux anglais, favorisa le départ de notre escadre. Nelson alla la chercher, d'abord, sur les côtes de Syrie. Ne l'y trouvant pas, il vint, le 1ᵉʳ août 1798, au lendemain de la brillante bataille des Pyramides, surprendre nos vaisseaux dans la mauvaise rade d'Aboukir, que Brueys n'avait pas su quitter assez tôt, comme le lui avait recommandé Bonaparte. La ligne d'embossage, par laquelle on amarre un navire de l'avant et de l'arrière, n'avait pas été formée en effet assez près du rivage : une moitié de la flotte anglaise pouvait donc passer entre elle et la terre, pendant que l'autre moitié passerait entre elle et le large. Nelson tenta cette manœuvre hardie, qui lui réussit au-delà de toute espérance. Chacun de nos vaisseaux de l'aile gauche, immobile sur ses ancres, eut alors à soutenir, des deux côtés, tout le feu de la flotte ennemie qui, lentement, s'avançait, et détruisait un à un nos navires. Villeneuve, commandant de l'aile droite, aurait pu sans doute imiter ce mouvement, et replier son escadre sur l'aile gauche de Nelson, pour mettre celle-ci entre deux feux, comme l'était notre tête de ligne. Le signal lui en fut même donné : mais, le vent empêcha-t-il de l'exécuter, ou la fumée de l'apercevoir, toujours est-il que, lorsqu'il vit le vaisseau amiral l'*Orient* prendre feu et sauter, et deux autres de nos bâtiments couler bas, il crut plus sage d'arracher au désastre toutes les épaves possibles, et s'éloigna, avec deux vaisseaux et deux frégates, dans la direction de Malte, où il put se réfugier. Aussi bien, et quoique victorieuse, la flotte anglaise n'était guère en état de l'y poursuivre; nos marins et leurs chefs, s'ils étaient vaincus, avaient du moins chèrement vendu leur vie, et fait à l'ennemi de profondes blessures : témoin, pour n'en citer qu'un, cet héroïque Dupetit-Thouars, capitaine du *Tonnant*, qui, le corps mutilé, voulut cependant mourir à son poste d'honneur! Je le répète : juste à un siècle de distance, mois pour mois, année pour année, un Français de France éprouve une singulière émotion à errer sur la grève de la rade d'Aboukir, et à évoquer, par un facile effort de l'imagination, le spectacle terrible de ces deux flottes aux prises, dans un inégal combat de géants. Si l'amour-propre national s'attriste alors d'une défaite qui devait, hélas! se renouveler, à sept ans de là, et par les soins du même fatal Nelson, dans les eaux de Trafalgar, il se console quelque peu en songeant que les vaincus n'ont pas laissé, pour autant, de bien mériter de la Patrie; et, de plus, il trouve sa revanche dans l'évocation du souvenir de ce que disait Bonaparte à ses troupes, à la première nouvelle du désastre : « Soldats, » leur criait-il, dans une de ces proclamations enlevantes dont il eut toujours le secret, « Soldats, nous sommes emprisonnés en Egypte. Eh bien! nous mourrons ici; ou nous en sortirons, grands comme les anciens! » Et il écrivait à Kléber, alors à Alexandrie : « Cela nous obligera à faire de plus grandes choses que nous n'en voulions faire : tenons-nous prêts! » Il tint parole, le génial entraîneur d'hommes, l'incomparable éveilleur de volontés. A quelques mois de là, il culbutait, au mont Thabor, une puissante armée turque; puis, sur ce même rivage d'Aboukir où, l'année précédente, la fortune nous avait trahis, il prenait, à son tour, une éclatante revanche en jetant à la mer, en un tour de main, les dix-huit mille janissaires que la flotte anglaise venait d'y débarquer; après quoi, apprenant que, là-bas, à l'autre bout de l'Europe, la France, la chère France, avait besoin de lui et soupirait après son retour, bravement, audacieusement, sur une simple frégate, il s'embarquait, et traversait, confiant en son étoile, toute la Méditerranée, que sillonnaient en tous sens les vigilantes croisières anglaises. Le 8 octobre 1799, il débarquait, sain et sauf, à Fréjus; et il allait commencer la série, la foudroyante série, de ces héroïques et prestigieuses campagnes militaires, qui, pendant quinze ans, devaient tenir dans l'angoisse tous les peuples de l'Europe, Anglais compris, et porter à son comble la gloire de nos drapeaux, dans l'envolée superbe des aigles impériales.

CHAPITRE III

ARRIVÉE AU CAIRE

 l'extrémité de la Rue du Caire, près de la Porte de Moharrem-Bey et du fort de Kôm-ed-Dik, s'ouvre, plus spacieuse et mieux comprise que celle de Ramlé, où l'on prend le train pour San Stéfano, la gare du Caire, d'où partent aussi les trains pour Aboukir et Rosette. De même que, chez nous, ce fut, au pays de Forez, de Saint-Etienne à Andrézieux, que nos ingénieurs construisirent, en ce siècle, le premier chemin de fer français ; ainsi, en Egypte, disons mieux, en Orient, c'est, ici même, à Alexandrie, que fut établie, en 1855, la première voie ferrée.

Quand je pénètre sous le hall, l'express de quatre heures et quart de l'après-midi — le meilleur train de la journée, — est prêt à partir : il franchira, en trois heures et demie, c'est-à-dire avec la vitesse moyenne d'un kilomètre à la minute, les deux cent huit kilomètres qui séparent Alexandrie de la capitale ; et, à sept heures trois quarts précises, nous serons au Caire, à la gare centrale d'Alexandrie-Suez. Sans être confortable, le matériel est pourtant satisfaisant : naturellement, il porte l'estampille anglaise et sort des ateliers Brown Marshalis & Cº, de

Birmingham. Mais, en dépit des portières, des glaces, et des stores, nous aurons bien de la peine à nous défendre contre la poussière, — cette poussière ténue, impondérable, presque fluide, qu'est la poussière d'Egypte, laquelle s'enlève du sol au moindre souffle, s'infiltre partout, et que l'express, dans sa course rapide, va soulever et faire flotter, autour de nous, en épais tourbillons.

Nous côtoyons d'abord le lac Mariout, l'ancien lac Maréotis, qui n'est séparé de la mer que par la langue de terre, relativement étroite, sur laquelle est construit Alexandrie : au-dessus de ses eaux limpides et transparentes, flânent, insouciants et bavards, des vols de phénicoptères, au rouge plumage. Puis, jusqu'au Caire, nous longeons, à tour de rôle, et en nous rapprochant plus ou moins de leurs rives, le canal Mahmoudîyé, et le Nil. Fécondée par la saturation de tant d'eaux bienfaisantes, et, surtout, « engraissée » par le limon du Nil, la plaine a la plus étonnante fertilité, la plus prodigieuse. A côté des champs heureux où se pressent les épis dorés de moissons invraisemblables, s'élèvent les humbles et informes gourbis, que le voisinage des hauts palmiers suffit à transformer, de très pittoresque façon, et presque à embellir : les réduits, construits en terre, n'ont qu'une ouverture, porte et fenêtre tout ensemble ; et, si modestement logé qu'il soit, le paysan de nos campagnes se contenterait peut-être difficilement de pareilles huttes. Mais, là-bas, sous l'azur persistant de ce ciel privilégié, avec l'abri gracieux des palmiers superbes, et dans le voisinage du grand fleuve, l'Egyptien du Delta se déclare satisfait de son sort ; et ce sort tranquille de l'homme des champs, on est presque tenté de l'envier, au passage, tant ici tout miroite, resplendit, et se transpose, sous les chauds et magiques rayons du soleil. Le paysage, d'ailleurs, est constamment animé par la présence d'êtres vivants, groupes d'Arabes regagnant la ruche, femmes voilées transportant de lourds fardeaux, enfants gazouillant dans la prairie ou s'empoussiérant à plaisir dans la poudre d'un chemin qui ressemble très approximativement à une route, sans parler des animaux domestiques essaimés un peu partout, bœufs, moutons, ânes, chameaux, ceux-ci marchant en file indienne, au bord des digues ou à travers l'immensité (FIG. 9). Parfois, on aperçoit de longs chars, très-bas, très-ramassés sur leurs roues minuscules, auxquels sont attelés deux ou trois vigoureux chevaux, que conduit, qu'entraîne, ventre à terre, un paysan, sur la route indécise. Le char ressemble à ceux qu'on voit, en Russie, dans la campagne ; mais, combien le paysage diffère, du tout au tout, de celui de la puszta ! Gris, morne, et noyé de solitude, au pays Slave, il a, dans le Delta, toute la féérie de la lumière et de la vie : l'aspect de l'un remplit de je ne sais quelle mélancolie indéfinissable, tandis que la vue de l'autre est grisante et fait incontinent s'éveiller, dans l'imagination en fête, des légions de papillons bleus.

FIG. 9.
Une caravane de chameliers, dans la plaine.

Puis, dans le défilé de cette course folle de l'express, égayée déjà par le kaléïdoscope du paysage, il y a encore la surprise des haltes, peu nombreuses, il est vrai, mais combien curieuses et pittoresques, chacune à sa manière ! C'est *Danhamour* d'abord, qui se dresse à mi-côte, aux flancs d'une série de mamelons, avec ses minarets pointus, et, tout au bas, son vaste cimetière. Plus loin, c'est *Tanta*, ville plus considérable encore, qui ajoute, à son important commerce de coton, le débouché de ses foires annuelles, de celle du mois d'août, en particulier, pendant laquelle, comme à Nijni-Novgorod, comme autrefois à Beaucaire, affluent, de toutes parts, étrangers et marchandises. On n'y fait plus aujourd'hui, grâce à Dieu, l'horrible

3

traite des esclaves ; aucun hideux convoi de chair humaine ne pénètre plus maintenant à Tanta. Mais les ânes, chers à tout l'Orient et partout respectés ; mais les chameaux, à l'allure lente et toujours balancée, y arrivent encore par longues caravanes. Les rues de la ville s'ourlent alors d'une bordure de boutiques, de cafés, de maisons de toiles, que la retombée d'ombre des vieux toits suffit à peu près à préserver des ardeurs du soleil, et où s'exercent toutes les industries, se débattent et se concluent tous les marchés, et s'étalent toutes les exhibitions foraines. Si, dans l'extraordinaire arrivage des étrangers, les rues ne suffisent pas à en contenir l'affluence, on les allonge, en dressant, dans la plaine voisine, des tentes alignées qui bientôt, vu leur nombre, forment, à côté de l'autre, une ville nouvelle et improvisée. Et, alors, pendant un mois, Tanta devient comme une Babel où se parlent toutes les langues, en attendant le jour prochain du départ et de la séparation. Enfin, et plus près encore du Caire, voici *Benha*, que l'imagination poétique des Orientaux a baptisée du surnom de ville « du miel » ; Benha, où les bouquets de tamaris, de citronniers, de grenadiers, mêlent l'ondoyante coloration de leurs ramures à la teinte grise des palmiers géants ; Benha, le jardin de délices où poussent et mûrissent, savoureux, les fruits d'or, mandarines, oranges aux tranches écarlates, et raisins vermeils. En un tel pays, et avec de pareilles ressources naturelles, il semble que la vie devrait être active, enfiévrée, pour mettre à profit tant de dons heureux. Mais nous sommes ici en Orient ; et, justement, parce que le ciel y est plus prodigue de ses faveurs, le fellah s'y repose plus complètement sur lui du soin de tout préparer. Au sein de cette nature prodigieusement riche et féconde, il croupit, presque dans la misère ; énervé, ensommeillé par la chaleur, il devient insouciant et paresseux. Au surplus, pourquoi songerait-il à améliorer son sort, quand, à chaque verset du Koran, il retrouve énoncée la loi implacable de la fatalité ? Et puis, il lui faut si peu de chose pour s'habiller, et pour vivre ! Il ne s'ingénie donc point à rien ajouter, par son travail, aux avantages de la culture de ces riches contrées : il se contente, pour ainsi dire, d'ouvrir la main, quand a sonné l'heure des récoltes, sans porter plus loin ses rêves ni son ambition.

Au-delà de Benha, à l'heure où la magie du couchant descend sur la plaine, dans les horizons lointains qui tremblent de chaleur et où se promènent quelques nuages frangés d'argent, voici qu'apparaissent, toutes petites encore et comme imperceptibles, les ondulations légères des montagnes, qui, bientôt, se raccorderont à la chaîne Lybique, et que se dessine, recouverte de l'uniforme patine cendrée du passé, la vive arête des contours des Pyramides (Fig. 10), Il y a, alors, dans cette première vision des grandioses monuments du désert, un moment de joie intense.

Fig. 10. — Première vision des Pyramides.

Les voilà donc enfin, là-bas, ces fastueux géants de pierre, dont on a rêvé, si souvent, depuis les bancs du collège ! On va donc enfin les voir, les contempler, non plus, cette fois, à travers le prisme trompeur de l'imagination ; mais, de ses yeux, dans leur majesté concrète ; et, de ses mains, non moins réellement, on va pouvoir enfin toucher leur masse cyclopéenne ! L'œil se fixe sur eux, avec une incroyable persistance ; et il ne s'en détache que lorsque, dans la mélancolie grandissante du soir qui tombe, ils ont disparu tout-à-fait, sous le ciel qui commence à s'étoiler dans ses profondeurs infinies.

Mais le crépuscule est encore baigné d'assez de lumière, quand nous passons près d'*Héliopolis* : cela suffit pour permettre d'envelopper, d'un rapide regard, cette zône de ruines. Seul, l'Obélisque (Fig. 11), le plus ancien que possède l'Égypte, reste invisible, dans le sol où de succes-

Fig. 11.
L'Obélisque d'Héliopolis.

sifs dépôts de limon l'ont, en quelque sorte, enfoui. Il faudra, du Caire, faire tout exprès l'excursion, d'ailleurs fort intéressante, de Matariyé, pour venir admirer, sur place, et à loisir, dans l'antique « ville du soleil », ce vénérable bloc de granit rouge, aux flancs chamarrés d'inscriptions hiéroglyphiques.

Et, de minute en minute, le train, qui paraît redoubler de vitesse, nous rapproche maintenant du Caire. Aux vastes champs de tout-à-l'heure, ponctués çà et là de huttes au sommet arrondi, comme des ruches, ont succédé des jardins enchanteurs, piqués de riantes villas : en se modifiant, l'aspect du paysage est devenu plus séduisant encore. De longues avenues se dessinent, presque imperceptibles, plutôt « ressenties » que réellement entrevues. Mais, tout au fond du tableau, sous la large tache rouge de la lumière qui monte de la ville, on

Fig. 12. — Le Caire. Vue d'ensemble.

devine la grande capitale, dont le nom en effet est bientôt jeté à tous les échos, dès que l'express entre en gare : Le Caire ! Le Caire !

Inondé de poussière, mais ravi du voyage, et heureux

d'être arrivé, l'on s'évade du long vagon à couloir ; on saute, joyeux, dans une des victorias qui attendent, sur la chaussée, l'éternelle clientèle des trains ; et, au galop des chevaux, à travers la banlieue à l'éclairage indécis, on vole au centre de la ville. Ici encore, un employé de l'Agence Cook facilita singulièrement pour moi les formalités de l'arrivée : cinq minutes à peine, après la descente de l'express, j'étais sur le perron de marbre du « Shepheard's Hôtel » (Fig. 13).

Fig. 13.
L'entrée du Shepheard's Hôtel, au Caire.

Le nom de cette Maison de premier ordre est connu, et classé, dans tout l'univers. Elle tient, au Caire, le tout premier rang, parmi les établissements similaires. Pendant la « season », de novembre à mars ou avril, on s'y installe comme on peut, car l'Hôtel regorge de voyageurs : c'est, alors,

Fig. 14.
Le salon arabe, au Shepheard's Hôtel.

l'animation, non point bruyante, mais harmonieuse et discrète, qu'entretient, grâce au nombre, la société la plus affinée et la plus élégante ; c'est, dans le magnifique salon arabe (Fig. 14), à la décoration artistique et au somptueux ameublement, une interminable série de fêtes. A la fin d'août, au contraire, on y est absolument chez soi : l'on y choisit sa chambre ; et l'on y jouit, égoïstement, de tous les avantages de la Maison. A peine huit ou dix hôtes, pour entretenir un simulacre de vie dans le luxueux caravansérail. Plus de table d'hôte ; mais, le matin, un service isolé, dans l'une des salles, pour le déjeuner ; et, le soir, le dîner, par petites tables, sur la terrasse, avec la profusion des lumières et des fleurs. Sous les ordres du maître d'hôtel, quelques mulâtres, en costume arabe, les mains emmaillottées dans des gants blancs, vaquent au service, prévenants, réservés, agiles, glissant comme des ombres sur la mosaïque reluisante, ingénieux à deviner vos moindres désirs et à les satisfaire. Oh ! les reposantes heures du repas du soir, au Shepheard's Hôtel, après les longues et fatigantes courses de la journée ! Et qu'il faisait bon s'oublier, après dîner, sous la vérandah de la terrasse, tandis que, à quelques pas, dans la rue jusque-là murmurante, s'éteignait peu-à-peu le bruit de la houle humaine, et que, au firmament, la lune, sortant de son lit ouaté de vapeurs, apparaissait soudain et inondait tout, alentour, de ses paisibles rayons argentés !

A ces soirées sereines et délicieuses, il n'y avait qu'une ombre : c'était la présence des moustiques, des inexorables moustiques, dont la vigoureuse constitution, au Caire, résiste à tous les narcotiques, à tous les *fidibus*, imaginables. Rentré dans votre appartement, c'est en vain que vous faisiez brûler, sans les compter, les « pastilles » réputées infaillibles pour les endormir. Ils s'en riaient ; et, dans leur ardeur entreprenante, ils se glissaient jusqu'à vous, à travers la gaze des moustiquaires, et se vengeaient, les cruels, de vos attaques impuissantes, en plongeant à plaisir leur dard féroce et insatiable dans vos membres tuméfiés. Il fallait bien, de guerre las, en prendre philosophiquement son parti. Au surplus, quelle est donc, dans ce monde, la médaille qui n'a pas son revers ?...

CHAPITRE IV

LES RUES DU CAIRE

Dans cette immense capitale, d'emblée la plus grande ville de l'Afrique et même du monde arabe, qui compte près de 600.000 habitants et qui se développe sur une superficie de plus de vingt kilomètres carrés, il importe d'avoir quelques points de repère bien précis, pour s'orienter sûrement, et s'éviter la fatigue d'inutiles allées et venues. Or, au centre — sinon parfaitement exact au point de vue topographique, du moins réel, si l'on tient compte surtout de ce qui constitue la force d'expansion dans la vie d'une cité, — au centre du Caire, existe un point de repère à souhait : c'est le vaste et magnifique jardin de l'*Ezbékiyé*. Tout y converge ; et, à quelques pas seulement des grilles qui l'entourent, se trouvent les services de toutes les voies de communication, qui sillonnent la capitale.

C'est, du reste à l'Ezbékiyé que tout nouvel arrivant fait, comme d'instinct, sa première visite au Caire, tout de même que c'est à la Citadelle qu'il se rend d'abord pour prendre comme une vue panoramique de la ville (Fig. 15). Par n'importe laquelle de ses nombreuses entrées, on pénètre dans le jardin enchanteur, qu'établissait, tel qu'on l'admire aujourd'hui, notre compatriote Barillet, il y a une trentaine d'années. Sur une surface qui dépasse huit hectares, par l'imagination, mettez à profusion les arbres rares et exotiques ; jetez-y, à pleines mains, les plantes de choix, et les fleurs aux parfums pénétrants, aux chatoyantes couleurs ; de distance en distance, bosselez le terrain pour ménager, par quelques hauteurs artificielles, un peu de variété dans la perspective ; creusez çà et là quelques tranchées profondes pour avoir quelques bassins et égayer, par le gazouillement des cascades, la monotonie des pelouses uniformes ; partout où il n'y a ni fleurs, ni arbustes, étendez un immense tapis de gazon toujours vert ; dessinez enfin, à travers l'espace, les capricieux méandres de larges sentiers couverts du sable fin du Nil, où l'on marche comme sur du velours : et voilà, bien que décrit très-imparfaitement, l'aspect de l'Ezbékiyé. Dès qu'on y entre, on est sous le charme d'une nature en fête, et l'on y a l'impression d'un jardin de délices. Peut-être n'est-il pas fréquenté, autant qu'il mériterait de l'être, par les Européens en résidence au Caire : je connais des Parisiens qui, y étant entrés une fois, n'y sont plus retournés, sous le spécieux prétexte que ses allées, ses massifs, son bassin, sa grotte, ses kiosques les font trop penser aux Tuileries et aux Buttes-Chaumont ! En revanche, les Arabes en font leurs délices ; et, avec eux, quiconque, n'étant point blasé, a la moindre ouverture d'âme pour comprendre, sentir et goûter les beautés de la nature. Un tel jardin, au cœur d'une telle ville, est simplement une merveille (1).

La Place Atabet-el-Khadra, proche voisine de l'Ezbékiyé, est la plus importante du Caire, tant en raison de sa

---

(1) C'est à l'Esbékiyé que se donnent, naturellement, les grandes fêtes nationales. Le 31 août, par exemple, à l'occasion du « jour de naissance » du Sultan, toutes les grilles du jardin sont panachées de drapeaux et entourées, le soir, d'un rutilant cordon de verres de couleurs. Au dedans, tout étincelle pareillement. Et, tandis que les invités s'y pressent, autour de la musique militaire, on y lance des ballons et l'on y tire un feu d'artifice.

position centrale, que parce que tous les services de traction urbaine en partent, et y aboutissent.

Nous la traversons ; et voici, s'ouvrant devant nous, droite et longue à perte de vue, une rue, populaire ici entre toutes, la fameuse rue « Muski ». Je lisais dernièrement, à ce propos, dans un volume de « Souvenirs d'un pèlerin de Terre-Sainte », que *la plus belle rue du Caire est celle du Mouski*. Rien n'est plus inexact, malgré le ton grave de l'affirmation. Les « pèlerins de Terre-Sainte » qui, avant ou après leur voyage en Palestine, touchent au Caire, y passent généralement en coup de vent : ils courent aux Pyramides ; et parce qu'ils ont traversé la ville, ils croient sérieusement la connaître. S'ils y séjournaient seulement une quinzaine, ils se convaincraient qu'il faut

Fig. 15.
Le Caire. Vue prise de la Citadelle.

beaucoup y trotter, du matin au soir et dans tous les sens, pendant tout ce temps-là, pour arriver à s'en faire une idée à peu près concrète et exacte ; et ils seraient donc moins prompts à établir des comparaisons, et à affirmer. En fait, les « plus *belles* » rues du Caire se trouvent, non pas, comme le Muski, dans la vieille ville, mais dans le quartier neuf et si moderne d'Ismaïliya. Ce qui a fait la fortune du Muski et ce qui lui a valu sa réputation, c'est que, très commerçante, cette artère traverse un des plus anciens quartiers ; et c'est aussi qu'elle achemine directement aux Bazars, ce point par excellence, où, dans tout l'Orient, se ramasse et se concentre la vie. Disons, plus justement, qu'elle est l'une des « principales » rues du Caire ; et nous serons en règle avec la vérité. Il lui

faudrait en effet, pour prétendre vraiment être « belle »,
le double au moins de la largeur qu'elle a. Resserrée en
boyau, elle est notoirement insuffisante pour les besoins
de la libre circulation. Au moment où je la sillonnais, on
était en train de la doter d'un pavage en bois, et une
moitié de la chaussée était seule abandonnée au va-et-vient
des voitures. Or, c'était, tout le long du jour, une cohue
indescriptible, malgré le service d'ordre établi par la
police : tandis que, en longues files, les voitures faisaient
queue et s'impatientaient, attendant chacune leur tour,
les piétons, refoulés sur de microscopiques trottoirs,
avaient, de leur côté, toutes les peines du monde, à se frayer un passage.

Fig. 16. — Restaurant et café arabes.

Dans ce sauve-qui-peut général, je m'échappe par une ruelle latérale, et je me glisse vers les Bazars, une des
curiosités du Caire. Ils sont là, en effet, tous à la suite,
voûtés de pierre, avec seulement quelques prises de
jour étroites et grillées. Et c'est ici, exactement, la répé-
tition de ce qu'on voit, à Constantinople, ou dans les
souks de Tunis. Chrétiens ou musulmans, les marchands
ont les mêmes étalages : tailleurs et tisserands, épiciers et
parfumeurs, corroyeurs et droguistes, orfèvres et marchands de porcelaine, de tapis ou d'étoffes, tous sont également âpres à vendre leurs produits, également envelop-
pants pour s'assurer la faveur de la clientèle. Ce qu'il y a
peut-être de plus intéressant à y voir, c'est donc, non pas
ce qui s'y vend, mais ce qui s'y passe, je veux dire, cette
affluence persistante de visiteurs, acheteurs ou simples
badauds ; ce tournoiement perpétuel de la foule bourdonnante, autour des étalages ; et cette curiosité jamais inas-

souvie de la même populace qui revient là, chaque jour, devant les mêmes échoppes, comme mûe par quelque mystérieux ressort automatique. Vingt fois on se perd, dans ce labyrinthe immense enchevêtré de couloirs qui se ramifient, et noyé dans la constante pénombre des voûtes. Quand, à force de suivre le flot humain, on a fini par découvrir une issue, c'est à pleins poumons qu'on hume l'air pur, au grand soleil, loin des senteurs étranges que font, en se mélangeant sous les voûtes, l'odeur des cuirs et celle des épices, le parfum des fleurs et celui de l'huile rosat.

Dans la rue, où je flâne en m'acheminant vers le quartier moderne, citons, au hasard des rencontres, quelques-unes des plus typiques « curiosités » locales. C'est, d'abord, en un coin du Mus-

Fig. 17. — Une station d'âniers.

ki, et avant de le quitter, un restaurant arabe (Fig. 16), qui, j'en suis sûr, ne risquera jamais d'exercer la moindre séduction sur des Européens : les boulettes de viande rotie qu'on débite dans cette gargote, les fruits exotiques qu'on y offre, le liquide qu'on y boit, rien n'est de nature à flatter notre palais, habitué à d'autres aliments, et qui s'inspire des lois d'une tout autre hygiène. A quelques pas de là, c'est, faisant effort pour se frayer une issue à travers la foule, un porteur d'eau qui, peut-être, s'il était seul, réussirait à prendre le large, mais qui se trouve momentanément bloqué, avec l'outre démesurément gonflée, en peau de chèvre, dont son dos est flanqué. Plus alerte est le marchand de limonade à la glace, qui circule, avec sa machine luisante, aux appels sonores de ses tasses de cuivre rythmiquement heurtées, à l'instar des castagnettes.

Mais voici d'autres originaux : l'ânier, entr'autres, et le coureur de voitures. Au Caire, l'ânier — traduisez, celui qui, tout ensemble, possède, conduit, aiguillonne, et accompagne un baudet — l'ânier est partout. Tantôt isolé, et travaillant à ses risques et périls ; tantôt affilié à la corporation de ses confrères et groupé, avec eux, en « station » (Fig. 17), il surgit, devant vous, à chaque pas, obséquieux, caressant, incisif, avec, dans la voix, toutes sortes d'intonations persuasives pour vous induire à prendre son roussin. « Bon Boudi ! moussiou ; zoli boudi ! » Si le français lui semble insuffisant pour se faire entendre, l'anglais, un anglais fantaisiste, arrive à la rescousse : « Good bourriquot, sir ! » Et le geste s'ajoute aux paroles ; et, pour un peu, l'ânier vous mettrait en selle sur le « good bourriquot » ! Aux premières rencontres de ces obsédants fournisseurs, on est quelque peu

Fig. 18. — Les coureurs, au Caire.

tenté de les comparer à d'ennuyeux hannetons. Mais quand, après quarante-huit heures de séjour au Caire, on s'est matériellement rendu compte des distances, et, partant, de la longueur des courses ; quand, de ses pieds, on a dû labourer le sol de la chaussée, tour-à-tour poussiéreux ou boueux, suivant qu'on le foule avant ou après l'arrosage ; quand enfin l'on a vu les plus graves personnages et les plus huppés trottiner, le front haut et tout à leur aise, sur cette humble monture, un revirement total se fait immédiatement dans nos idées d'Occidentaux ; et, ces âniers importuns que, naguère, on écartait comme des fâcheux, on est tout disposé maintenant à les bénir. Joyeusement, on accepte leurs services, et, sur leur bête admirablement dressée et idéalement docile, on part, le

piqueur aux côtés de l'animal, pour vaquer à ses affaires :
ce n'est pas ruineux ; et c'est charmant.

Que si, toutefois, on doit faire une course un peu longue, celle des Pyramides, ou d'Héliopolis, par exemple, il ne faut pas hésiter à préférer à l'ânier le loueur de voiture (Fig. 18) : si douce en effet soit l'allure du « boudi », elle imprime inévitablement au corps une série continuelle de soubresauts qui finissent par désarticuler des membres insuffisamment préparés à ce nouveau genre de sport. Par contre, les voitures sont excellentes, au Caire : bien suspendues, et très propres, elles ont, de surcroît, l'avantage d'être parfaitement conduites. Ils se mettent deux, en effet, ici, pour l'opération. Tandis que, sur le siège, trône traditionnellement le cocher, un Arabe court, une longue pique de bois à la main, en avant des chevaux, pour frayer la route, éloigner les obstacles, et faire se garer les passants. C'est tout un appareil ; mais si pratiquement utile, dans un pays où l'insouciant indigène est prodigieusement lent à se déplacer, qu'on songe à peine à le trouver extraordinaire.

Fig. 19.
Boutique d'épicier arabe.

Mais c'est encore pédestrement qu'il vaut le mieux cheminer, si, à l'étranger, on cherche, de préférence, les manifestations de la vie ; si l'on y a le souci des impressions neuves ; et si l'on se complaît aux mille petits incidents qui peuvent surgir, suivant les hasards de la route, aux angles des maisons comme au coin des rues. Errez, par exemple, dans la ville arabe, aux innombrables échoppes (Fig. 19), et vous y éprouverez, en moins d'une heure, deux impressions tout à fait contradictoires. Dans ces ruelles, aux sinuosités trompeuses, où l'on dirait que les architectes se sont appliqués à multiplier les zigzags, les angles et les détours, vous croiriez, par moment, errer dans une ville morte, tant, autour de vous, dans la rue, comme dans les cours intérieures des maisons (Fig. 20), pèse un silence morne et règne la plus triste solitude. A peine, çà et là, s'envole, de quelque école du voisinage (Fig. 21) la mélopée uniforme du maître, initiant, par le bâton autant au moins que par la parole, ses jeunes disciples à l'intelligence des versets du Koran. Mais, faites seulement un crochet, à droite ou à gauche, et soudain, à la sensation présente d'un lieu dévasté, que ses habitants auraient abandonné à la suite de quelque invasion barbare ou de quelque sinistre fléau, succède, presque brutale, dans ce qu'elle a d'intense, la sensation d'une immense foire, d'une folle kermesse, où une multitude d'hommes de races et de costumes divers se seraient donné rendez-vous et se coudoieraient, gesticulant, s'agitant, s'interpellant, plus remuants qu'affairés, et plus avides d'air et de soleil que de travail ! (1)

Fig. 20. — Cour intérieure d'une maison arabe.

Inversement, dans les longues avenues tirées au cordeau du quartier Ismaïliya (2), et dans les rues larges qui y profilent les lignes de leurs élégantes façades, la vie conserve sa régularité normale. Il y a là trop d'espace et

(1) C'est une sensation de même sorte que l'Européen éprouve, quand il assiste, le vendredi, à une séance des Derviches tourneurs (Fig. 22).
(2) Ce quartier doit son nom au Vice-Roi Ismaïl (1863-1879), qui en facilita ingénieusement le développement par la cession gratuite du terrain à toute personne qui s'engageait à construire, dans l'espace d'un an et demi, un immeuble d'une valeur minima de trente mille francs.

trop de lumière ; il s'y trouve une population trop rompue déjà aux habitudes modernes, pour qu'on puisse y attendre aucune des surprises de la vieille ville. Il n'y faut chercher que le plaisir de voir de belles constructions, rivalisant à l'envi de luxe et de confort, avec, autour de tous ces hôtels, de gracieux jardins qui entretiennent la fraîcheur et qui procurent, en pleine ville, presque tous les agréments de la campagne.

Dans la zone de l'Ezbékiyé, l'aspect des artères voisines est sensiblement le même qu'à Ismaïliya, avec cette double différence toutefois que, les rues étant ici plus anciennes, il n'a pas été possible d'y ménager, entre les édifices, les dépendances nécessaires pour la création de jardins, et que, presque toutes les habitations sont élevées ici sur une série d'arcades : on s'y croirait dans la rue de Rivoli, ce qui n'est point fait pour déplaire, quand, vers le milieu du jour, le soleil dévore tout de ses rayons torréfiants.

Fig. 21. — Une École arabe de jeunes garçons.

Et partout, dans le Caire moderne, la vie circule à pleins bords, non point surchauffée et hâtive, comme on assure qu'elle est par-delà l'Atlantique, mais sagement pondérée, comme le comporte le climat d'Orient, pleinement consciente d'elle-même, et trouvant, à ne point se précipiter, un plaisir tout pareil à celui que les Américains, ce semble, éprouvent à courir. Pourquoi courir, en effet, quand rien ne presse ? Et pourquoi s'agiter, quand il suffit de s'asseoir, et de regarder, pour avoir sous les yeux le plus divertissant spectacle, et le plus varié ? Un soir, tandis que, sur la terrasse du Shepheard's Hôtel, je me reposais des fatigues de la journée, j'eus, en moins d'une heure, devant moi, dans la rue, tout un défilé de scènes curieuses. Ce fut, d'abord, vers six heures, l'envolée des allumeurs de reverbères qui, jambes et pieds nus, le buste enserré dans une blouse blanche plissée à la ceinture, la tête empanachée d'un turban blanc sommé d'une calotte rouge, couraient distribuer partout, dans les rues, la lumière du soir. Puis, au son d'une musique bruyante, ce fut le passage d'une noce, avec un cortège pompeux d'invités qui portaient, les uns, des bouquets, les autres des torches. Quelques minutes plus tard, devant le perron de l'hôtel, deux Arabes se querellent, s'injurient, et bientôt en viennent aux mains : survient alors un gardien de police qui sépare les combattants, s'enquiert, pour la forme, de l'objet du litige, et qui, finalement,

Fig. 22. — Derviches tourneurs.

Met les plaideurs d'accord en *giflant* l'un et l'autre.

Ce fut ensuite l'incessant défilé des sujets de S. M. Britannique, qui entretient au Caire, comme on sait, une nombreuse armée ; échappés de la caserne, tous ces soldats s'éparpillaient à travers la ville, les uns, rouges comme des homards, dans leur costume écarlate ; les autres, avec un veston tirant sur le jaune ; tous invariablement coiffés d'une toque bizarre, inclinée sur l'oreille, et qui ressemble à un minuscule tambour de basque ; tous, la moustache en croc, et le stick à la main ; tous enfin raides comme des piquets, fiers comme des conquérants, et bourdonnants comme des frelons : à eux seuls, ne suffiraient-ils pas à tenir en liesse l'homme à l'humeur la plus morose ?

On ne court donc point risque de s'ennuyer, au Caire. Et si j'ajoute qu'il s'y fait de la très bonne musique ; qu'il s'y donne, par des troupes françaises, d'excellentes interprétations de nos meilleures pièces ; qu'il s'y rencontre enfin des hommes fort instruits et fort aimables, qui se montrent très accueilllants pour nous et très empressés à nous rendre agréable le séjour de leur capitale, on comprendra sans peine que j'aie gardé, du Caire, un excellent souvenir.

CHAPITRE V

A TRAVERS LES MONUMENTS DU CAIRE

E n'est pas, pour un cœur catholique, un médiocre sujet de tristesse, quand on visite le Caire, de voir combien le Divin Sauveur y est chétivement logé. On chercherait en vain, dans toute la ville, un édifice religieux qui rappelât, même de loin, nos belles cathédrales d'Europe : d'humbles églises, quelques chapelles de communauté ou de collège, des oratoires très modestes ; et c'est tout ce qu'a pu se permettre jusqu'ici la piété des fidèles, sur la terre antique où ont séjourné des patriarches, sur le sol vénérable que la Sainte Famille a rendu, par son passage, si cher à toute âme chrétienne. Espérons que le catholicisme, en jetant, là-bas, des racines plus nombreuses et plus profondes, pourra, dans un prochain avenir, y rendre, au Maître qui enseigne toute vérité, tous les justes honneurs qui Lui sont dûs !

Ce qui domine, au Caire, comme partout en Orient, c'est l'Islamisme : la capitale est enserrée dans son réseau ; et l'on n'y compte pas moins de quatre cents mosquées. Il n'est point nécessaire de les visiter toutes, pour se convaincre que, si une chose surtout y est absente, c'est le sens religieux. Sans doute, la décoration intérieure y est fort complexe : la mosquée n'a pas la nudité désolée des temples protestants. Mais, sous le rapport « religieux », cela se vaut : mosquée ou temple, c'est tout un ; et l'on se demande pourquoi de tels édifices ne seraient pas tout aussi bien une salle de concert, ou une salle de musée. Car, faites-y l'inventaire des objets proprement affectés au culte. Que reste-t-il, sous ces hautes voûtes, quand vous avez fait abstraction des marbres sculptés et des dorures, et que vous y avez défalqué les lustres et les tapis ? Un « mirab », c'est-à-dire la chaire ; un « mimbar », à savoir, la niche évidée, qui marque, pour les croyants, la direction de La Mecque : et plus rien, sauf, si l'on veut, la fontaine aux ablutions ; encore coule-t-elle dans la cour voisine. Comme « mobilier », cela, on l'avouera, est vraiment bien pauvre, et incline bien peu à la piété !

Constatons, sans insister ; et, prenant les mosquées pour ce qu'elles sont, bornons-nous à signaler celles dont la visite, au Caire, est la plus intéressante, sous le rapport architectural, ou décoratif.

La mosquée Kaïd-Bey, située assez près de la grande mosquée Tulûn, la plus ancienne de la capitale, à l'extrémité méridionale de la ville, rappelle, dans l'ensemble de sa construction, le tombeau somptueux du kalife de même nom (xve s.), qui la fit élever (Fig. 23). Elle offre un harmonieux mélange de style arabe et de style byzantin, avec sa toiture ouverte au centre, sa coupole, son minaret, et ses gracieux motifs d'entrelacs : les mosaïques des murs et du pavé, qui sont bien conservées, forment d'ailleurs, au dedans, un cadre d'une brillante élégance aux sculptures des colonnes, à celles du mirab, et aux ors des chapiteaux.

De là, en s'orientant à l'est, on trouve, à environ huit cents mètres, la vaste place Mohammed-Ali (Fig. 24) voisine tout ensemble de la Mosquée qui porte le même nom, de la Citadelle, et des Tombeaux des Mameluks : c'est, dans ce coin du Caire, tout un assemblage d'attractions. Mais, vu la solitude et le mauvais état des ruelles par lesquelles on aurait à y accéder, il est préférable de regagner le centre de la ville et, par le tram électrique, de revenir là, directement, de la place Atabet-el-Khadra. Chemin faisant, on a, du reste, la facilité de voir, un peu avant d'arriver au terme de la course, la mosquée du Sultan Hasan, surnommée la mosquée « splendide », qui a, en effet, avec des proportions énormes, le minaret le plus élevé qui existe au Caire, et un portail monumental dont on a, depuis le milieu du xive siècle, copié, pour nombre d'entrées d'autres édifices similaires, les formes générales. On est comme écrasé, lorsqu'on pénètre sous cette baie immense, d'une hauteur de près de vingt mètres, et qu'on débouche dans la longue cour intérieure, aux salles latérales couvertes de voûtes élancées, dans le goût ogival. Le style ici est d'une pureté absolue : il a, en outre, un peu plus le caractère religieux que réclame la destination de l'édifice. Bien distinguée aussi, dans sa riche sévérité, la décoration de ces salles, et, en particulier, de celle qui forme le sanctuaire proprement dit, où, à l'une des extrémités, derrière la belle porte de bois précieux, aux incrustations mates d'or et d'argent et aux garnitures ajourées de bronze, s'élève, sous une haute coupole, le mausolée même du Sultan qui a fait construire l'édifice, de 1356 à 1359.

Fig. 23. — Mosquée Kaïd-Bey.

La Place Mohammed-Ali se développe, rectangulairement, sur une superficie d'à peu près deux mille mètres carrés (Fig. 24). On y aboutit par une rampe assez forte, car nous sommes ici sur la hauteur de Mokattan qui domine toute la région d'alentour, en sorte que, lorsqu'on a fait l'ascension de la citadelle, qui elle-même est placée à mi-côte, et qu'on débouche sur la terrasse du fort, aux machicoulis ourlés de bouches à feu, l'on voit se dérouler à ses pieds (Fig. 15), le plus splendide panorama. Devant soi, la longue enfilade rectiligne de la grande artère qui aboutit à la Place Atabet et à l'Ezbékiyé ; à gauche, la mosquée de Mohammed et le puits de Joseph ; à droite, dans le tremblotement de l'horizon sous la lumière implacable, les coupoles des tombeaux des kalifes, dessinant leurs formes arrondies dans la large tache grise des collines des Moulins à vent.

Fig. 24. — Place Mohammed-Ali.

La mosquée Mohammed, dont la coupole se détache dans l'encadrement aérien de deux graciles minarets piqués comme des aiguilles, rappelle, par sa physionomie architecturale, la mosquée Osmaniyé, l'une des plus élégantes de Constantinople : on en sera peu surpris, si l'on veut se souvenir que l'architecte qui en conçut le plan et en dirigea les travaux était un Grec de Stamboul, l'habile Yousouf-Bochna. Extérieurement, elle a une teinte café au lait, dont la vue évoque une autre vision du Bosphore et fait immédiatement songer à la couleur ambrée des murailles de Sainte-Sophie : cet aspect jaunâtre tient à la nature et aux belles transparences de l'albâtre oriental qui a été employé pour les revêtements, comme, au dedans, pour les colonnes ; et, parce que l'albâtre est entré ici, en proportions considérables, dans le choix des matériaux, on a appelé l'édifice la « mosquée d'*albâtre* » (Fig 25). Tout cela est ample, sinon très riche, et baigné de lumière :

l'éclairage y est admirable. Au haut d'une tour voisine, le regard est attiré par la vue d'une horloge massive, dont la présence paraît d'abord assez insolite, mais qui intéresse cependant par l'histoire de sa provenance, car c'est un don du roi Louis-Philippe à son « ami », l'illustre Mohammed, le vaillant général qui a rendu à l'Egypte, en ce siècle, une splendeur qu'elle ne connaissait plus depuis longtemps. Le tombeau du prince, entouré d'une grille d'honneur, s'élève, assez modeste, en un angle de la mosquée.

Le « puits de Joseph », que l'on trouve derrière le monument, doit-il son nom au patriarche biblique et remonte-t-il à l'époque des Ramsès ; ou bien, date-t-il seulement du sultan Saladin Yousouf (Joseph), fondateur de la Citadelle, au xiie siècle, qui l'y aurait fait creuser ? Il est assez difficile de le dire, d'une façon certaine. Les Arabes en font honneur à Saladin ; les Juifs assurent, au contraire, en

Fig. 25.
Mosquée Mohammed-Ali.

s'appuyant sur la tradition, qu'il remonte à la plus haute antiquité. Peut-être la vérité est-elle dans l'opinion qui prendrait, entre les deux hypothèses, le juste milieu. La tradition affirmant que la prison de Joseph se trouvait en cet endroit, peut-être a-t-il pu se faire que, une fois élevé à la dignité de gouverneur de l'Egypte, le fils de Jacob ait fait creuser là le vaste puits qu'on y voit encore aujourd'hui : ce qui paraît sûr, c'est que, après tant de siècles écoulés, et au moment de la construction de la Citadelle, Saladin a eu à le faire déblayer. Quoi qu'il en soit, l'œuvre est monumentale, en l'espèce. Taillé, en forme carrée, dans le rocher vif, le puits plonge, à une profondeur de près de cent mètres, dans le sol, et descend jusqu'au niveau du Nil. Par une rampe en spirale qui se glisse, à pente douce, au milieu du puits, les bœufs du manège de la machine aspiratoire actionnent une première « noria » qui monte et déverse les eaux fluviales dans un réservoir supérieur, d'où, à l'aide d'une seconde « noria », d'autres bœufs élèvent l'eau jusqu'à l'orifice. Tel quel, le puits de Joseph a rendu, pendant des siècles, de précieux services : aujourd'hui, les récents travaux hydrauliques exécutés au Caire lui ont enlevé à peu près toute sa raison d'être.

Fig. 26.
Tombeaux des Mameluks.

Aux versants du Mokattan, au sud de la Citadelle, on trouve les restes des Tombeaux des Mameluks (Fig. 26), qui furent, on s'en souvient, tous fusillés, moins un qui s'échappa, et massacrés, le 1er mars 1811, sur l'ordre de Mohammed Ali, dans la tortueuse ruelle voisine, appelée Bab-el-Azab, et précédée d'une porte flanquée d'énormes tours. Ce n'est point toutefois pour les victimes de cette sanglante hécatombe qu'ils furent érigés : leur construction, qui est plus ancienne, remonte aux derniers temps des Sultans Mameluks. De là, leur magnificence relative. Mais leur splendeur est actuellement bien déchue. De tous ces tombeaux, dont quelques-uns furent autrefois princiers, il ne reste plus guère maintenant, avec quelques coupoles, que la plupart des minarets. Transformés en carrières, ils ont fourni, à profusion, de riches matériaux pour les constructions voisines ; et, à mesure que s'opérait le déblaiement des monuments primitifs, s'élevait, dans les espaces libres, toute une série de sépultures modernes, sans grand caractère.

Le vaste groupe de tombeaux qui se voit, à l'est de la ville, au bout du Mouski et de la rue qui la continue jusqu'aux collines des Moulins à vent, est dans un meilleur état de conservation. Ces tombeaux, connus sous le nom de Tombeaux des « Kalifes » (FIG. 27), bien qu'il ne soit point avéré qu'ils se rattachent réellement aux *Kalifes* de la dynastie des Abassides, forment, tant par leur nombre, que par la réelle beauté de plusieurs d'entr'eux, une curieuse et intéressante nécropole. On croit vraiment retrouver ici comme un réveil des préoccupations funéraires qui tinrent, nous allons nous en convaincre aux Pyramides et au musée de Giseh, une place si considérable dans les us et coutumes des anciens Egyptiens. Il semble, en effet, que, sous les Sultans qui se succédè-

FIG. 27. — Tombeaux des Kalifes.

rent, baharites et tcherkesses, du xiiie au xvi^o siècle de l'ère chrétienne, le souci d'embellir la Mort, ou, tout au moins, de se défendre le plus longtemps possible contre ses inguérissables ravages, a hanté l'imagination des princes de l'époque, comme elle avait, autrefois, obsédé celle des puissants monarques des vieilles dynasties. Si les sultans n'ont point, autant que ces derniers, accordé d'importance à l'art de conserver les cadavres et, dans les limites de la puissance humaine, d'« immortaliser » les momies, ils ont, autant qu'eux, en revanche, aimé les monuments fastueux et à grandes proportions, pour dormir, à leur ombre, leur dernier sommeil : et, comme les Pyramides étaient inventées et qu'il s'agissait de trouver autre chose, ils ont imaginé d'utiliser, dans ce but, les dômes, coupoles, minarets, etc., dont ils faisaient déjà un emploi journalier dans leur architecture, sauf à compléter l'ensemble par l'adjonction de frises, mosaïques, stalactites, et autres motifs pareillement favoris de la décoration arabe. De là, une foule d'œuvres qui, si elles ne sont point toutes d'un travail également achevé, témoignent cependant toutes de ce même désir constant de se survivre pompeusement à soi-même. Abstraction faite de la satisfaction esthétique que l'on éprouve toujours en face de belles œuvres architecturales, l'intérêt d'une visite au Tombeau des Kalifes réside donc surtout, à notre sens, dans ce rapprochement de tendances, à plusieurs milliers de siècles d'intervalle, entre deux lignées de grands princes, sur cette même terre d'Egypte : ici, l'Histoire (qui d'ailleurs ne fait guère que cela), une fois de plus, en se répétant, a *recommencé*.

Fig. 28.
Le Pont du Nil : coupe transversale.

De nouveau revenons à la Place centrale Atabet-el-Khadra, pour, de là, nous diriger, par le Pont du Nil (Fig. 28), vers les Pyramides. A l'extrémité du beau boulevard qui s'ouvre, au sud-ouest de la Place en lui empruntant son nom, l'on aperçoit, sur la gauche, à une distance assez faible pour pouvoir prendre conscience de la grandeur du monument, le Palais Khédivial d'Abdin. C'est ici, proprement, le « Palais » du Vice-Roi, et le lieu de sa résidence « officielle ». Mais voici, en poursuivant notre course vers le fleuve, voici, les pieds plongeant dans les eaux rapides du Nil qui bouillonne après s'être brisé aux arches massives du pont de Kasr-en-Nil, un autre Palais

(1) La résidence privée habituelle du Khédive est le Palais de Koub-beh, dans la campagne, à une heure au nord-est du Caire, à peu près à mi-chemin entre la capitale et Matariyé.

de Son Altesse, lequel, moins sévère que le précédent, a, dans un cadre unique, où l'art a été singulièrement aidé par la nature, toute la grâce élégante d'une architecture aérienne. C'est dans cette demeure enchanteresse (Fig. 29), aux bords du grand fleuve historique, que le Khédive vient parfois volontiers se reposer du lourd souci des affaires et des graves préoccupations de la politique.

Comme en Serbie, dans notre vieille Europe, il y a, là-bas, aujourd'hui, pour présider aux destinées de l'Egypte, un Prince très jeune, et qui a pourtant déjà donné maintes preuves de son habileté administrative et gouvernementale. Fils aîné de Méhémet Taoufik-Pacha(1), S. A. Abbas Hilmi II est né le 14 juillet 1874; il avait dix-sept ans

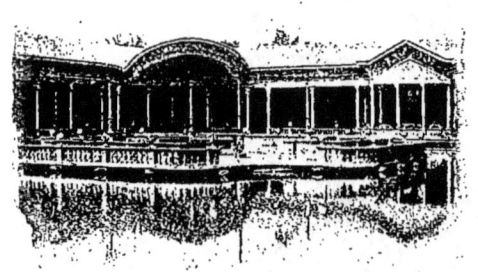

Fig. 29. — Palais de S. A. le Khédive.

et demi et achevait ses études au Theresianum — le collège universitaire de Wien —, quand, le 7 janvier 1892, il fut appelé, par droit de primogéniture, à succéder à son père. Mais, au moment de recevoir du Sultan l'investiture de sa Vice-royauté, une grave question se posa : le Prince était-il, oui ou non, majeur? A ne s'inspirer que du calendrier européen, la réponse ne semblait pas douteuse. Cependant on pouvait aussi, l'on devait même, puisque la question se posait en Egypte, et non en Europe, compter les années par mois lunaires, selon le système musulman. Or, d'après cette supputation, le Prince avait alors, exactement, dix-

---

(1) La mère de S. A. le Khédive, S. A. la Khédivah Emineh Hanem, douairière, a un Palais, sur la même rive droite du fleuve, dans la zone du Vieux Caire, à environ deux kilomètres en amont du Grand Pont, tout près du Palais Kasr-Ali.

huit ans et cinq jours. Sa majorité fut donc reconnue; et, le 26 mars 1892, il reçut, du Sultan Abdul-Hamid, le firman d'investiture.

En débarquant à Alexandrie, le jeune Vice-roi n'eut pas, malgré les honneurs souverains que les Anglais affectèrent de lui rendre, la moindre illusion sur leurs intentions réelles : avec ce prompt et clairvoyant sentiment des choses qui n'est rien moins que commun à son âge, tout de suite, il se rendit parfaitement compte que les occupateurs ne négligeraient rien pour le tenir en vassalité, sinon même pour multiplier encore les entraves dont ils avaient déjà étendu perfidement le réseau autour de son père. Mais c'est aussi le propre des natures jeunes et généreuses de savoir regarder l'avenir courageusement en face. Abbas-Pacha vit tout; et il feignit de ne point voir, laissant au Temps le soin de lui ménager quelque occasion propice de « remercier » ses trop obséquieux protecteurs. Sept ans ont passé, depuis, sans lui fournir, hélas! cette occasion si justement souhaitée. Il semble même que, dans sa marche fatale, le Temps a pris à tâche de faire inespérément le jeu de l'Angleterre. Mais, en dépit des pronostics des politiciens d'outre-Manche et des affirmations sonores et hautaines de leurs journalistes gagés, il est permis d'espérer que le dernier mot n'est peut-être pas dit encore, dans cette affaire. Pourquoi, et comment? Je tâcherai de l'expliquer dans une prochaine étude sur cette « palpitante » question (Chapitre ix).

Fig. 30. — Sur le Pont du Nil.

Ces inévitables Anglais, qu'on a le cauchemar de rencontrer partout, en Egypte, se sont juchés, à l'entrée du Grand Pont du Nil, comme ils se sont établis en maîtres dans la Citadelle, comme — pour prendre, entre mille autres, un exemple encore de leur tempérament « extensif » et envahisseur — ils se sont installés à Gibraltar : ils ont toujours un pied chez les autres, et leurs deux mains, avec ! Ils occupent donc militairement la caserne de Karsen-Nil ; et l'on les voit, de la chaussée, profiler, oisifs, aux fenêtres de la longue façade, leurs faces blêmes et osseuses. Insouciant de ce voisinage, le beau fleuve royal a, en cet endroit, près de quatre cents mètres de largeur. Le Pont l'enjambe en faisant, sur d'énormes piles dont les fondations reposent à plus de douze mètres de profondeur au-dessous du

FIG. 31. — Route des Pyramides.

niveau le plus bas des eaux, huit haltes intermédiaires. Quoique l'espacement des piles, qui atteint cinquante mètres, soit plus que suffisant pour le libre passage des grandes barques descendant des cataractes vers le Delta, la partie supérieure du pont ne serait point cependant assez élevée pour laisser toujours ce passage possible aux voiles triangulaires : aussi, les ingénieurs ont-ils ménagé des tabliers tournants qui permettent, à des heures fixes de la journée, d'ouvrir, dans le Pont lui-même, de larges trouées et de rendre ainsi à la navigation fluviale toute son indépendance. C'est une Cie française, la Cie Fives-Lille, qui l'a construit, en 1870-71. Sa largeur est en proportion de sa longueur, partant, très grande ; et son animation est extrême, surtout à certaines heures, notamment le matin. La haute balustrade qui l'enserre, en dessinant ses lignes, contribue d'ailleurs à le rendre encore plus imposant (Fig. 30). Deux îles, qui portent le nom générique de Géziré, l'encadrent, l'une, celle de Géziré-Roda, en amont; l'autre celle de Géziré-Boulak, en aval.

Le Pont franchi, commence, pour ne finir qu'aux pieds des Pyramides, une route délicieuse (Fig. 31) : l'air est ici d'une pureté exquise, le ciel d'une transparence idéale, la plaine et le désert d'une sérénité charmeuse et reposante. A l'abri des grands arbres aux têtes touffues, elle longe d'abord le fleuve, sur sa rive gauche ; puis elle passe devant le joli jardin de Giseh, et devant le Musée où sont recueillies toutes les merveilles trouvées dans les fouilles des hypogées et des temples ; enfin, après un coude brusque

Fig. 32. — Les Bédouins des Pyramides.

qui l'éloigne du Nil, elle se dirige, en ligne droite, à perte de vue, vers la lisière de sable où se dressent, majestueuses dans leur éternel sommeil, les trois énormes masses géantes. Cette immense avenue, de plusieurs kilomètres de longueur, s'achemine au désert, sous l'ombre douce et protectrice des acacias, entre des champs de coton, de maïs et de luzerne. Au milieu des cultures, parallèlement à la route, court un canal qui conduit dans ces terres l'eau fertilisante du grand fleuve bienfaisant : cette eau est limoneuse; mais, sous la chaude et vive lumière qui l'enveloppe, elle garde cependant assez de transparence pour que les hauts palmiers qui bordent le canal s'y réflètent. Des villages de terre s'échelonnent aussi à travers ces champs, les uns, comme aplatis sur le sol; les autres s'étageant, avec leurs maisons basses et pauvres, sur des monticules, pour échapper à l'inondation périodique du fleuve. Dans les terres, travaillent, çà et là, des hommes à demi-nus. Des ânes et des mulets, plus souvent des chameaux, vont, chargés de marchandises, les premiers, d'un pas alerte, les seconds, à grandes enjambées sur leurs pattes longues, aux bords de la route ou près du canal, suivis de leurs maîtres qui, silencieux, marchent, en s'appuyant sur un bâton, derrière les roussins, ou se reposent, là-haut, tout au sommet de la cargaison, sur les grandes bêtes cheminantes, au balancement rythmé. Au loin, le sable doré par le soleil marque la limite de la bande verte, annonce des étendues désertes et mystérieuses, et forme un horizon splendide qui ne lasse jamais, qui exerce sur les yeux une attirance invincible. A travers le fin branchage

Fig. 33. — Au pied des Pyramides.

des acacias, on aperçoit, dans un fond de sable, les trois silhouettes grises des Pyramides, grandissant, de plus en plus imposantes, à mesure que l'on s'avance vers elles. Elles apparaissent comme des masses informes, non point lisses, mais, tout au rebours, rocailleuses, hérissées d'angles et d'arêtes dentelant leurs lignes et faisant saillie. Les pierres dont elles sont formées semblent, tout d'abord, relativement petites : on dirait de simples gros pavés. Mais, à mesure qu'on approche, leurs proportions augmentent, augmentent, au point même de s'exagérer. On sait cependant que c'est par ces pierres, disposées en gradins, que doit s'opérer l'ascension des monuments de granit. On attend donc, avec une certaine impatience, le moment où, plus voisin d'elles, on pourra en prendre une exacte mesure. Et, en effet, parvenu aux pieds des colosses, on se convainct que, bien qu'énormes, ces blocs sont encore susceptibles d'être enjambés : de près, la Pyramide donne, en réalité, l'impression d'un escalier gigantesque, aux marches larges et sûres, quoique irrégulières.

Pourquoi faut-il que l'enchantement de cette route soit soudain rompu, avant même d'en atteindre le terme ?... Comme l'araignée songeuse, qui, cantonnée dans sa toile et patiemment à l'affût, attend, pour le sucer jusqu'au sang, l'imprudent insecte qui se risquera à traverser la gaze traîtresse ; ainsi, des Arabes, dont les burnous jettent une mosaïque de taches claires sur le fond grisâtre des monuments (FIG. 32), ont établi, au pied des Pyramides, leur poste d'observation pour saisir, dès qu'il en approche, le malheureux visiteur, l'enserrer, l'obséder, le lasser, jusqu'à ce qu'il leur livre, sous forme de bakchichs, tout l'argent possible. Ils sont là, présidés par un cheikh, une soixantaine de Bédouins, vraies sauterelles blanches du désert, qui, à défaut des récoltes, s'acharnent insatiables sur les étrangers de passage. Votre voiture en effet se trouve encore à plus d'un kilomètre des Pyramides, que, déjà, elle est entourée de quelques-uns de ces importuns parasites ; sans crier gare, ils en escaladent le siège, ils s'installent aux côtés du cocher, et, pour un peu, ils prendraient place sur votre propre banquette. Pendant que les uns, par la force de l'habitude, tendent la main, les autres commencent la litanie de leurs propositions et de leurs offres, propositions de cicérones, qui prétendent à l'honneur de vous guider ; offres de marchands, qui ont invariablement à vous faire profiter des découvertes de quelque fouille récente et à vous donner, « à rien », des scarabées, des monnaies anciennes, et autres curieuses antiquités familières parmi ces rapaces brocanteurs. Il faut s'armer de patience, de beaucoup de patience, faire la sourde oreille, choisir un guide au hasard dans le troupeau, et surtout ne point commencer à délier les cordons de sa bourse avant la fin de la visite ; moyennant quoi, l'on a quelque chance de pouvoir jouir, à peu près tranquille, de la merveilleuse beauté du spectacle.

L'avouerai-je, cependant, en toute franchise, au risque d'encourir le reproche de vouloir faire parade d'originalité ? Eh bien ! oui : vues de près, un matin, dans la brusque apparition de leur masse voisine, les Pyramides désillusionnent : elles amènent aux lèvres cette phrase désanchantée : « Quoi !... ce n'est que çà !... » De loin, aperçues des hauteurs de la Citadelle, du balcon d'un minaret ou d'une terrasse, elles avaient en effet semblé très imposantes, dans le cadre de sable au milieu duquel elles s'élèvent, au bas de la chaîne Libyque. Du reste, nos lectures nous les avaient représentées comme des masses tellement fabuleuses ; nous les avions rêvées, depuis le collège, sous des formes si étranges, peut-être si extraordinaires, qu'il

Fig. 34. — Le Sphinx.

était presque fatal que l'impression première équivalût à une sorte de déception. N'éprouve-t-on pas ailleurs, à Roma, par exemple, lorsqu'on arrive sur la place Saint-Pierre pour la première fois, une surprise toute pareille, en face du chef-d'œuvre, pourtant monumental, de Bramante ?... Mais, au Caire comme à Roma, cette impression ne dure que quelques minutes. En la regardant mieux, ici et là, la masse, peu-à-peu s'accentue, s'impose, en tant que masse ; et, bientôt, elle devient écrasante. Au surplus, si le matin est le moment propice pour faire, à la fraîcheur, la course vers le désert, c'est, incontestablement, l'heure la moins favorable de la journée pour jouir pleinement de la vision des colosses de pierre : éclairées par le soleil levant qui monte graduellement à l'horizon, les Pyramides sont baignées alors d'une lumière trop crue, trop intense ; elles sont trop absolument noyées de rayons, pour garder quoi que ce soit du mystère dont il faut qu'elles restent entourées, si l'on veut qu'elles se révèlent bien avec leur caractère. Nombre de spectacles, en Orient, semblent moroses pendant le jour, qui, au crépuscule du soir, retrouvent toute leur valeur, et deviennent même sublimes, parce que, là-bas, la nuit est la grande réparatrice des choses. L'Egypte, en particulier, est un pays qu'il faut voir à l'approche de la nuit, après le soleil couchant, à l'heure où tout prend de fantastiques proportions et où il n'est rien qui ne revête une apparence magique. Qu'on aille donc aux Pyramides, le matin, pour se ménager le loisir d'en faire l'escalade et d'en visiter les cavernes intérieures, fort bien ; mais qu'on fasse halte, à Mena House Hôtel, pour laisser tomber la forte chaleur du milieu du jour, et pouvoir les contempler de nouveau, à loisir, lorsque, rougies par les derniers reflets du soleil, elles grandissent démesurément dans ce flamboiement du ciel et du désert ; qu'on les voie surtout, si l'occasion s'en présente, au clair de lune : elles apparaîtront alors sous un aspect féerique, et feront une impression à jamais inoubliable.

Quelque intéressantes toutefois que soient les Pyramides par elles-mêmes, elles le sont encore davantage par les souvenirs qu'elles évoquent. C'est que, en effet, par elles et en elles, revivent des siècles d'histoire : on voit, comme à travers une lueur, les âges reculés où elles furent édifiées à la gloire d'un Pharaon ; et la longue série des dynasties, gravitant autour d'elles, comme le point central de la civilisation égyptienne et comme le plus ancien monument de l'art pharaonique, se déroule aussitôt dans un réveil brusque du passé, sans parler que, dans ce même passé, surgissent encore et défilent, en un superbe cortège, tous les conquérants qui sont venus ensuite, depuis ceux de Perse et de Syrie jusqu'à ceux de la Grèce et de Rome, depuis les hordes accourues de la Mecque jusqu'aux chevaliers des Croisades et aux vétérans des armées de la République. Mais la pensée qui domine, celle qui revient toujours et qui s'impose ici jusqu'à l'obsession,

c'est la pensée de la mort, c'est la constatation de cette préoccupation persistante, dont les vieux rois d'Egypte furent hantés, de se survivre à eux-mêmes en préparant, pour leur dépouille mortelle, un monumental tombeau.
Il semble en effet à peu près démontré, aujourd'hui, que chaque roi, dès qu'il montait sur le trône, commençait la construction de sa pyramide. Tout d'abord, il faisait établir ce qui était le centre et comme l'âme du monument, à savoir, la chambre mortuaire. Celle-ci achevée, on l'enclavait dans un revêtement de pierres, dont la disposition étroite et élevée avait la forme d'une aiguille. La *tombe* alors était complète, et, comme telle, elle suffisait à assurer aux rois, même s'ils ne régnaient que peu de temps, une sépulture digne d'eux. Mais quand leur règne prenait de longues proportions, la construction première en bénéficiait, en ce sens que, sur la pyramide déjà exécutée, venaient se superposer des revêtements successifs, qui ajoutaient à la grandeur et à la masse du projet primitif, sans rien ôter à son caractère. Si, de surcroît, des ressources exceptionnelles se joignaient, pour quelqu'un des princes, à l'heureuse durée du règne, le travail s'exécutait alors avec une ampleur inouïe ; et une œuvre colossale surgissait peu-à-peu, qui finissait par remplacer les modestes essais du début. A la mort du roi, l'on interrompait le gros œuvre, et un cimentage définitif imprimait au tombeau pyramidal sa suprême perfection, en même temps qu'il assurait à toujours sa solidité.

Les trois grandes Pyramides de Chéops, Chéphrem, et Menkéra reposent sur des rochers de granit qu'ont ensevelis les sables du désert, et sont respectivement orientées, sur une même diagonale, du nord-est au sud-ouest. La première a 147 mèt. de hauteur (1) ; la deuxième, 136 ; et, la troisième, 66 : autour d'elles, dans le voisinage, se rencontrent aussi des ruines de temples, et des débris de petites pyramides ; d'ailleurs, le « groupe » imposant qu'elles for-

---

(1) Il n'y a, en Europe, que les flèches de la cathédrale de Köln (Cologne), qui soient plus élevées : elles ont 156 mètres.

ment n'est que l'un des cinq qui se trouvent compris dans le périmètre de la nécropole de l'antique Memphis, ce qui prouve bien que l'habitude de bâtir de pareils tombeaux était profondément ancrée dans les traditions de l'ancienne Egypte.

L'ascension des colosses se fait sans aucun danger, mais non point sans fatigue. Enlevé par deux Bédouins, à qui l'on donne les mains, et soutenu par un troisième, on commence les grandes enjambées sur les saillies des blocs énormes. Or, comme l'opération se répète environ deux cents fois avant d'atteindre le sommet, on arrive, là-haut, les bras écartelés, les jarrets fourbus, la poitrine haletante, et le corps en nage, surtout si l'on a mis un faux point d'amour-propre à exécuter, en dix ou douze minutes, une ascension qu'il est beaucoup plus prudent de faire, avec de petites haltes intermédiaires, en une demi-heure. Mais, une fois au sommet, sur la plate-forme de dix à douze mètres carrés qui a remplacé la pointe du cône primitif, on est singulièrement dédommagé de sa peine par la magnificence du tableau qui se déroule aux pieds du spectateur : à perte de vue, le désert, l'immensité de la mer de sable, dans laquelle le Delta, en un coin, pique un triangle de verdure ; à l'horizon, au sud-est, comme des rangées distinctes d'arbres géants qui, jadis, auraient été confondus dans la même immense forêt, les Pyramides de Zaouyet-el-Aryan, celles d'Abousir, celles de Sakkara, celles de Dahchour ; et, partout, les méandres du Nil qui, majestueux et calme, promène capricieusement ses eaux limoneuses aux pieds de tous ces grandioses débris. On voudrait, malgré les ardeurs du soleil qui dévore tout, s'attarder à contempler l'incroyable vision ; mais les Bédouins sont là, toujours hannetonnants, qui se vengent des refus obstinés que vous avez opposés à leurs offres de bibelots, en hâtant le moment de la descente, laquelle, du reste, est aussi fatigante en son genre que la montée, avec, peut-être, le danger du vertige en plus. Si la curiosité vous y incite, vous pouvez, après cela, pénétrer dans l'intérieur de la pyramide, ramper sur le sol glissant de ces couloirs

au plafond surbaissé, et arriver, par les galeries, jusqu'à
la salle centrale où il ne reste, pour tout souvenir de la
chambre mortuaire, qu'un sarcophage vide et mutilé, en
fin granit de Mokattan. Ce sera sans doute une nouvelle
fatigue ajoutée aux précédentes ; mais, outre que vous
aurez eu le plaisir de lire, de vos yeux, le nom du roi
Khoufou (Chéops), gravé dans deux des chambres supé-
rieures, vous vous serez fait une idée plus complète de
l'étonnante grandeur du monument. Vous comprendrez
alors qu'il ait réellement fallu, ainsi que le racontent les
historiens, près de deux millions et demi de blocs de
granit, de plus d'un mètre cube chacun, pour élever le
colosse ; que, pour préparer ces pierres, les tailler sur la
rive du fleuve, puis les transporter ici à l'entrée du désert,
cent mille ouvriers aient dû, au rapport d'Hérodote, travailler pendant trente ans ; que ces pierres amoncelées
suffiraient, comme on l'a établi par un curieux calcul, pour
encercler la France d'un mur d'enceinte de trente centi-
mètres d'épaisseur sur une hauteur de deux mètres ; et,
enfin, qu'il y a là une démonstration tangible, tout ensemble, de l'opulente puissance des vieux rois qui pouvaient faire exécuter par leurs sujets de pareils monuments
funéraires, et du génie de construction, des connaissances
techniques, et de la patience des Egyptiens, qui les exécu-
taient.

Après quelques instants de repos, vous enfourchez un
âne, et vous vous dirigez vers la seconde Pyramide, à
l'avant de laquelle, à l'orient, se dresse l'énigmatique
Sphinx (Fig. 33), tout près des ruines du temple d'Isis découvert, en 1853, par Mariette. S'il est vrai, comme celui-
ci l'a déchiffré sur une stèle, que ce temple a été restauré
par Chéops, on voit donc sa haute antiquité, puisqu'il avait
déjà besoin de retouches, au moment où l'on construisait
la première Pyramide. Quant au Sphinx, il a été, non pas
construit, mais « arrangé ». C'est un produit de la nature,
repris en sous-œuvre par la main des hommes, et perfec-
tionné par leurs soins. D'un énorme rocher primitif, qui
affectait une forme d'animal, les architectes Egyptiens

ont réussi en effet, en corrigeant ses défauts et en le complétant par une ingénieuse maçonnerie, à faire un lion colossal, couché, et à tête d'homme. Elle est étonnante, cette tête (Fig. 34), étonnante d'expression, avec le demi-sourire qui erre encore autour des lèvres, les yeux chargés de pensées profondes, et un je ne sais quoi où la grandeur s'allie à la force. Le type est du reste exactement de la même famille que les autres Sphinx Egyptiens : tous ces Sphinx sont frères. D'où l'on peut s'estimer en droit de conclure que les architectes ont incarné ici les traits saillants de la race autochtone contemporaine. L'hypothèse a même d'autant plus de vraisemblance que, aujourd'hu encore, il n'est point rare de rencontrer, particulièrement chez les fellahines, des types tout-à-fait similaires. Quoi qu'il en soit, le monstre — car, même transfiguré par l'art, un lion à tête humaine n'est rien autre chose — est très ancien : consacré ou non à quelque dieu solaire, il a grand chance d'être antérieur à la Pyramide de Chéops ; et, bien que le Temps se soit acharné contre lui, il n'a point subi encore de mutilations qui l'aient rendu méconnaissable. Malgré son cou émincé, son nez entamé, sa barbe fauchée en partie, et une de ses oreilles tombée, il a conservé une allure imposante, laquelle tient à la fois à ses belles proportions et au voisinage du désert : fièrement campé sur le pavé, il mesure en effet vingt mètres, en hauteur, de la base au sommet de la tête, et cinquante-sept mètres, de la naissance de la queue aux pattes de devant. Muet témoin d'un passé qui se perd dans la nuit des temps, il a l'air de garder, songeur, le secret de choses ignorées et terribles, le mystère, ou l'énigme, de l'antiquité : d'ailleurs, impassible à tout, aux meurtrissures des siècles comme aux bruits qui montent jusqu'à lui ; à tout, — excepté aux ensablements dont le recouvre périodiquement le Khamsin, ou vent chronique du désert. Heureusement, l'homme est là pour venir à son secours et repousser, de temps à autre, le sable envahisseur. Vu, le soir, au clair de lune, après que le soleil couchant a ramené, pour les Pyramides, l'heure grisante de la féerie ; ou même, et plus simplement, vu, dans l'atmosphère limpide, sous l'éclairage brillant des étoiles, le Sphinx laisse, dans l'esprit, une impression étrange et inoubliable, et, dans la rétine, la perception d'une vision à nulle autre pareille, où l'enthousiasme le dispute à l'admiration.

CHAPITRE VI

LE MUSÉE DE GISEH

E Musée des Antiquités égyptiennes, fondé, à Boulaq, vers 1860, par notre éminent compatriote Mariette-Bey (1821-1880), avec l'appui du gouvernement Khédivial, a été transporté, en 1890, au château de Giseh. Il a eu successivement, pour directeurs, Mariette-Bey, MM. G. Maspéro, E. Grébaut et J. de Morgan : son directeur actuel est, depuis 1897, M. Victor Loret, ancien professeur d'égyptologie à la Faculté des Lettres de Lyon, un savant doublé d'un musicien distingué. A Boulaq, les salles étaient insuffisantes pour installer les découvertes qu'y faisait affluer chaque nouvelle fouille, et les y classer : au surplus, en 1878, la crue du Nil faillit tout détruire, en tout emportant. Au château de Giseh, au contraire, bien que l'édifice n'ait pas été construit pour cette destination (1), l'on est plus à l'aise : un groupement intelligent a réservé, pour le rez-de-chaussée, tous les monuments volumineux et lourds, et affecté aux salles du premier étage les objets petits ou

---

(1) Le château de Giseh, construit, à l'orientale, par le fils d'Ibrahim-Pacha, le Khédive Ismaïl (1830-1895), devait être, dans la pensée de son fondateur, une sorte de Palais d'été.

légers. Mais, malgré le triage opéré entre les antiquités strictement pharaoniques et celles qui se rattachent aux périodes gréco-romaine et copte, dont les spécimens les plus importants ont été dirigés vers le musée spécial d'Alexandrie, le château de Giseh ne pourra contenir tous les trésors, sans cesse exhumés, de l'ancienne Egypte; il est, de plus, insuffisamment protégé contre le danger d'incendie : aussi se propose-t-on, dans un avenir prochain, de le transporter au Caire même, en un immense palais que l'on construit, de toutes pièces, aux bords du fleuve sacré, près de Kasr-el-Nil.

Mariette-Bey avait le génie de la découverte : si d'autres, après lui, ont vaillamment creusé le sillon qu'il avait ouvert, c'est encore lui qui est indiscutablement le « créateur » du célèbre Musée. Dès la fin de novembre 1850, pendant son premier voyage en Egypte, où il avait été envoyé par le Gouvernement français pour une mission scientifique, il entreprit les fouilles aussi intelligentes que laborieuses qui aboutirent, en novembre 1852, à la découverte des précieuses antiquités enfermées dans le Sérapéum de Memphis, à savoir, outre des milliers de stèles votives, bijoux, amulettes et figurines funéraires, soixante-quatre Apis, dont les plus anciens remontent à la xviiie dynastie, et dont le plus moderne est presque contemporain de Cléopâtre. M. Maspéro, successeur de Mariette-Bey, de 1881 à 1886, a doté l'archéologie, en Egypte, de la méthode scientifique qu'elle possède aujourd'hui ; il a formé le service administratif du Musée et fait connaître au monde savant, par ses nombreux travaux, les merveilles renfermées dans les galeries de Boulaq et répandues sur le sol de l'Egypte; surtout, il a enrichi le Musée de son incomparable découverte des momies royales, qu'est venue si heureusement compléter celle des momies des prêtres d'Amon, à Thèbes, en 1891. Et ainsi, peu à peu, ont été réunies les antiquités qui, maintenant, distribuées dans quatre-vingt-onze des salles de l'ancien palais d'Ismaïl, montrent la civilisation pharaonique en ses moindres détails, depuis les statues et les stèles royales de l'ancien empire, jusqu'aux dernières œuvres d'art des chrétiens coptes, et fournissent au visiteur le spectacle varié de toutes les manifestations du sentiment artistique des habitants de la vallée du Nil : scarabées ; bijoux ; bibelots de toute taille, et de toute forme, destinés à la parure ; étoffes ; céramique ; vases de métal, de pierre et de bois ; papyrus ; croquis d'artistes ; meubles ; échantillons industriels ; textes d'architecture, etc.

L'étonnement, d'abord ; l'admiration, ensuite, s'épuisent à l'envi en face de ces innombrables créations esthétiques des anciens Egyptiens. A chaque pas, on s'arrête, surpris et rêveur, devant ces débris vénérables qui nous ont livré les secrets des siècles les plus reculés de l'histoire. Partout, bien qu'inégalement, on est intéressé,

Fig. 35. — Musée de Giseh.

parce qu'on a sous les yeux, concrète et tangible, la démonstration d'une civilisation que, plus de deux mille ans avant notre ère, les patriarches de nos Saints Livres avaient trouvée à son apogée.

Entre toutes les haltes qu'on fait, presque à chaque pas, au Musée de Giseh (Fig. 35), ici, devant une statue de divinité ; là, au bord d'une vitrine encombrée de bijoux ou d'amulettes ; plus loin, près d'une armoire remplie d'étoffes précieuses, ou d'offrandes funéraires, il y a trois haltes que l'on prolonge indéfiniment, et dont la nature et le prix des objets que l'on rencontre vont en effet expliquer l'importance.

La première, c'est en face de la table de basalte, où s'étale, superposée, en trois langues, la fameuse inscription, qui mit J.-F. Champollion le Jeune (1790-1832) sur le chemin de la découverte de l'écriture hiéroglyphique.

Cette table avait été trouvée, pendant l'expédition de Bonaparte en Egypte, par un officier francais, le capitaine de génie Bouchard, au fort S. Julien, à Rosette (1). Elle porte le texte du décret rendu, sous Ptolémée III Evergète (238 av. J.-C.), par les prêtres rassemblés dans le temple de Canope, pour louer et remercier le roi d'avoir repris les images des dieux enlevées en Asie, remporté des victoires, et sauvé le peuple de la famine. L'inscription est rédigée, dans le haut de la table, en vieil égyptien et en caractères hiéroglyphiques ; dans le bas, en langue grecque et en caractères grecs ; et, sur la tranche gauche, en dialecte vulgaire et en caractères démotiques. Grâce à la rédaction d'un seul et même texte en trois langues distinctes, dont une, la seconde, est parfaitement connue, la trouvaille avait une valeur inappréciable pour permettre de découvrir enfin, après tous les essais vainement tentés jusque-là par les savants, la clef de l'écriture mystérieuse. Cette clef d'or, Champollion la trouva, en 1822, par la comparaison des textes, dont le grec lui facilita le déchiffrement. Encore quelques efforts, et, après avoir lu les inscriptions, on allait en avoir enfin l'intelligence.

Le visiteur ne s'arrête pas avec un intérêt moins vif devant les sarcophages et les momies des prêtres d'Amon, dont l'importante découverte a été faite seulement en 1891, dans le voisinage du temple de Deir-el-bahri, à Thèbes. Mais, là où l'intérêt et la curiosité grandissent encore, c'est quand, dans la Salle des Momies (FIG. 36), on voit, de ses yeux, les restes authentiques de quelques-uns des plus grands personnages d'Egypte dont l'histoire a gravé les noms dans notre souvenir, Séthos, Sésostris, la reine Aahotep, la reine Néfrétère, femme d'Amasis, etc., etc.

Par une association d'idées toute naturelle, on se sou-

---

(1) C'est à Rosette, ville assez voisine de l'ancienne Canope, et non à Tanis, comme on l'affirme quelquefois, qu'a été découverte, en 1799, la célèbre inscription qu'on nomme en effet, équivalemment « pierre trilingue de *Rosette* », et « décret trilingue de *Canope*. »

vient alors que les Pyramides, construites pour recouvrir la dépouille mortelle des Pharaons, ne sont en somme que de gigantesques « tombeaux ».

A la vue de ces momies, dont l'étonnant état de conservation témoigne d'une incroyable habileté à préserver les cadavres de la corruption du sépulcre, on est donc singulièrement frappé de la place qu'a tenue, chez les anciens Egyptiens, la pensée de la mort. C'est qu'en effet s'il y eut, chez eux, une préoccupation persistante et qui domina toujours toutes les autres, ce fut bien la préoccupation des mystères de la mort et de l'autre vie. Au rebours des autres peuples, qui livraient le corps à la terre ou au feu, les Egyptiens entreprirent de lutter contre la destruction : ils enchaînèrent, sous des bandelettes, la forme précaire du cadavre et l'arrachèrent, en la séquestrant, aux terribles métamorphoses du trépas ; du mort, ils firent une momie, c'est-à-dire une statue pétrie dans un bloc de baumes (1).

Fig. 36. — Salle des momies.

C'est, dans l'histoire, un phénomène unique entre tous, que celui de ce peuple occupé, pendant des siècles, à s'embaumer lui-même et à se creuser, ou se bâtir, d'éternels sépulcres. « Pénétrez, dit quelque part Paul de Saint-

---

(1) On a donné, par extension, le nom de *momies* à tous les corps qu'on a retrouvés dans un état à peu près satisfaisant de conservation, bien qu'ils n'aient subi aucune des préparations savantes que leur faisait subir l'ancienne Egypte. Il en existe, en l'espèce, quelques spécimens fort curieux, au pays de Forez, dans une crypte de l'église Saint Bonnet, à St-Bonnet-le-Château (Loire).— Cf. J. CONDAMIN et F. LANGLOIS, *Histoire de Saint-Bonnet-le-Château*, T. II, pages 355 sq.

Victor, pénétrez dans le quartier funèbre de l'antique Thèbes : la ville de la mort s'étale, au milieu de la ville vivante, silencieuse comme un sépulcre, active comme un laboratoire. Des salles immenses s'y succèdent : leur perspective, prolongée à perte de vue, semble se perdre dans l'éternité. Là, sous la surveillance de prêtres lugubres, ceints de peaux de panthères et coiffés de masques de chacals, la caste des embaumeurs vaque silencieusement à ses travaux funéraires. Là, des milliers de cadavres, que des mains savantes élaborent, s'élèvent lentement à la dignité de momies, en passant par toutes les phases de la statue dégrossie et de la crysalide transformée. Les uns, vidés de leurs entrailles, s'emplissent d'aromates ; les autres plongent dans une chaudière de bitume, Styx lustral qui doit les rendre invulnérables à la corruption. Ceux-ci s'allongent sous des spirales de minces bandelettes ; ceux-là, entrés déjà dans leur gaîne de carton, n'attendent plus que le pinceau du scribe et du vernisseur. La ville funèbre a ses hiérarchies : les momies ont leur aristocratie, leur bourgeoisie, et leur plèbe. Un groupe de perruquiers, de peintres et d'orfèvres s'attache au corps du roi, du prêtre, et du riche : ils le coiffent de cheveux postiches, attachent à son menton la barbe tressée, insèrent des yeux d'émail dans les cavités de son masque; ils le parent pour la tombe, comme pour la chambre nuptiale d'une divinité... Les momies de seconde classe sont enfermées dans des boîtes moins riches, et sous des suaires plus grossiers ; les pauvres et les esclaves, empaquetés à la hâte dans des corbeilles de branches de palmier. On a souvent comparé les biblothèques à des cimetières : on pourrait ici retourner la comparaison, en l'appliquant strictement à la nécropole égyptienne. Ne sont-ce pas des livres que les momies adossées, le long de ses murs, avec leurs suaires de papyrus et leurs étuis couverts d'écritures et d'hiéroglyphes ? Les unes, magnifiquement reliées, racontent les gloires de la royauté et les mystères du sacerdoce ; les autres, revêtues de cartonnages vulgaires, ne renferment que les secrets de la vie commune; les dernières enfin, brochées sous une vile enveloppe, ne disent que la misère et la nudité de l'esclavage, perpétuées par-delà de la tombe.

« Mais il est une égalité que la vieille Egypte reconnaît : c'est celle de la conservation dans la mort. L'embaumement saisit le pauvre comme le riche, l'esclave qui travaille, sous le fouet de l'inspecteur pour un salaire de trois oignons crus, à la pyramide, comme le Pharaon qui la fait construire pour y loger son cercueil... Cette folie sacrée franchit même le règne animal : elle s'étend aux bêtes, aux oiseaux, aux poissons, aux insectes, à ce qui passa dans le monde sans y laisser d'autres traces qu'une empreinte sur le sable, qu'un nid sur la branche, qu'un sillage sur le flot du Nil. La plus petite, la plus fugitive goutte de vie, fixée par une atmosphère d'aromates, se cristallise et devient éternelle. A la puissance de corruption de la mort, l'Egypte oppose une pharmacie éner-

Fig. 37. — Cercueil d'une momie.

gique, un acharnement séculaire, une théologie qu'on pourrait définir l'hygiène sacrée du cadavre. Mais, où parquer ces générations immobiles qui tiennent, après la mort, autant de place que de leur vivant? L'Egypte ne recula pas devant le problème : ce peuple embaumeur se fit fossoyeur; il inventa une architecture souterraine qui répétait, en les grossissant, les énormités de son architecture extérieure. Chez lui, chaque ville se répercute en nécropole; chaque maison bouche un puits mortuaire; sous le pied de chaque homme qui passe, s'étend, dans les entrailles de la terre, une file superposée de momies, dont le bout plonge à des profondeurs insondables. L'Egypte n'est que la façade d'un sépulcre immense : ses pyramides sont des mausolées, et ses montagnes des ruches de tombeaux ; le terrain sonne creux dans ses plaines, épiderme de vie drapé sur un charnier gigantesque. Pour loger ses cadavres, elle s'est convertie elle-même en cimetière; elle s'est dédiée, en quelque sorte, à la Mort. L'exemple, d'ailleurs, partait de haut. Dès qu'un Pharaon montait sur le trône, on commençait à construire sa tombe; tant qu'il vivait, on y travaillait : la hauteur ou la profondeur de son sépulcre se mesurait à la longueur de son règne. Chaque jour il voyait grandir la pyramide, ou s'allonger l'hypogée, qui engloutirait sa momie. La mort était l'unique horizon de ces hommes voués aux idées, aux travaux posthumes. Parcourez les hypogées sacerdotaux ou royaux, creusés dans l'épaisseur des montagnes : vous traversez de sombres et splendides enfilades de chambres, de salles, de galeries, où des milliers de mains se sont usées à tailler la pierre, à peindre les murs, à dérouler dans le roc d'interminables panneaux d'hiéroglyphes. Les jeux, les chasses, les festins, les batailles, tout le poème de la vie, sculpté et colorié, avec une grandiose élégance, est enseveli dans ces catacombes. Et ce luxe de l'art n'est là que pour récréer les yeux d'émail ou de carton peint d'une momie ! Aucun regard humain ne profane ces musées cryptiques. Les peintres et les sculpteurs, qui les ont décorés de la base au faîte, ont travaillé pour la Nuit et pour le Silence. A peine le corps en avait-il pris possession, que la porte disparaissait sous des quartiers de rochers. La montagne se refermait sur le palais funèbre : elle le dévorait, en quelque sorte; elle le digérait, et l'assimilait à sa masse solide. Il n'existait plus que sur la carte murale des prêtres, seuls géographes du monde sépulcral. »

On s'est demandé quel fut le principe de ce fétichisme mortuaire, qui caractérise la race égyptienne. Et l'on a cru trouver le sens de ces étranges funérailles dans sa mythologie même, où selon la doctrine hiératique, l'âme, dépendant du corps, même après sa séparation, son individualité spirituelle tenait à l'intégrité de sa dépouille matérielle. Peut-être. Il ne faudrait pas cependant exagérer la portée de cette explication. La mythologie égyptienne reconnaissait sans doute une foule de dieux, aux formes animales. Mais, si ces dieux ne figuraient que des idoles, aux yeux de la masse, ils étaient, en fait, pour les initiés, de réels symboles de la Divinité, dont ils représentaient, en quelque sorte, par fragments, les divers attributs. Que le peuple, qui répugne d'instinct aux abstractions, ait cru voir la Divinité elle-même dans des fétiches qui n'en donnaient que la figure, on le comprend sans peine. On ne doit pas pour autant oublier que les prêtres y voyaient autre chose, et que, par conséquent, le spiritualisme était au sommet de la religion égyptienne, comme il se trouvait à sa base. Or, ce spiritualisme est foncièrement monothéiste : plus on remonte le cours des âges, plus on y constate l'influence et la marque de l'enseignement donné par Dieu à nos premiers parents. Ce n'est donc que par une série de déviations qu'aurait successivement subies l'idée primitive, que le peuple égyptien a pu en venir à croire que l'intégrité de la dépouille mortelle de l'homme était le plus sûr garant du maintien de son individualité spirituelle : originairement, c'est plutôt l'opinion contraire qu'il aurait, ce semble, dû adopter. Mais une fois entraîné sur la pente de l'erreur, il eut vite fait d'aboutir à la corruption des idées religieuses primitives, et de déclarer, pour ainsi dire, l'âme vassale du corps et sa tributaire. De là à porter à son paroxysme la piété pour les morts et à s'enliser dans le culte du cadavre, il n'y avait qu'un pas ; et ce pas, promptement fait, transforma donc en une sorte de vertu fatale une disposition au respect qui, en soi, ne mérite

Fig. 38.
Séthos I.

Fig. 39.
Ramsès II.

rien que des éloges. Vertu fatale, dis-je ; car, exalté jusqu'au fanatisme, ce culte de la mort fut une plaie pour l'Egypte. Autant il est louable d'entourer d'honneurs un sépulcre ; autant il est dangereux d'y faire uniquement tout converger, de s'y parquer, et de borner là ses aspirations, ses rêves, et son travail. Quelle mauvaise école, en effet, que cette école du sépulcre, telle que l'entendirent les Egyptiens ! Tout seul, sans échappée lumineuse sur l'au-delà, et j'ajoute, sans notion précise sur la nature du dépôt qu'on lui confie, le sépulcre n'est propre à enseigner autre chose que l'immobilité, l'engourdissement, et le sommeil. Un peuple, lorsqu'il n'a d'autre préoccupation que celle de monter et redescendre les escaliers d'un tombeau, incline vite vers la décadence. « Rentre, vieille Egypte, s'écrie encore, à ce propos, Paul de Saint-Victor, rentre dans l'ornière creusée par le bœuf que ton peuple adore, et qui symbolise sa morne routine ! Retourne à tes vieilles idoles aux têtes d'éperviers ou de singes, tandis que les dieux charmants et superbes, qu'elles ont enfantés sans le savoir, répandent sur le monde la vie, la liberté, la lumière ! Taille des sphinx à la tête aussi bestiale que la croupe, pendant que Phidias sculpte, dans le marbre du Pentélique, les divinités de l'héroïsme et de la sagesse ! Inscris péniblement, à coups de marteau, sur tes obélisques, des grimoires sacrés, à l'heure où Homère chante par les sentiers des Cyclades, où la parole de Platon voltige, dans la Grèce, sur les ailes des abeilles qui visitent ses lèvres ! Te voilà prise dans le cercle de l'immobile serpent qui se mord la queue autour de l'éternel cadran ! Ton passé momifié te barre l'avenir ! Joue, peuple-gnome, avec ces poupées funèbres, qui perpétuent ton enfance ; vernis leurs masques, peins leurs yeux, colorie leurs gaînes des bariolages que prescrit le rite ; endors-les dans leurs sarcophages, en murmurant les litanies inintelligibles que tes prêtres t'ont enseignées ! Point de bruit, surtout : arrière la poésie, la philosophie, l'éloquence ; le dernier des sacristains d'Isis en sait plus long qu'elles... On parle bas dans le pays des tombeaux ! »

Il serait difficile de rendre, en une langue plus colorée et plus juste, l'impression qu'on éprouve en effet devant les sarcophages qui peuplent, au Musée de Giseh, la grande salle des momies. Si l'on se réjouit d'y pouvoir, après tant de siècles écoulés, retrouver encore intacts les restes des vieux rois, on ne peut se défendre d'un sentiment de tristesse, en songeant qu'un peuple puissant et fort a concentré ses facultés brillantes dans le culte exagéré du cadavre, et s'est immobilisé dans l'art très-secondaire de l'embaumement. On demeure rêveur en face des monumentales prisons de bois dans lesquelles les Egyptiens mettaient toute leur application à enserrer les corps liés de bandelettes : tout couverts qu'ils soient de signes et de peintures, ces cercueils géants n'en restent pas moins des cercueils (Fig. 37). Et les momies elles-mêmes, combien ne disent-elles pas haut, en dépit de leur étonnant état de conservation, que l'homme est impuissant à lutter contre la mort! Malgré leurs touffes de cheveux, leurs yeux en émail, et ces robustes bandelettes qui ont jusqu'ici préservé d'une dislocation fatale leurs membres décharnés, elles n'ont plus rien d'humain, hormis ce que la mort laisse invariablement à l'homme, la laideur ; le semblant de vie que les funèbres décorateurs ont voulu leur imprimer ne sert qu'à faire sentir davantage la suprême ironie d'une semblable toilette ; e quoi qu'aient pu faire embaumeurs et fossoyeurs, elles ne sont plus, pour leur appliquer un mot célèbre de Bossuet, qu'un « je ne sais quoi qui n'a de nom dans aucune langue! » Je n'ignore pas que Séthos I (Fig. 38) fut le Pharaon impitoyable qui accabla les Hébreux de tâches serviles, pendant que sa fille arrachait aux flots du Nil le petit enfant qu'on y avait exposé dans une corbeille de joncs ; je me rappelle aussi que Ramsès II (Fig. 39) est « le grand Sésostris » que Fénelon a poétiquement enguirlandé dans son *Télémaque :* et il y a en effet un certain plaisir à s'assurer qu'on les voit, de ses yeux, eux si anciens, si perdus dans les lointains horizons de l'histoire, alors que tant d'autres hommes célèbres ont, depuis, et dans des temps beaucoup plus voisins du nôtre, impitoyablement disparu ! Mais regardez-y d'un peu près ; détaillez, sans parti-pris, le paquet d'ossatures à l'épiderme parcheminé, qui gît, là, devant vous ; cherchez à surprendre le signe même fugitif, d'une pensée, d'une impression, sur ces masques grimaçants dont la peau noire ressemble étrangement à celle des victimes qu'on retire, par lambeaux, des bas-fonds d'une mine, après quelque terrible explosion de grisou. Alors, si vous êtes sincère, vous vous direz : Vraiment, ce n'était point la peine de dépenser tout le génie d'un peuple, ni de prendre tant de précautions, pour aboutir à un si lamentable résultat ! Et, attristé, presque écœuré, vous passerez outre. Seul le Dieu tout-puissant qui nous a créés est de taille à rendre à nos corps fauchés par la Mort la vie que celle-ci leur enlève. Il la leur redonnera, en effet, quelque jour, avec usure, et pour ne plus la perdre. Mais, en attendant, c'est pitié de vouloir essayer d'en sauver quelque image : et toute tentative, dans ce but, est fatalement condamnée à n'être qu'une misérable parodie. *Memento, homo, quia* pulvis *es, et* in pulverem reverteris !

CHAPITRE VII

AUTOUR DU NIL

E veux grouper, sous ce titre, les impressions éprouvées, au contact des choses, dans les plus intéressantes excursions que j'ai eu l'occasion de faire, aux bords du fleuve sacré, soit au Caire et dans le voisinage immédiat de la capitale, soit en remontant le Nil jusqu'à Thèbes.

Dès qu'on foule le sol de la terre des Pharaons, deux souvenirs, d'un intérêt inégal sans doute, mais tous deux profondément captivants, obsèdent l'imagination du visiteur catholique : le premier, c'est celui des anciens patriarches, de Joseph, en particulier, qu'accompagne inséparablement celui de Moïse, libérateur inspiré du peuple de Dieu ; le second, c'est celui de la Sainte Famille. Un texte d'Osée, cité par l'évangéliste S. Mathieu, se rapporte du reste également bien à la Sainte Famille et au peuple d'Israël, et les englobe indistinctement ; car, de même que Dieu avait rappelé Israël de la terre de servitude et l'en avait tiré, ainsi, de la terre d'exil, il rappela son Fils, après la mort du tyran qui avait ordonné le massacre des Innocents de Bethléhem : *ex Ægypto vocavi*

filium meum. Or, après dix-neuf siècles bientôt écoulés (1), il n'est pas impossible, en s'aidant de la tradition, si précieuse en pareille matière, de retrouver assez exactement les traces de Jésus et de ses parents, dans la vieille Egypte. Du même coup, par une providentielle coïncidence, on retrouve celles du patriarche Joseph : la figure annonce, en ces lieux, la réalité prochaine ; et le fils de Jacob semble n'avoir été amené là par la main de Dieu que pour faire pressentir le passage futur de Joseph, l'humble charpentier.

Aussi, est-ce avec joie que l'on prend, un matin, la route qui achemine à Matariyé et à Héliopolis. En voiture, on traverse la grande plaine, où Kléber, en 1800, infligeait, avec une poignée de braves, une sanglante défaite aux Orientaux, six fois plus nombreux ; et, après une course d'une heure et demie, on fait halte au hameau de *Matariyé*, dont le nom, synonyme d'*eaux fraîches*, rappelle un fait touchant de la fuite en Egypte. C'est là en effet que, d'après une tradition constante, s'arrêta, quelque temps, la Sainte Famille, et que, fatiguée, la Vierge Marie se reposa à l'ombre d'un sycomore, et but l'eau pure d'une source, qui venait miraculeusement de jaillir. Source et sycomore se voient encore à Matariyé, l'une, toujours fraîche et limpide ; l'autre au tronc fendillé et entr'ouvert, et à l'ample couronne de feuillage. Le visiteur qui ne demande à la tradition que ce qu'elle peut donner, à savoir, la conservation fidèle d'un souvenir transmis de vive voix à travers les âges, se recueille, ému, devant l'arbre et devant la fontaine, et recompose par la pensée, sans plus raffiner, la scène familiale de l'arrivée, en ce lieu, de Jésus, Marie et Joseph. Mais la Science intervient, qui s'inscrit, superbe, contre la tradition, et récuse son

(1) Oui, *bientôt*, puisque, le 31 décembre 1900, à minuit, commencera, avec le 1ᵉʳ janvier 1901, la 1ʳᵉ des cent années qui composeront le xxᵉ siècle. Je dis : le 31 décembre 1900, et non, le 31 décembre 1899, comme le répètent les gens distraits, qui oublient qu'un siècle est formé de 100 années consécutives, et non pas de 99, et que tout siècle, quel qu'il soit, commence à la *première* (190**1**) année dudit siècle. Des *zéros* (19**00**) peuvent bien *finir* un nombre, et, par conséquent, un siècle ; mais ils n'ont jamais rien *commencé !*

témoignage ; elle a l'extrait de naissance du sycomore qu'on voit aujourd'hui ; elle le produit, sur un ton cavalier : « Cet arbre, dit-elle, n'a été planté qu'en 1665 ! » Quant à la fontaine, si ses eaux ne sont ni saumâtres, ni désagréables à boire, c'est, ajoute-t-elle, qu'elles proviennent d'une source. Et, là-dessus, la Science se rengorge, convaincue qu'elle a *démoli* à jamais une pieuse tradition de plus ! Pauvre Science ! Ne sait-elle donc pas qu'on a dénoncé définitivement sa banqueroute, et que, chaque fois qu'elle s'avisera d'empiéter sur le domaine du surnaturel, qui n'est ni ne sera jamais le sien, elle ira fatalement à la débâcle ?... Elle se fait une arme de la date relativement récente de la plantation du sycomore de Matariyé. Fort bien ! Mais peut-elle produire aussi l'extrait de naissance du vieux sycomore qui périt, à cette même place, en 1665 ? Et ignore-t-elle donc, elle qui sait tout, que les pèlerins l'ont vu et vénéré, celui-là, dans tous les siècles antérieurs ? Elle se flatte, d'autre part, d'expliquer, par le voisinage d'une « source », la pureté et la saveur des eaux de la fontaine. Mais, cette source unique, comment donc se trouve-t-elle ici, alors que, tout autour, dans un vaste périmètre, on n'en nommerait pas une seule autre, et que, tout au rebours, les eaux dont on pourrait se servir, sont partout gâtées par les infiltrations du Nil ? Comment forme-t-elle une exception, et se trouve-t-elle à l'abri de ces infiltrations inévitables ?... Laissons la Science à ses prétentions hautaines et acceptons, en toute simplicité, l'explication infiniment plus plausible que nous

FIG. 40. — Une rue du Vieux Caire.

fournit le témoignage traditionnel. Il y a ici une source pure, parce que le Dieu tout-puissant qui, en se jouant, crée les sources comme il crée les fleuves et les mers, l'y a fait jaillir, pour abreuver la Mère et le Père nourricier de son Fils en exil, et pour permettre à la Vierge d'y laver les « drapeaux » du petit Enfant. Et, si le sycomore qu'on vénère aujourd'hui n'est qu'un rejeton du sycomore antique, ce dernier, qu'on voyait et visitait déjà avec vénération, au IIe siècle, ne laisse pas, cependant, d'avoir bel et bien existé.

A quelques deux cents mètres du jardin (1) de Matariyé, en pleine terre patriarcale de Gessen, on rencontre l'ancienne ville du soleil, *Héliopolis*, qui n'est plus aujourd'hui qu'un amas de ruines, piqué, çà et là, de quelques maisons, et d'une résidence des Pères Jésuites. Du milieu des ruines se dresse, ainsi qu'un cyprès sur une tombe, le grand obélisque en granit rouge aperçu de loin, au soleil couchant, le soir de l'arrivée au Caire (Fig. 11, page 36) : c'est le plus ancien que l'on connaisse en Égypte ; celui qu'on voit, à London, près du Parlement, aux bords de la Tamise, depuis 1877, et qu'on nomme là-bas « needle of Cleopatra », est un de ses frères. A Héliopolis, s'éveille, comme à Matariyé, un souvenir biblique : celui de Joseph, à qui Pharaon (Séthos I) donna pour épouse Aseneth, fille de Putiphare, prêtre du soleil. En venant à Héliopolis, le fils de Jacob ne faisait qu'y devancer le grand patriarche qui, un jour, devait y faire halte avec sa sainte Épouse et son Fils d'adoption, pendant que, à l'approche du vrai Dieu, croulaient en masse les vieilles idoles...

Mais poursuivons notre revue des pieux souvenirs. S'il n'est pas parfaitement démontré que, une nuit, la Vierge fatiguée ait cherché, avec son Enfant, un refuge dans les bras du sphinx (Fig. 34), il paraît bien avéré que la Sainte Famille a séjourné au Vieux Caire (Fig. 40). N'était-ce

(1) Il y a, dans le parc de Matariyé, une magnifique exploitation dirigée par un Français : là, vivent, dans une tranquille abondance, quinze cents autruches, dont l'élevage est, paraît-il, très rémunérateur.

pas, après tout, le pays des ancêtres ? Et si un Pharaon s'y montra ingrat et cruel pour les Hébreux, en voulant les plier au plus féroce esclavage, un autre Pharaon ne les y avait-il pas, au temps de Joseph, comblés de ses faveurs ? La Sainte Famille y passa, elle, en exilée : pauvre, elle aurait, d'après la tradition, attendu là, plus d'un mois, les ordres du ciel, pendant que, de ses mains infatigables, l'humble charpentier gagnait, pour tous, le pain de chaque jour. Touchant et respectable souvenir que conserve, au bout de ruelles enchevêtrées et malpropres, une Chapelle délabrée, l'église copte de « Madame Marie », dont la crypte à trois nefs correspondrait exactement à l'ancienne demeure habitée par les trois Fugitifs : à l'extrémité de la nef centrale, un autel indique même l'endroit précis où la Sainte Vierge aurait reposé, avec l'Enfant Jésus.....

Laissons les bazars du Vieux Caire, qui ressemblent à tous les bazars ; jetons un coup d'œil rapide sur le grand canal, destiné à recevoir les eaux du fleuve, au moment des crues, et sur le Nilomètre, qui les mesure et en indique les débordements ; et, traversant le Nil, sur le bac à vapeur qui met en communication les deux rives, allons, tout en face, prendre, à la station de Giseh, le train qui nous conduira, jusqu'à Bédrachein, d'où, à dos d'âne, nous gagnerons Memphis. Le voyage, en chemin de fer, demande environ trois quarts d'heure ; mais il semble durer trois minutes à peine, tant la curiosité est constamment tenue en haleine par l'apparition successive des nombreuses pyramides qui, à l'ouest, marquent, monumentales bornes, l'entrée du désert, en dominant la mer de sable : pyramides d'Abousir, de Sakkarah, de Dachour, etc., qui ont l'air d'escorter le visiteur, et de lui montrer la route par laquelle on pénètre dans l'antiquité.

En sortant du petit village de Bédrachein, nous nous dirigeons, aux cris fatigants des âniers, sur une digue, jusqu'au bois de palmiers dans le voisinage duquel commencent, inondées de décombres et pavées de blocs granitiques, les grandes collines, où, autrefois, s'éleva l'opulente *Memphis*. De la capitale de Ménès, premier roi de la première dynastie, il ne reste rien. Songez donc ! Sept mille ans se sont écoulés depuis sa fondation ; et l'implacable main du Temps a trouvé, dans la main aveugle des races conquérantes, le plus précieux auxiliaire de destruction vandale. Mais, en dépit de tous les ravages, on a ici, tout de suite, une impression d'oasis et de vie tropicale. A Bédrachein, les huttes en terre s'abritent sous de hauts dattiers ; à Memphis, tout est dominé aujourd'hui par la solennité et le murmure des palmes.

Ménès avait conçu l'idée de bâtir une ville grandiose, à la pointe du Delta ; d'en faire un port ouvert ; et de lancer ainsi la civilisation égyptienne vers la Méditerranée. Dans ce but, après avoir groupé sous son sceptre tous les « nomes » de la haute et de la basse Egypte, il détourna d'abord le Nil de la chaîne libyque par la construction d'une digue, et contraignit le fleuve à féconder, en se creusant un nouveau lit, un nouveau morceau du désert ; puis, pour protéger la ville contre les invasions, il l'entoura d'un lac artificiel. Entre son lac, le désert, et le fleuve, Memphis régnait superbe, avec ses six lieues de pourtour : elle pouvait se croire sûre de l'avenir. Mais non : Memphis est là, au contraire, avec Babylone, Ninive, Balbeck, et vingt autres gigantesques cités aux constructions cyclopéennes, pour proclamer que l'avenir se rit des créations humaines, et n'appartient qu'à Dieu ! Au xiie siècle, quand Abdallatif visitait les ruines de Memphis, elles étaient encore assez considérables pour qu'il ait pu dire qu'elles « confondent la raison ». Depuis, on a bâti le Caire, avec leurs débris : mais la nature réparatrice a fait à Memphis une sépulture digne d'elle ; le Nil a recouvert la plaine de son limon ; et une forêt de palmiers a poussé dessus, qui balancent, au sommet de troncs énormes, leurs palmes gracieuses sur la nécropole à jamais endormie. Au surplus, pareille à un des bois sacrés de la mythologie antique, cette forêt garde un trésor qui en dit plus, sur l'âme de l'Egypte et la nature de son génie, que ne le feraient peut-être, si elles existaient encore, les ruines accumulées des palais et autres monuments granitiques de

la capitale : c'est le colosse de Ramsès II, le plus glorieux
des Pharaons, dont nous avons déjà rencontré la momie
décharnée, au Musée de Giseh (Fig. 39). Couchée maintenant sur le dos, sous de verts ombrages, la statue de
Ramsès a été trouvée, presque intacte, il y a quelques
années, dans le lac de Bédrachein : seuls, les pieds ont
disparu (Fig. 41). Or, l'illustre Pharaon la fit élever (1)
en souvenir de la victoire qu'il venait de remporter, à
Kadesch, en Palestine, sur les Kétas et autres peuples
de l'est. Le poète
Pentaour chanta
cette grande ba-
taille, dans un
poème qui est de-
meuré l'*Iliade* des
Egyptiens, et il
exalta le courage
du jeune roi, sa
vaillance, et sa
présence d'esprit.
L'artiste de génie
qui a sculpté ce
bloc s'est ren-

Fig. 41. — Statue de Ramsès II, à Memphis.

contré avec l'aède : cette tête qui porte la double tiare des
Pharaons et qui rappelle, par la courbe du nez et la grosseur des lèvres, le type sémitique, a une incroyable expression de jeunesse héroïque ; la bouche s'épanouit dans un
noble sourire ; et une grande pensée dilate ces yeux pleins
d'un clair courage (2) : c'est un portrait parlant ! Le sculpteur inconnu, dont le ciseau inspiré a fait jaillir du granit

---

(1) Il en fit même faire deux ; car, outre qu'Hérodote les mentionne
et rapporte que Ramsès les fit placer devant le temple de Vulcain,
l'on voit, aujourd'hui, le second de ces colosses, dans une humble
cabane voisine, au sud-ouest : il a été découvert en 1820, par conséquent, plus d'un demi-siècle, avant l'autre.
(2) Un petit escalier en bois a été construit pour servir de passe-
relle et permettre d'enjamber la poitrine du colosse, lequel ne mesure
pas moins de dix mètres : de là, l'on domine son visage, dont la
blancheur a la teinte laiteuse du marbre de Carrare.

ce monumental chef-d'œuvre, a donc réellement exprimé ici l'idéal d'un Pharaon, c'est-à-dire, d'après la pensée antique, d'un roi de justice et de vérité, d'un héros qui s'identifie avec le dieu national qu'il manifeste (1). Pour une fois, l'art égyptien a donc brisé, à Memphis, sa gaîne hiératique : il s'est affranchi des lourdes préoccupations tombales qui, partout ailleurs, lui ont brisé les ailes, en l'emprisonnant dans l'implacable donnée des Pyramides ; et ainsi, pour une fois, il a magnifiquement devancé l'art grec et moulé l'idéal dans la vie. Certes, je ne nie point que les Pyramides, le Sphinx, et les temples laissés par les Pharaons ne témoignent éloquemment de leur puissante imagination, et n'affirment bien haut leur goût prodigieux pour les édifices grandioses. Ils avaient indiscutablement le sentiment du beau et l'attrait du colossal ; ils l'ont même poussé à un degré extrême, au point de stupéfier, par leurs procédés de constructions, nos plus émérites architectes modernes, qui s'avouent impuissants à dégager l'inconnue de ces invraisemblables problèmes de balistique. Mais, tout compte fait, l'œuvre de la nature reste infiniment supérieure, en Egypte, à l'œuvre de l'art, Quelque belles et imposantes que soient, par elles-mêmes, les masses de pierres, elles le sont encore davantage par le cadre enchanteur qui les enserre, par les sites incomparables dans lesquels des artistes épris du beau les ont placées : sans doute, ici, l'on admire les temples et les cônes cyclopéens ; mais on est plus ébloui encore par les spectacles insoupçonnés que la nature donne de ces merveilles, en les montrant sous des couleurs inconnues. Au contraire, avec cette statue de Ramsès, l'Art reprend tous ses avantages : elle en dit plus, à elle seule, que toutes les pyramides et tous les pylônes, parce que, encore un coup, dans ce pays où le côté pittoresque séduit plus que le côté architectural, on éprouve, en face de l'admirable colosse, la sensation du grand Art, tel que le conçurent,

---

(1) Il s'agit ici d'Amon, dieu de la force et de la vaillance, dont on a retrouvé les momies des prêtres, dans les flancs du Sérapéum.

les sculpteurs du roi Ménès, devanciers, cette fois seulement, des Phidias et des Praxitèles.

Sous l'épaisse ramure des palmiers, qui font régner ici une bienfaisante fraîcheur, on se glisse, dans l'ombre douce, par une longue avenue de sable, jusqu'à l'entrée du Sérapéum, où furent ensevelis les bœufs Apis, en d'immenses sarcophages de pierre. Mais cette colossale aberration d'un peuple qui égarait sur des animaux sacrés son culte et ses hommages ne provoque guère que la pitié : ce qu'il y a de vraiment beau, en ce lieu, ce sont moins les sarcophages, que la délicieuse route qui y achemine, à travers la verdure, le silence, et la fraîcheur. Toutefois, lorsqu'on pénètre dans les vestibules et la chambre sépulcrale de la mastaba de Ti, et de son épouse Néfer-Hotpes; ou encore, quand on visite le tombeau de Méri, et celui de Ptahottep, l'impression se modifie; et, joyeusement, sans arrière-pensée, l'imagination s'épanouit devant l'étonnant kaléidoscope des bas-reliefs et des peintures qui décorent, avec le plus naïf réalisme, ces galeries et ces chambres mortuaires. On a, saisissante, sous le sable du désert, la vision de la vie égyptienne, telle qu'elle s'épanouit, il y a quatre ou cinq mille ans. Travaux de labour, offrandes de fruits et de fleurs, rameurs et barques, chasses d'oiseaux et de poissons au milieu des roseaux et des lotus, rien ne manque pour nous initier aux mille et une scènes de l'âge d'or de la vie agricole et patriarcale. Quand on sort de ces mystérieuses cavernes, on croit donc quelque peu rêver. Mais la vue de la Pyramide « à degrés » et des autres pyramides de Sakkarah suffit à rappeler bien vite qu'on est ici au pays des constructions extraordinaires : on ne rêve pas, non ; ou, s'il existe, le rêve est ici permanent et irréductible. A l'abri des rayons brûlants, on s'achemine alors vers les montagnes de pierre ; et, avec les provisions dont on a eu soin de se munir, poétiquement, en pleine et intense couleur locale, on s'oublie à déjeûner, au pied des colosses, sur une chaise de sable, devant une table de granit.

Parcourir le Delta ; faire, au Caire, un séjour assez prolongé, pour y prendre contact avec la population, et bien voir toutes les « attractions » locales ; puis, rayonner dans la banlieue, et venir contempler les Pyramides et Memphis : voilà déjà un intéressant programme de voyage en Egypte, un programme charmant, dont la plupart des visiteurs se contentent. Mais il y en a d'autres qui, alléchés par la rencontre de tant de nouveautés extraordinaires, ou qui, particulièrement curieux d'archéologie et d'antiquités, rêvent de pousser plus loin, leurs découvertes et d'explorer, jusqu'à l'ancienne Thèbes, la célèbre vallée du Nil. Ceux-là s'adjugent manifestement une meilleure part : leur lot, toutefois qui est fort tentant, n'échoit qu'à quelques privilégiés. D'autres enfin, mais moins nombreux encore, *rari nantes*, ont la bonne aubaine de pouvoir remonter le fleuve sacré jusqu'à la première cataracte : ce sont les enfants gâtés de la fortune ; et l'on ne peut guère, en général, qu'...envier leur sort.

Sans trop les jalouser pourtant, prenons la route de Luchsor, en nous y acheminant de la façon la plus pratique possible, c'est-à-dire, la plus économique, quant au temps; et la plus agréable, sous le rapport de la fatigue à éviter. Pour cela, l'on ne saurait, je crois, adopter un itinéraire plus sage que celui qui allie la célérité à l'intérêt, en mettant à profit le chemin de fer et le bateau à vapeur. On remontera donc, par la voie ferrée, la Vallée du Nil, jusqu'aux ruines de Thèbes ; mais l'on en redescendra, autant que possible, par un des bateaux de l'Agence Cook, qui a si confortablement organisé le service de la navigation fluviale, en Egypte.

Voici justement, à la station de Bédrachein, le train du Caire, en partance pour Luchsor. Vite, saisissons-le au vol, et en avant !

La plaine est bosselée d'une infinité de mamelons et de monticules, séparés par des creux, et qu'on prendrait, de loin, à mesure qu'ils défilent, sous la blancheur intense des rayons solaires, pour des tentes plantées dans le désert : on dirait un campement fantaisiste d'innombrables maisons de toiles. Il y eut là, en effet, autrefois, non seulement des maisons, mais des villes. Ces monticules, formés par les décombres des cités disparues, servent donc aujourd'hui à guider l'archéologue dans sa découverte des sites où elles étaient bâties. A l'origine, elles avaient reçu un nom égyptien. Mais les Grecs, d'abord ; puis, les Romains, changèrent, tour-à-tour, le vocable primitif, pour y substituer, chacun dans sa langue respective, une appellation nouvelle. C'est ainsi qu'il y eut, là, la ville de la déesse égyptienne Hathor, « Aphroditopolis » ; la ville d'Hercule, « Héracléopolis » ; la ville des chiens, « Cynopolis » ; la ville des loups, « Lycopolis », et cent autres, dont il ne reste maintenant que des débris recouverts par l'accumulation des sables. Près des vieilles villes endormies, ont surgi toutefois, sinon toujours des villes nouvelles, du moins des villages, dont la population bigarrée suffit à jeter un peu de vie sur la monotonie attristante du panorama de toutes ces nécropoles.

Fig. 42. — Sculpture du Temple de Séthos I, à Abydos.

A la vision persistante du sable jaune, dont les tourbillons s'engouffrent par les portières, succède alors une impression qui ressemble à une sensation d'oasis : on aperçoit des chevaux, des ânes, des chameaux, des bœufs ; l'œil se repose sur des plantations de palmiers, de cactus, de canne à sucre, de champs de trèfle, et s'y délasse joyeusement de l'uniforme tache jaunâtre de la plaine poussiéreuse. Parfois même, comme à Monfalout, on rencontre une vraie ville orientale, avec ses bazars, son commerce, et son activité... relative. Entre ces stations diverses, plantez, par la pensée, dans les crevasses de la chaîne arabique et de la chaîne libyque, une foule de couvents coptes, dont le monastère s'accroche aux anfractuosités des rochers; étendez, aux rives du fleuve, une bande de verdure émeraude, tantôt ample comme une vaste prairie, tantôt si étroite qu'elle ressemble à l'ourlet d'une bordure; faites couler, entre ces rives, le grand fleuve, semé d'îles, que caressent les remous de ses eaux limoneuses; inondez le tout de cette clarté prodigieuse qui, en ôtant le sens exact des distances, prolonge indéfiniment l'horizon, comme elle enfonce dans un insondable lointain la voûte du ciel; et vous aurez peut-être quelque idée de ce paysage unique, que nos yeux d'Européens n'ont encore pu pressentir nulle part, ni au merveilleux pays des Fjords, ni dans les sites les plus vantés de l'Ecosse, ni même aux rives, pourtant si ensoleillées et si étranges, du Bosphore.

Jusqu'à *Asiout*, c'est-à-dire jusqu'à mi-chemin de Thèbes, on garde, à peu près totale, l'impression qu'on voyage encore en Egypte. Quoiqu'il s'y fasse peut-être un peu plus vivement sentir qu'aux pieds de la grande Pyramide, le voisinage du désert ne produit pas cependant un effet tellement enveloppant, qu'on ne se croie encore assez près des confins du monde civilisé. Mais, une fois à Asiout, on est forcé de se rendre à l'évidence. Là, il faut bien s'avouer à soi-même qu'on vient de mettre le pied dans un monde différent de celui qu'on a exploré, depuis le départ, et que le désert, le vrai, avec son étendue infinie et sa tristesse, ses types particuliers, et sa conception propre de la vie, a commencé. Il n'y a plus de doute possible : on se rapproche du Soudan. Les échoppes qui ont remplacé, à Asiout, les opulents bazars disparus, surabondent en effet de verretories, de bibelots, de poteries, qui témoignent d'un art presque enfantin. Mais la ville est si bien campée, près du fleuve; elle est entourée, et comme rafraîchie, par une verdure si luxuriante; elle est si curieuse, avec les hypogées des momies de ses loups sacrés, qu'on remarque seulement pour mémoire la fréquence du type soudanais, parmi les indigènes, et qu'on s'abandonne naïvement au plaisir de visiter la cité riante et gentiment familière.

A une soixantaine de kilomètres plus loin, vers le nord, de nouveau l'on fait halte, à la station de Béliané, pour voir l'ancienne *Abydos*, perdue dans les sables, au couchant, tout aux pieds des monts de la chaîne libyque. C'est — quoique à ânes (1) —, une agréable excursion, qui demande environ deux heures, et qui se fait à travers une région très fertile, où sont essaimés de nombreux villages. Ce qu'est La Mecque pour la postérité d'Ismaël, Abydos le fut jadis pour les Egyptiens : une ville sainte ; la ville sainte par excellence, car elle possédait le tombeau d'Osiris. Près de cette tombe du dieu sacré, tous les grands du royaume, prêtres et rois, rêvaient à l'envi de dormir leur dernier sommeil ; et tout pieux Egyptien faisait, une fois au moins en sa vie, le pèlerinage d'Abydos. Aussi, fut-ce surtout une ville des morts, une parfaite nécropole. Le temple d'Osiris, autour duquel tout pivotait, à Abydos, a disparu. Celui que Ramsès II avait consacré au dieu, n'offre guère qu'un amas de ruines. Mais il reste encore, bien qu'endommagé, le temple monumental qu'avait fait bâtir le roi Séthos I ; et c'est pour voir cette gigantesque construction qu'on oblique ici du côté du désert, dans la montée vers Thèbes. Plusieurs Pharaons ont travaillé en effet à embellir ce temple. Si le Temps a ravagé les cours et le pylône, du moins il a respecté, en partie, les sept portes qui, par sept nefs longitudinales, conduisent aux sept chapelles ou sanctuaires consacrés à Osiris, à Isis, à Orus, à Amon, à Harmachis,

---

(1) Une course à âne devient en effet assez vite fatigante, à cause du petit trot de l'animal. L'âne est une monture excellente, au Caire, où les distances sont relativement peu considérables : mais une course de deux à trois heures, dans ces conditions, éprouve toujours un peu. Dans l'excursion aux bords du Nil, les âniers ont donné à leurs « sujets » des noms quelque peu irrévérencieux, mais qui sentent bien le terroir : l'un, par exemple, s'appelle « Thoutmès » ; l'autre, « Séti » ; un troisième, « Ramsès » ; un quatrième, « Hatasoo » ; et ainsi de suite. Les porteurs de ces noms historiques font, en général, d'assez médiocres montures. Par contre, les « boudis » vraiment jeunes, solides et vigoureux, reçoivent communément le nom de « Téléphone », lequel suffirait à prouver combien les âniers de la Haute Egypte sont « dans le train », et au courant de nos usages.

à Phtah, et au roi. Tout cela est d'une architecture si grandiose, qu'on ne sait ce qu'il faut le plus admirer, de la conception géniale des artistes qui en ont conçu le plan, ou de l'étonnante habileté des ouvriers qui ont réalisé leur rêve. Mais, par ailleurs, cela est beau encore de la beauté que surajoutent à l'œuvre, prise en elle-même dans sa magnificence hardie, les bas-reliefs, tableaux et inscriptions qui la décorent. Il y a, sur ces pierres colossales, des représentations murales d'une perfection achevée, qui trahissent la main de sculpteurs émérites. Si j'ajoute qu'il n'est pas une de ces scènes qui n'apporte quelque utile contribution pour éclairer l'histoire de l'ancienne Egypte (Fig. 42), on comprendra le puissant intérêt de ces ruines. Au surplus, c'est dans un des couloirs de ce temple si justement fameux, qu'a été découvert l'un des plus importants monuments historiques de l'Egypte, la célèbre «Table d'Abydos », où l'on a trouvé la preuve indéniable de l'existence de dix-neuf dynasties royales, dans soixante-seize cartouches de rois allant de Ménès à Séthos I.

Le temple du *Dendéra*, où l'on fait ensuite une visite, avant d'atteindre la ville aux cent portes, date seulement du 1ᵉʳ siècle avant Jésus-Christ : il ne fut même achevé que sous Auguste. Il remplaçait, il est vrai, un monument contemporain du temple d'Abydos. Mais quoique sa construction soit beaucoup plus récente que celle de ce dernier, il porte néanmoins quelques marques des injures du temps ; ainsi, au lieu de s'élancer, dégagé et majestueux, dans la noblesse de ses élégantes proportions, il est à demi enfoui sous des monceaux de décombres, et il ne retrouvera toute sa beauté primitive que lorsqu'on l'en aura débarrassé par un travail complet de déblaiement. Pénétrez toutefois sous ces colonnes et ces architraves ; fouillez du regard ces plafonds couverts d'inscriptions et de tableaux ; contemplez ces mille et un motifs de décoration ; glissez-vous, avec précaution, dans quelques-unes des douze ou quatorze cryptes qui forment, sous le temple, d'immenses galeries souterraines, aux ténèbres mystérieuses; et vous sortirez de là, en regrettant que le génie architectural de

Egyptiens ne se soit pas concentré tout entier dans la création d'œuvres semblables à ce temple d'Hathor, au lieu de s'être ramassé, sinon même de s'être cantonné, comme il l'a fait, en s'enfermant dans le culte de la Mort, courbé sous la tyrannie d'institutions immobiles.

Une dernière étape, et nous touchons à *Louksor*, c'est-à-dire, aux ruines prodigieuses de l'ancienne *Thèbes*; et nous voici à plus de sept cents kilomètres du Caire, dans la Haute-Egypte (1). Disons-le bien vite : ce n'est pas quelques jours, si intelligemment employés soient-ils, qu'il faudrait passer à Louksor, ni même quelques semaines, si l'on voulait étudier un peu en détail les monuments dont le sol est pavé : il y faudrait des mois, des années peut-être. Talonné par le temps, préoccupé pas ses affaires, et aiguillonné aussi par le désir de ne rien omettre du programme de voyage qu'à l'avance il s'est tracé, l'Européen, à de rares exceptions près, est condamné à visiter, d'un pas rapide, ce musée d'antiques merveilles. Hâtivement, il emplit ses yeux de leur vision et entasse les souvenirs dans sa mémoire; puis, il repart, avec des regrets sans doute, mais avec la joie aussi d'avoir pu contempler, un instant, toutes ces créations étonnantes de l'art architectural, et de s'en être fait, par une perception immédiate, une idée précise et bien concrète.

La fixer ici, en quelques lignes, n'est point chose aisée, car il y faudrait plus d'un volume. Thèbes, plus que les Pyramides, plus que Memphis, Abydos et Dendéra, donne l'impression de l'immense et du colossal, et la sensation de l'écrasement. Cette cité royale, habitée par les dieux, fut bâtie de granit et de grès, avec des blocs géants, si lourds et si exacts, qu'il suffit jadis de les poser simplement les uns sur les autres. Tout y a une grandeur démesurée, qui dépasse l'échelle humaine, et qui confond

---

(1) Avant d'avoir ses déserts peuplés d'ermites et d'anachorètes, la Haute-Egypte avait été sanctifiée par le séjour qu'y fit la Sainte-Famille. Aux jours d'exil, elle était entrée dans le pays par Péluse; puis par Héliopolis (Matariyé), le vieux Caire, et Hermopolis, elle s'était dirigée vers le sud, dans la vallée du Haut-Nil.

si totalement, qu'on ne trouve aucune expression pour en rendre l'effet. La vallée, resserrée jusqu'ici entre les collines, et plus ou moins étroite, semble avoir, par un vigoureux effort, rompu ses barrières : la plaine s'étend, indéfinie, de chaque côté du fleuve ; et c'est dans cette plaine — où, sur les débris de la Thèbes magnifique, s'élève aujourd'hui le pauvre village de Louksor, — que jadis se développait, avec ses temples et ses palais, ses quartiers commerçants et ses faubourgs, ses lacs et ses bois sacrés, la ville aux cent portes, sur un diamètre de deux lieues. Son pourtour, limité par des murs d'enceinte, en avait six !

Les murs ont disparu ; mais Thèbes reste toujours fièrement imposante avec ses ruines aux proportions invraisemblables, et éternellement riante, grâce à la verdure de ses champs, l'ombre tamisée de ses palmiers, et les teintes délicieusement variées que le soleil plaque, du matin au soir, sur le paysage. Les ruines de Louksor et celles de Karnack se trouvent sur la rive droite du fleuve sacré ; celles du Ramesséum, sur la rive gauche, avec les colosses de Memnon, les tombeaux des rois, et cent autres merveilles. Le temple de Louksor, qui, partout ailleurs, suffirait à défrayer l'admiration la plus exigeante, passe presque inaperçu, à côté du temple d'Amon, à Karnak. Tout y a des proportions si étranges, que cela confine au surhumain. L'ancienne enceinte de briques a trois kilomètres de tour ; et, là-dedans, c'est une forêt de sanctuaires, d'avant-temples, de cours, de salles d'entrée, de façades et de pylônes, dont la vue déconcerte l'imagination. Dans notre vieille Europe, on a mis, quelquefois, au moyen âge, plusieurs siècles avant d'achever une cathédrale : ici, les Egyptiens ont travaillé, près de trois mille ans, au temple d'Amon. Une avenue de béliers granitiques conduit, des bords du Nil, au monument colossal que le soleil prestigieux de la Haute-Egypte baigne tour à tour de rayons dorés, roses, et pourpre, en attendant que la lune caresse ses murs et ses obélisques de scintillements argentins.

Sur la rive opposée, des temples encore, et combien

grands et magnifiques; mais, surtout, des tombeaux. Les Pharaons avaient désiré, pour sépulcres, des pyramides géantes. Les Ramessides ont fait un rêve plus orgueilleux encore : ils ont voulu des montagnes! C'est aux flancs rougeâtres de la chaîne Libyque qu'ils se sont creusé, à des profondeurs lointaines, des tombes inviolables. Elles se succèdent dans le granit, au bout d'une gorge silencieuse, qui leur sert d'avenue. Plus près du fleuve, se dressent les deux statues géantes qui donnent une idée de ce que pouvaient être les autres colosses de Memnon : elles ne rendent plus, comme au temps des Grecs, des sons harmonieux, au lever du jour ; mais elles n'ont rien perdu de leur majesté impassible, qui attire et subjugue. Enfin, car j'omets je ne sais combien d'autres majestueux décombres, enfin, entre les tombeaux des rois et les colosses, se découpent les blondes colonnades du Ramesséum, aux murailles massives, aux grandioses hiéroglyphes, aux façades altières, où le regard s'écrase.

On voudrait vivre de longs jours, au milieu de ces œuvres gigantesques, dans le voisinage du temple de Karnak, la création la plus étrange, la plus écrasante de grandeur, qui soit au monde. Mais les heures s'enfuient à tire d'aile, pendant les interminables allées et venues, au travers des ruines : le bateau est sous vapeur, qui va redescendre le cours du fleuve paisible. On se grise, une dernière fois, de la vision enchanteresse, et presque irréelle; on s'en emplit les yeux, et la mémoire; et, avec mélancolie, on s'éloigne de la cité royale, le long de la bande lumineuse et verte que couvrent, jusqu'au Caire, des statues, des pylônes, des obélisques, des inscriptions et des pyramides. Mollement bercé par les flots, on rêve alors, sans fin, des magnificences entrevues comme dans un mirage, tandis que, lentement, défilent les rives tranquilles, voisines des déserts, où jadis s'enfermaient les anachorètes, et que, sur nos têtes, entre le Nil qui s'allonge tout droit jusqu'à sa rencontre avec le ciel, et le ciel lui-même, volètent des goëlands, des pélicans, des ibis, hôtes familiers des innombrables îles du fleuve et des bancs de sables...

CHAPITRE VIII

A TRAVERS LE DELTA

La vallée du Nil, de Thèbes au Caire, n'est qu'une longue plate-bande. Le Delta, au contraire, est une oasis, ou, plus exactement, une succession ininterrompue d'oasis, qui émergent, fraîches, murmurantes, et riches d'une inépuisable féeondité, du milieu d'une mer de sable. Cette zône correspond à ce qui fut, autrefois, la « Terre de Gessen » : comme aux temps lointains de Joseph, elle est encore aujourd'hui, selon le mot de la Genèse, *la meilleure de toute la région.* Elle est pleine d'ailleurs de souvenirs bibliques. Lorsque Abraham, chassé du pays de Chanaan, où sévissait la famine, descendit en Egypte, il traversa la terre de Gessen. Joseph y passa, à son tour, quand les marchands de Dothaïn allaient le vendre à Putiphar; et il y séjourna, ensuite, quand la faveur d'un Pharaon reconnaissant lui eut confié le gouvernement d'un grand peuple. A son appel, Jacob quitta Hébron : il vint, avec toute sa famille, se fixer dans ces riches et heureuses campagnes; et c'est sur la terre de Gessen que tombèrent, des lèvres mourantes du patriarche, les paroles de la grande prophétie que l'humanité entendait, pour la première fois, depuis qu'Adam avait quitté le paradis terrestre : « Le sceptre ne sortira pas de Juda, jusqu'à ce que vienne Celui qui doit être envoyé ! » C'est enfin sur ce même sol que naquit Moïse, qui arracha le peuple de Dieu à une révoltante servitude, et le ramena à l'entrée de la Terre promise, au pays des ancêtres.

Le Caire et Suez se trouvant à peu près sur le même degré de latitude, le 30e, le trajet, de l'une à l'autre ville, se ferait assez rapidement, en deux ou trois heures peut-être, si elles étaient reliées l'une à l'autre par une voie ferrée. Malheureusement cette voie n'existe pas (1); et, comme il faudrait l'établir totalement dans le désert arabique, il est fort probable qu'elle ne le sera point de longtemps. Pour aller à la Mer Rouge, on est donc réduit à faire un long circuit et à décrire une sorte de demi circonférence, en profitant des lignes de chemin de fer déjà existantes. On descend, du sud au nord, vers la Méditerranée, jusqu'à Zagazig (2). Là, exactement orientée de l'ouest à l'est, une seconde ligne achemine vers Ismaïlia, d'où, par une troisième étape en sens inverse de la première, on atteint enfin Suez.

Suez ! Ce nom rappelle l'une des œuvres les plus hardies, des entreprises les plus gigantesques, et des créations les plus pratiquement utiles, qui aient été tentées, au xixe siècle : le « *Canal de Suez* ». Certes, l'on n'a point attendu l'année 1869, date de l'inauguration du Canal, pour s'aviser que les deux mers, la Méditerranée et la mer Rouge, n'étaient en réalité distantes l'une de l'autre que de cent et quelques kilomètres, à vol d'oiseau, ni pour se rendre compte que, en perçant l'isthme qui le

---

(1) Il semble cependant — autant du moins qu'il est permis à un profane d'en juger — que le tracé en serait relativement facile, si l'on le jalonnait en suivant l'ancienne route de la Malle anglaise des Indes.

(2) Placée près des ruines de l'ancienne Bubaste, la ville de Zagazig est la plus importante localité que l'on rencontre, du Caire à Port-Saïd, par sa population qui approche de 40.000 habitants, et par son commerce; c'est aussi la plus gracieuse, en raison de son aspect presque européen, et de la part qui y a été faite aux beautés de la nature, sur un sol particulièrement fertile, que fécondent sans cesse les eaux du canal d'eau douce.

sépare et en les reliant par une voie fluviale de communication, l'on ménagerait à la navigation, pour tous les peuples du monde, une route raccourcie infiniment précieuse. Mais, autre chose est comprendre l'importance d'une œuvre, et en concevoir le projet ; autre chose l'exécuter. En Egypte, les anciens rois, ceux-là mêmes qui semblaient construire, comme en se jouant, les pyramides géantes, les palais stupéfiants et les temples superbes, reculèrent devant le problème, effrayés sans doute par la difficulté de le résoudre. N'osant donc attaquer cette difficulté de front, ils la tournèrent : ingénieusement, ils limitèrent leur ambition à tâcher d'utiliser le secours du grand fleuve voisin, pour rattacher l'une à l'autre les deux mers ;

Fig. 43. — Suez, à la marée basse.

et, comme le Nil a ses embouchures dans la Méditerranée, ils le soudèrent, au moyen d'un canal, à la mer Rouge. Ce canal ne perçait point de part en part l'étranglement des continents qui forment l'isthme de Suez : il se bornait à relier le Nil, dans la zône de Bubaste, à la mer Rouge, en utilisant, sur sa route, le lit et les eaux du lac Timsah et des Lacs amers. Encore fallut-il s'y reprendre à plusieurs fois pour mener à bien l'opération : ébauchée, au temps de Ramsès II, elle fut tentée de nouveau, vers l'an 600 av. J.-C., par Nékao, et terminée seulement, un siècle plus tard, sous Darius, après la conquête de l'Egypte par les Perses. Mais cette solution du problème était trop incomplète, pour être définitive: la voie nouvelle de communication, quelques services qu'elle pût rendre, allait, par trop de méandres, et trop indirectement, au but, pour répondre efficacement aux besoins dont on s'était inspiré, en l'ouvrant. C'est en vain que, à l'époque florissante des Ptolémées, on établit des écluses à l'embouchure du canal dans la mer Rouge; que, sous Trajan, l'on se préoccupa de quelques autres améliorations utiles ; et que, au temps des Arabes, on s'efforça d'en tirer le parti le plus avantageux possible pour le transport des blés et autres céréales, en Arabie : l'œuvre était à reprendre par la base, et à refaire, de toutes pièces, d'après un tracé plus logique, celui d'une ligne droite, de l'une à l'autre mer.

Les Vénitiens le comprirent, à l'aurore des temps modernes, quand la découverte de la route des Indes par le cap de Bonne-Espérance (1498) leur eut démontré l'importance capitale d'un passage direct de la Méditerranée à la mer Rouge, à travers le continent africain. Louis XIV, dit-on, le comprit, à son tour, lorsque, quatre ou cinq ans avant la paix de Nimègue, Leibniz l'entretenait d'un projet d'expédition en Egypte. Et, depuis, la même idée hanta l'esprit des sultans, comme elle obséda l'imagination de Bonaparte. Mais si tous, à tour de rôle, furent des convaincus, aucun d'eux cependant n'osa risquer une si grosse aventure. Seul, il y a un siècle, Bonaparte fit exécuter, au cours de l'expédition d'Egypte, de sérieux travaux « préparatoires », par Lepère, un de ses plus habiles ingénieurs.

A notre siècle, qui est le siècle de la vapeur, de l'électricité et de tant d'autres admirables inventions, était réservée la gloire de résoudre le problème devant lequel avaient reculé anciens et modernes. Et ce fut un Français, Ferdinand de Lesseps, qui eut l'honneur de trouver cette solution! Il avait trente et un ans, lorsque ses fonctions diplomatiques le conduisirent au Caire, pour la première fois. Or, Lepère, bien qu'il eût vaillamment travaillé, en 1798, à préparer l'exécution du projet, l'avait, en réalité, fait crouler par la base, en affirmant que, d'après ses calculs, il existait une différence de niveau de plus de neuf mètres, entre les deux mers dont on rêvait d'opérer la jonction. Il s'agissait donc, avant tout, de vérifier l'exactitude des calculs de l'ingénieur de Bonaparte. C'est à quoi s'attacha Lesseps, dans ses recherches. Il examina à fond les études de l'ingénieur français ; et il se convainquit bientôt que Lepère s'était totalement trompé. Mais l'erreur, ou ce qu'il tenait comme tel, roulait sur un fait de trop d'importance, pour qu'on négligeât de faire, à cet égard, la pleine lumière. Une série de mesurages patients, minutieux, contrôlés les uns par les autres, furent donc entrepris, pendant une dizaine d'années, à partir de 1841, par d'habiles savants. Ils aboutirent à une démonstration victorieuse de la thèse de Lesseps, et prouvèrent l'inanité de la théorie de la différence des niveaux. Aussi, en 1854, Lesseps crut-il pouvoir proposer au Vice-roi d'Egypte, Saïd, la ratification d'un projet de percement de l'isthme de Suez. Esprit largement ouvert à toutes les améliorations et à tous les progrès, Saïd signa la concession, le 5 janvier 1856 ; et l'on put croire que ce travail gigantesque allait incessamment commencer. Mais on comptait sans l'argent, qui est le nerf par excellence de pareilles entreprises, et qui fut lent à arriver ; on comptait surtout sans les agissements de l'Angleterre (1), qui accumula à plaisir les obstacles pour empêcher la réalisation

Fig. 44. — Suez. Vue du Canal.

(1) Pendant que Ferdinand de Lesseps vérifiait les calculs de Lepère, il y avait, en Egypte, un lieutenant anglais, Waghorn, qui rêvait, lui aussi, le percement de l'isthme, et qui dépensait son talent et son zèle au triomphe de cette idée. Il ne négligea rien pour décider l'Angleterre à prendre l'initiative de l'œuvre. Mais il se heurta à un refus de parti-pris. Du moins, encouragea-t-il, par son ardeur, le jeune diplomate français, et aida-t-il aussi, indirectement, à la réalisation de l'entreprise. Lesseps lui a prouvé sa reconnaissance, en faisant élever à Waghorn († 1850), à Suez, une belle statue, au bout d'une Avenue qui a porté le nom du lieutenant anglais, jusqu'à ces dernières années : c'est, aujourd'hui, l'Avenue *Hélène*.

d'un projet dont, aujourd'hui, hélas ! elle bénéficie autoritairement, plus que les compatriotes de l'inventeur. On finit cependant par se mettre à l'ouvrage, en 1859, et les travaux durèrent dix ans. Le 16 novembre 1869, en présence de l'Impératrice Eugénie et d'une assemblée de Rois, le Khédive Ismaïl, grand-père de S. A. Abbas-Hilmi II, procédait, au milieu de fêtes d'une splendeur tout orientale, à l'inauguration solennelle du Canal creusé par Lesseps. Le grand problème, qui avait effrayé les ingénieurs de l'antiquité, était enfin victorieusement résolu : la Méditerranée communiquait avec la mer Rouge par un « fleuve » creusé de main d'homme, assez profond pour laisser libre passage aux plus grands navires, assez large pour leur permettre de se croiser sans danger d'ensablement ; et, sur un parcours de cent soixante kilomètres, chaque jour, d'abord, puis, jour et nuit, depuis les applications récentes de l'électricité à l'éclairage des bâtiments, on voit, depuis trente ans, les vaisseaux de tous les peuples du monde sillonner sans cesse, à raison de dix kilomètres à l'heure, les eaux du Canal de Suez.

Voir son embouchure, dans la mer Rouge, est la principale attraction d'une course à Suez, et presque la seule. La ville, bien qu'elle tranche, par sa bonne tenue et sa propreté, sur les autres villes orientales, est en effet peu intéressante : c'est une agglomération de quinze à vingt mille âmes, moitié européenne, moitié arabe, où abondent, surtout dans la zône du port, les maisons de commerce, les grandes constructions, et les entrepôts. On vient volontiers, à la marée basse, se promener sur le sable du rivage et y attendre le retour de la marée haute, qui, par la rapidité avec laquelle elle monte, tient en réserve parfois la surprise de quelques curieux spectacles (Fig. 43); puis, sur le premier paquebot en partance, on prend place, pour se ménager le plaisir d'une navigation en longeant le Canal (Fig. 44), à travers l'isthme ; et l'on s'achemine, sans plus tarder, vers Ismaïlia et Port-Saïd.

Lentement, avec une allure moyenne de cinq milles à cinq milles et demi à l'heure, le bateau glisse dans le

Canal : question d'éviter, par cette marche prudemment mesurée, le ressac, c'est-à-dire, le mouvement tumultueux de la vague et son choc furieux contre les berges de sable. Après une trentaine de kilomètres, celles-ci, soudain, s'élargissent, en s'arrondissant ; et l'on sillonne, du sud au nord, dans leur longueur totale, les anciens Lacs amers, ceux-là mêmes dont les Hébreux, à leur sortie d'Egypte, ne purent boire les eaux, pendant qu'ils campaient à Mara.

Puis, de nouveau, les berges se rapprochent, uniformes et nues ; le long boyau encore se dessine, avec, de distance en distance, des dragues colossales pour lutter, chaque jour, contre l'inévitable envahissement des sables ;

Fig. 45. — Port-Saïd.
Rue du Commerce. Vue prise de la mer.

et le Canal reprend son aspect propre, jusqu'à ce qu'il rencontre le petit Lac Timsah (1), qu'il traverse, à son tour, pour déboucher, au nord, dans les sables, et s'y creuser un lit qu'il ne quittera plus qu'à Port-Saïd et à la grande mer.

C'est à l'extrémité septentrionale du lac Timsah qu'est assise, riante et ensoleillée, la petite ville d'*Ismaïlia*, qui se mire coquettement dans les eaux bleues. Sa physionomie a en effet bien changé, depuis un tiers de siècle. Au moment de la construction du Canal, Ismaïlia bénéficia, pendant une dizaine d'années, de sa position centrale entre Port-Saïd et Suez ; c'était alors une ville de commerçants, d'ingénieurs, d'entrepreneurs, et d'ouvriers ;

---

(1) Timsah signifie « crocodile ». Ce nom a été donné au lac, en souvenir des crocodiles dont il fut, dit-on, jadis infesté.

quelque chose comme une ruche enfiévrée, où régnait intense l'ardeur du travail. Aujourd'hui, c'est une oasis, où l'on vient surtout en villégiature : du grand commerce d'il y a trente ans, il ne reste que juste ce que demandent maintenant les besoins journaliers des étrangers qui y passent, et de la population locale ; plus de fièvre, plus d'équipes, plus de terrassiers, plus de bruit de pioches ni de machines ; mais une société élégante et polie, qui aime à s'installer, pendant les mois d'été, dans les chalets confortables de la ville moderne, et à prendre ses ébats sur le lac enchanteur, aux eaux azurées et transparentes, ou sous les grands bois d'eucalyptus. Pour gagner du temps, on laisse le bateau continuer méthodiquement sa course patiente jusqu'à l'embouchure du Canal, et l'on profite du petit « chemin de fer » à voie étroite qui relie Ismaïlia à Port-Saïd. Il me plaît d'appeler ainsi le « tramway à vapeur » — comme on le nomme là-bas — qui, deux fois par jour, met en communication les deux villes, distantes d'environ quatre-vingts kilomètres ; car c'est plus, vraiment, qu'un tramway, et c'est infiniment mieux. C'est plus, en ce sens qu'il n'existe guère, à ma connaissance, de « tramway » qui fasse ses trente kilomètres à l'heure ; et c'est mieux, parce qu'on en trouverait aussi difficilement un, qui pût rivaliser avec cette ligne, au point de vue de la qualité du matériel : sur une voie parfaitement tracée et très solidement établie, roulent, sans heurts ni trépidations, des vagons soigneusement suspendus, d'une propreté poussée jusqu'au raffinement, d'un ameublement presque luxueux, et d'une décoration tout artistique. On y est doucement bercé, comme dans un hamac ; et tout cela ferme si bien qu'on s'y défend, à peu près, de l'invasion, de l'inévitable invasion, des tourbillons de poussière.

(1) Cette description s'applique surtout, on le devine, aux vagons de 1ʳᵉ classe. Mais on peut en étendre le bénéfice aux deux classes inférieures, qui, proportions gardées, sont respectivement, beaucoup mieux « traitées » ici, qu'elles ne le sont d'ordinaire. Sous le rapport du matériel, la petite ligne Ismaïlia-Port-Saïd tient facilement la tête, sur tout le réseau égyptien.

Port-Saïd, l'Alexandrie de l'est et sa jeune rivale, doit sa prospérité rapide et sa fortune actuelle au percement de l'isthme de Suez. Simple escale des échelles du Levant, ce petit port est devenu, du soir au lendemain, le noyau d'une grande ville destinée à prendre, de plus en plus, un brillant essor. Sur les 40.000 habitants qu'elle compte aujourd'hui, les Européens, les Français surtout, forment un bon tiers de l'agglomération. Aussi, la ville a-t-elle tout-à-fait un aspect occidental (Fig. 45). Ses rues, tirées au cordeau, sont, sinon pavées (1), du moins, pourvues de trottoirs, et bordées de constructions élégantes ; la société qu'on y frôle a la bonne éducation qui rend agréable le séjour de nos grandes cités d'Europe ; les magasins qu'on y visite sont largement approvisionnés de toutes les nouveautés utiles qu'on aime à retrouver, loin du pays natal ; et la vue du port est un Kaléidoscope vivant, où défilent, sans trêve, tous les bateaux de la création, depuis la coquette chaloupe d'excursion jusqu'au lourd bateau marchand, depuis le paquebot aristocratique jusqu'au cuirassé formidable. Un après-midi que je contemplais, de la rive, ce perpétuel va-et-vient, j'eus l'agréable surprise d'assister à une touchante démonstration patriotique. Un transport militaire russe, *Orele*, débouchait du Canal et entrait dans la Méditerranée, au moment où un transport français, *Cholon*, levait l'ancre et allait s'engager dans le Canal. Les deux vaisseaux, bondés de soldats, se croisèrent. Or, au moment où ils passèrent l'un près de l'autre, ce fut une indescriptible explosion de hurrahs : les

---

(1) Il faut bien en faire, une fois pour toutes, la constatation : en Orient, le pavage des rues est une chose extrêmement rare. La pierre pourtant n'y manque point ; et, d'ailleurs, y fît-elle défaut, les forêts profondes y sont assez nombreuses pour y suppléer. Mais, soit routine, soit négligence, il y a, là-bas, comme un parti-pris de laisser les rues à l'état rudimentaire de « routes ». Dans les très-grandes villes, ces rues-routes sont « chargées », c'est-à-dire, empierrées, et macadamisées ; partout ailleurs, elles restent invariablement à l'état de fondrières poussiéreuses. Or, comme les unes et les autres sont constamment arrosées, on est donc condamné à piétiner sans cesse dans la boue..... C'est une des nécessités locales dont on prend le moins facilement son parti, en Orient.

casques s'agitaient en l'air, les mouchoirs flottaient, les bras se tendaient, avec frénésie ; et, de toutes les poitrines, sortaient, en se confondant, les cris enthousiastes des soldats russes acclamant la France, des soldats français saluant la Russie. Cette ovation impromptu avait quelque chose de saisissant : la foule s'était massée, sur le port ; tout le monde, sur les bateaux en rade, était accouru aux bastingages ; seuls, les fils d'Albion, qui assistaient à cette scène, du haut du pont de leur torpilleur amarré dans le voisinage, affectaient de n'y point prendre garde et de s'en désintéresser. Ne savent-ils pas, que, de ce Canal, qu'ils ont longtemps refusé de laisser construire, ils seront, si les autres nations ne font bonne garde, les maîtres absolus, quand ils le voudront ?...

En attendant, c'était strictement justice qu'un monument rappelât à tous les yeux, à Port-Saïd, l'homme intelligent et hardi qui, après avoir conçu le projet du percement de l'isthme, a su profiter de certaines circonstances politiques particulièrement favorables, et utiliser les forces économiques et techniques de notre siècle, pour le réaliser. La ville a placé, en 1895, le buste de Ferdinand de Lesseps au jardin public, et gravé, en lettres d'or, sur le socle qui le supporte, l'expression de sa gratitude. Sur la face opposée à l'inscription, un dessin, dont les filets dorés se détachent de la blancheur du marbre, représente le tracé du Canal de Suez. *Lesseps*, et *Suez*, n'y a-t-il pas là, en effet, deux noms, et deux souvenirs, à jamais inséparables ?

CHAPITRE IX

L'ANGLETERRE, ET LA QUESTION D'ÉGYPTE

ssise, entre deux mers, à la jonction de deux immenses continents, l'Egypte, qui se recommande d'ailleurs par l'extrême fécondité de son sol, a été souvent appelée « la clef du monde », et considérée toujours, au double point de vue politique et commercial, comme une position de premier ordre. Il est donc aisé de comprendre qu'elle ait toujours plus ou moins servi d'objectif à l'ambition des grandes nations européennes. Sans remonter bien haut dans l'histoire, on sait que Bonaparte fit une hardie et glorieuse expédition (1), il y a un siècle, pour essayer de la donner à la France, et d'ouvrir à celle-ci la route des Indes. Mais on se souvient aussi que, à la même date, l'Angleterre, singulièrement inquiète des desseins du jeune général, mit tout en œuvre pour l'empêcher de gagner l'Egypte, et, après y avoir échoué, pour y neutraliser le résultat de ses brillantes

---

(1) L'expédition d'Egypte, en 1798, fut motivée par une insulte faite à notre pavillon consulaire. Le Directoire chargea donc Bonaparte d'aller châtier les Mameluks, qui tyrannisaient l'Egypte et faisaient peser sur elle un joug de fer. Ils ne tardèrent pas à s'apercevoir, à la journée des Pyramides, qu'ils avaient trouvé leur maître !

victoires. Dès l'aurore du xixe siècle, on peut donc dire que les deux peuples s'observent : l'un, attendant quelque circonstance propice pour affirmer son influence (1) en ce coin prédestiné de l'Orient, et ne négligeant aucune occasion d'y faire connaître et aimer la France ; l'autre, décidé à paralyser cette influence par tous les moyens en son pouvoir, et à y substituer son autorité, en l'y établissant, de gré ou de force. Si l'Angleterre opposa, par l'organe de lord Palmerston, une longue et maussade résistance au percement de l'isthme de Suez, c'est parce qu'elle sentait bien que cette entreprise, conçue par un diplomate français et exécutée par nos ingénieurs, avait grand chance d'augmenter notre crédit en Egypte, en même temps que la construction du Canal ouvrirait un inappréciable débouché à nos colonies. Elle daigna cependant y consentir : mais, avec l'arrière-pensée, d'abord, de reprendre bientôt, politiquement, tous ses avantages ; puis, quelque jour, d'adjuger, s'il le fallait, le Canal à son profit, au nom de la Force, qui, chez les nations protestantes (2), Allemagne, Etats-Unis, Angleterre, a invariablement primé le Droit, depuis un demi-siècle.

(1) Bonaparte, qui avait le génie de l'organisation aussi bien que le génie des conquêtes, avait, pendant son rapide passage en Egypte, jeté dans le pays les premières bases de notre civilisation. Méhémet-Ali poursuivit son œuvre, en marchant sur ses traces : il ne cessa de s'entourer de Français, ni de demander à la France les inspirations et le concours dont il avait besoin pour poursuivre l'œuvre de résurrection qu'il avait rêvé de réaliser, dans son pays, et qu'il y réalisa.

(2) Il n'est personne qui ne sache que, au fond de toute question politique, il y a, aujourd'hui, une question religieuse. Toutes les nations catholiques ont, actuellement, à se défendre d'un double péril : le péril protestant, et le péril juif. Juifs et protestants s'entendent, comme larrons en foire, pour monter à l'assaut du catholicisme. Si l'on désire, entre mille autres, une preuve de cette touchante confraternité, qu'on ouvre l'annuaire *Jewisch year book*, qui se publie à Londres. On y trouvera, dans le volume de 1898, cette « perle », dont la lecture ouvrira peut-être les yeux des plus aveugles et édifiera sur les tendances de nos bons voisins d'Angleterre : « Tandis que l'année écoulée n'a apporté, sur le continent, aucun apaisement dans les luttes entre juifs et chrétiens, les uns et les autres n'ont cessé, dans toute l'étendue du monde anglo-saxon, d'entretenir *des relations* DE PLUS EN PLUS *cordiales*. » — Cf. le très-instructif volume de Ernest RENAULD : *Le Péril protestant* (in-16, Paris, 1896).

L'occasion de « reprendre ses avantages » ne tarda pas en effet à s'offrir, pour l'Angleterre. C'était, en 1882, treize ans après l'inauguration du Canal de Suez, quatre ans après le Congrès de Berlin, où, après avoir donné gravement son avis, au nom du « droit » et de l' « équité », le représentant de l'Angleterre escamotait, comme une muscade, l'île de Chypre, au nez des diplomates rassemblés. Or donc, le 11 juin 1882, d'odieux massacres ensanglantaient la ville d'Alexandrie, à la suite des troubles dans lesquels les agissements d'Arabi-Pacha avaient jeté son pays. Les grandes puissances crurent devoir intervenir ; et, à un mois de là, tandis que les autres vaisseaux se retiraient et que la flotte française recevait l'ordre de lever l'ancre (1), dès le matin, l'amiral anglais, libre de ses mouvements, commençait le bombardement de la ville, et ne tardait pas à s'en emparer. Maîtres du terrain, les Anglais forçaient bientôt le Canal de Suez, débarquaient à Ismaïlia, faisaient semblant de culbuter l'armée d'Arabi (2) à Tell-el-Kébir, marchaient sur le Caire et y faisaient, le 11 septembre, leur entrée triomphale.

L'Europe s'émut, avant même qu'elle ne fût terminée, de cette marche victorieuse ; et des explications furent demandées aux envahisseurs (3). Or, voici le texte précis qu'en fournit l'Angleterre :

---

(1) On sait quel triste rôle, et combien louche, joua M. de Freycinet, en cette conjoncture : c'est par sa complicité d'anglomane, que nos voisins d'outre-Manche envahirent l'Egypte, en 1882.

(2) Il est démontré — et cela ne date pas d'hier — qu'Arabi et ses amis se débandèrent, *sans combat*, à Tell-el-Kébir, devant la cavalerie de Saint-Georges. Chacun sait d'ailleurs de quelles « récompenses » continue à jouir le Pacha révolté, qui vendit traîtreusement aux Anglais son pays et son Prince !

(3) L'influence de M. de Freycinet avait permis à l'Angleterre de s'immiscer, toute seule, dans les troubles de l'Egypte et d'apparaître, comme un pacifique arbitre, entre le Khédive et ses sujets révoltés. Or, lorsqu'on s'aperçut au profit de qui l'Angleterre voulait, en réalité, opérer cette tentative de conciliation, quelques hommes auraient pu parler haut, en France, et l'auraient dû, qui, au contraire, gardèrent le silence. Pourquoi se turent-ils ? — L'Histoire le dira, un jour. Mais, déjà, des bruits persistants, avant-coureurs de la déposition impitoyable de l'Histoire, semblent bien établir que, dans l'été de

Le 22 juillet, l'amiral Seymour écrivait, dans une lettre à S. A. le Khédive :

« Moi, amiral commandant la flotte britannique, je crois opportun de confirmer, sans retard, a Votre Altesse que le Gouvernement de la Grande-Bretagne n'a nullement l'intention de faire la conquête de l'Egypte, non plus que de porter atteinte en aucune façon a la religion ou aux libertés des Egyptiens. Il a pour unique objectif de protéger Votre Altesse et le peuple égyptien contre les rebelles. »

Trois jours plus tard, c'était une déclaration, plus explicite encore, de l'ambassadeur d'Angleterre, à Constantinople, lord Dufferin :

« Les Gouvernements représentés par les soussignés s'engagent, dans tout arrangement qui pourrait se faire par suite de leur action concertée pour le règlement des affaires d'Egypte, a ne rechercher aucun avantage territorial, ni la concession d'aucun privilège exclusif, ni aucun avantage commercial pour leurs sujets que ceux que toute autre Nation ne puisse également obtenir.

« Thérapia, le 25 juillet 1882. »

Enfin, le 19 août, le général Wolseley disait, dans une proclamation :

« ... Le Gouvernement de Sa Majesté a envoyé des troupes en Egypte dans le seul but de rétablir l'autorité du Khédive... » (1)

1882, des liasses de banknotes entrèrent au Palais-Bourbon, et que, devant le même argument métallique, des journaux français consentirent à favoriser l'invasion anglaise, en écrivant des articles véhéments contre la présence des Français à Alexandrie.

L'or, voilà le grand agent de l'Angleterre, pour arriver à ses fins. Elle en a toujours à répandre à profusion pour acheter les consciences et s'assurer, à ce prix, la liberté de... pêcher en eau trouble. Ignore-t-on que, l'an dernier encore (1898), tandis que sévissait, à Paris, pendant l'été, une grève inquiétante, elle a fait verser 250.000 francs à la Grève, par une Banque anglaise ?...

(1) Il est piquant de rapprocher, de ces trois textes, celui d'une

Ces textes granitiques, l'Angleterre pourra bien s'ingénier à les torturer, et, en les passant au crible des subtilités diplomatiques, prétendre qu'ils ont été inspirés par les circonstances, ou encore, affirmer qu'ils n'engageaient pas l'avenir. Mais il n'y a pas de diplomatie, pas de commentaire, pas d'affirmation, qui tienne en face du sens naturel des mots et des phrases. Ces trois déclarations ont la clarté et la précision mêmes de l'évidence. Pour tout lecteur qui a simplement du bon sens, pour tout honnête homme, ils veulent dire que *la Grande-Bretagne n'a eu nullement*, en 1882, *l'intention de faire la conquête de l'Egypte;* qu'elle n'est intervenue et n'a *envoyé des troupes en Egypte* que *dans le seul but de rétablir l'autorité du Khédive;* enfin, qu'elle entend rester dans le droit commun, et qu'elle *s'engage à ne rechercher aucun avantage territorial, ni la concession d'aucun privilège exclusif.* Il y a plus : non-seulement ces trois textes « veulent dire » ces choses, mais ils les « disent » ; et ils les disent par l'organe autorisé des hommes qui furent à la tête de l'expédition, et dans la forme la plus solennelle.

Il y a donc eu, en 1882, des *engagements* authentiques *officiellement* pris, par l'Angleterre, vis-à-vis de l'Egypte, de l'Europe, et du monde. Mais, ces promesses sacrées, dont le texte a couru dans toutes les chancelleries, et qui lient un peuple d'honneur, ont-elles été réellement tenues?

---

dépêche que lord Granville adressait, le 4 novembre de l'année précédente (1881), à sir Edward Mallet :

« *La politique du Gouvernement de Sa Majesté à l'égard de l'Egypte n'a d'autre but que la prospérité du pays et sa pleine puissance de cette liberté qu'il a obtenue en vertu des Firmans successifs du Sultan, jusqu'à celui de 1879 inclusivement.*

« ... *le lien qui unit l'Egypte à la Porte est, c'est notre conviction, une importante sauvegarde contre une intervention étrangère... c'est pourquoi notre but est de maintenir ce lien, tel qu'il existe aujourd'hui.*

« ... *Toute intention de la part de l'un des deux Gouvernements (France et Angleterre) d'agrandir son influence suffirait à détruire cette utile coopération. Le Khédive et ses Ministres peuvent être assurés que le Gouvernement de Sa Majesté ne vise pas à s'écarter de la ligne de conduite qu'il s'est lui-même tracée.* »

— Les faits, et, avec les faits, les paroles suffiront à répondre à cette question, et à montrer comment l'Angleterre entendait ramener l'ordre et la paix en Egypte.

Quand, profitant de quelques difficultés entre le Khédive et un ministre, l'Angleterre avait bombardé la ville inoffensive d'Alexandrie, au risque d'y faire massacrer les Européens, l'Egypte était aux trois quarts française, et par toutes les aspirations : la langue officielle était le français ; le canal de Suez était français, puisque ce gigantesque travail était le fruit du génie, du travail, et des efforts de la France ; ce qui n'empêcha pas M. de Freycinet, sujet anglais, et ministre dans un Cabinet radical, de retirer nos vaisseaux, et de laisser à ses amis d'outre-Manche la libre entrée du pays (1). Or, dès qu'on leur eut laissé prendre un pied en Egypte, ils en eurent bientôt pris quatre : ils envahirent peu à peu toutes les branches de l'administration ; sans bruit, insensiblement, ils *organisèrent* la conquête ; et, pendant quinze ans, à qui leur demandait pourquoi ils continuaient à faire peser sur le pays une occupation militaire si lourde, ils répondirent invariablement, avec le même superbe aplomb à mentir qu'en 1881-82 : « Si nos soldats évacuaient la partie basse du Nil, le Khédive et les intérêts européens seraient menacés, à brève échéance, d'un retour offensif du Madhi, et ce retour compromettrait, à tout jamais peut-être, les résultats obtenus, dans l'ex-empire des Pharaons, par plusieurs années de bonne administration et de calme. »

(1) Cet abandon de l'Egypte et du Canal de Suez demeurera, dans l'histoire, comme la faute la plus criminelle qu'aient pu commettre des politiciens incapables. Le Canal aux Anglais, c'était l'interdiction pour la France, en cas de guerre, de pouvoir passer, par cette route rapide, dans la mer des Indes, et de défendre nos possessions lointaines. On ne tarda pas à le comprendre, et une « Convention » (1887) spéciale proclama la neutralité du Canal, à la condition, pour les belligérants, de ne pas se livrer à des actes de guerre dans les eaux de Suez, d'Ismaïlia, et de Port-Saïd. Mais, toute de forme, cette Convention était absolument illusoire, en pratique. On ne fera croire à personne que l'Angleterre, dont les soldats gardent les deux rives du Canal, assisterait, avec indifférence et loyauté, au passage de flottes adverses destinées à combattre ses escadres, et ses possessions de l'Inde et de l'Extrême-Orient.

Là-dessus, les âmes candides de s'extasier sur la prudente vigilance exercée par les Anglais en Egypte, et d'apprécier infiniment les signalés services qu'ils y rendaient aux intérêts européens ; pendant qu'une autre catégorie, les naïfs, prenant à la lettre les déclarations de l'Angleterre, en tiraient, tout heureux de l'avoir trouvée, cette conclusion qui leur semblait naturelle : « Le jour où le Soudan égyptien aura été soumis et pacifié, les Anglais n'auront plus rien à faire, à Alexandrie et au Caire : ils s'en retireront donc, pour laisser place à un gouvernement plutôt sous la tutelle de l'Europe, que sous celle de l'Angleterre proprement dite. D'ailleurs, s'il est encore besoin de soldats anglais dans le nord-est et le centre de l'Afrique, il est clair que ces soldats seront mieux placés dans le Soudan qu'à l'embouchure du Nil ! »

Longtemps on sommeilla, rassuré par ces beaux raisonnements, sans remarquer que l'Angleterre riait sous cape de la pyramidale mystification qu'elle avait ourdie. Un jour vint cependant où la diplomatie inquiète pressa l'Angleterre, à plusieurs reprises, de s'expliquer enfin nettement sur ses intentions et ses résolutions, au sujet de l'Egypte. Or, mise en demeure de parler net, l'Angleterre, passée maîtresse en ces sortes de combinaisons, trouva tout ensemble le moyen de temporiser, et celui de faire entendre qu'elle n'était pas éloignée de considérer l'Egypte comme un pays conquis. En effet, tandis qu'à propos du fameux « concert européen », qui a permis à la Turquie d'étrangler tranquillement la Grèce, elle laissait lord Salisbury, dans son discours du Guidhall (nov. 1896), déclarer que « l'Angleterre ne se laisserait arracher ni Chypre (1), ni l'Egypte »; tandis que, à un an de là

---

(1) On voudra bien remarquer le rapprochement de ces deux noms, par lord Salisbury : « ni *Chypre*, ni l'*Egypte* ». C'est que, en effet, avec sa rade unique, Chypre est la véritable clef de l'isthme de Suez, — percé par la France! Avec une flotte anglaise abritée à Chypre, la possession du Canal est inutile à qui que ce soit, parce que, Suez, c'est Chypre! Or, du jour où l'Angleterre a eu Chypre, son plan sur l'Egypte a été immédiatement arrêté : elle n'a plus attendu, pour l'exécuter, qu'une occasion favorable. On s'en sou-

(déc. 1897), le chancelier de l'Echiquier, sir Hicks-Beach, soulevant la question égyptienne devant ses électeurs, les préparait à l'éventualité d'une grande expédition prochaine des troupes anglo-égyptiennes vers Khartoum, et s'écriait, sur un ton de bravade et de provocation : « Il faut que nous soyons prêts à défendre les *droits* (?) de la Grande-

vient : c'est après le Congrès de Berlin (1878), que l'île lui fut donnée, par le Sultan, pour prix de ses dévoués services, au Congrès; elle eut donc à peine quatre ans à attendre, avant de pouvoir en venir à ses fins, par le bombardement d'Alexandrie et l'occupation du Delta (1878-1882).
Jamais l'Europe ne fut jouée plus impudemment qu'en 1878. Le diplomate anglais qui, au Congrès, donnait gravement son avis, au nom du droit et de l'équité, et qui, en prêchant un *désintéressement* communicatif, faisait tout restituer au Turc, s'était prudemment fait adjuger, *d'avance*, pour prix de sa plaidoirie, s'il gagnait le procès, l'île la plus riche de la Méditerranée. C'est quand tout le monde eut signé la paix, que le renard annonça à la Russie que, si elle avait renoncé à tout, il avait gagné, lui, une jolie petite île, à titre de *gratification!* La France, dont l'attention s'éparpillait alors aux fêtes d'une Exposition universelle, s'avisa pourtant de ce tour de passe-passe. Elle annonça qu'elle allait *réclamer*, énergiquement. Mais on fit taire nos ministres, avec..... un os. On leur promit, s'ils se taisaient, de nous laisser prendre Tunis, à l'occasion. C'était peu honnête ; et, d'ailleurs, Tunis n'a pas la même importance que les deux ports de Chypre et de Malte. Mais cela réussit à souhait, et l'escamotage fut ratifié; par respect pour la paix, sans droit ni équité, l'Europe garda le silence.
En remontant dans l'histoire, Gibraltar et Malte sont, pareillement, non pas des conquêtes, mais des *escroqueries* politiques. Gibraltar a été occupé, *par surprise*, dans une guerre de succession, où elle venait imposer ses bons offices : trouvant la position bonne, elle y est restée, en s'y fortifiant formidablement, malgré toutes les protestations de l'Espagne. Quant à Malte, elle a été rendue aux Chevaliers de Malte, représentés par l'empereur de Russie, et elle a été gardée, en attendant, par l'Angleterre. Leurs appartements ont été soigneusement conservés; mais un gouverneur anglais y habite, et entretient des canons tout autour. Malte, île neutre, est, aujourd'hui, avec ses deux ports, l'arsenal anglais qui domine la Méditerranée, et le centre du réseau sous-marin des télégraphes britanniques.
Voilà comment procède l'Angleterre, sans plus de vergogne, à la face du monde! Après Gibraltar, c'est Malte; après Malte, Chypre; après Chypre, l'Egypte. Quand elle se glisse en Egypte, elle promet l'évacuation prochaine. A la prendre au mot, elle n'y vient que « provisoirement, pour rétablir l'ordre »; elle amuse l'Europe et les diplomates, en promettant sans cesse l'évacuation prochaine. Mais, en attendant, elle s'y installe solidement, et y construit des palais. Et quand on la presse de tenir ses engagements, elle répond :

Bretagne, *quelquefois même au prix d'une guerre*, pourvu que nous soyons sûrs de la réalité de ces droits (1), et que nous ayons la conviction que la nation est avec nous » ; la diplomatie anglaise, enfin, s'ingéniant à calmer les inquiétudes de l'Europe et à gagner du temps, répondait que, « engagée dans une lutte sérieuse contre le Mahdi, elle n'était pas à même de faire connaître *immédiatement* ses résolutions, mais qu'elle avait besoin d'attendre la fin de cette lutte pour préciser la situation définitive qu'elle entendait occuper en Egypte ».

On se rappelle, puisqu'il s'agit ici de faits récents, combien cette lutte avança rapidement, après que les colonnes anglaises eurent remporté, au printemps de 1898, des succès qui les conduisirent presque jusqu'aux portes de Khartoum et leur permirent de venger brillamment l'aventure désastreuse de Gordon-Pacha (2), en 1885. On sait également que Khartoum tomba entre leurs mains, le ven-

---

« Patience ! vous voyez bien qu'il faut que j'en finisse avec le Madhi ! » ou encore : « Vous devez comprendre que ma présence est nécessaire ici pour rétablir l'ordre. » Mais, comme l'ordre n'est pas troublé, et qu'il faut cependant sauver les apparences, elle le trouble ; et, ainsi que l'a raconté un officier égyptien, ses troupes, par exemple, tirent sur des mendiants désarmés, pour faire croire à des *émeutes*, et défrayer la chronique des évènements sensationnels, dans les journaux européens...... On ne saurait, en vérité, pousser plus loin le sans-gêne, ni le cynisme !

(1) Ainsi parlerait un Père de l'Eglise ; et l'on le croirait. Mais quand c'est le protestant anglais Hicks-Beach qui tient un pareil langage, on a une double raison de se méfier. A qui donc fera-t-il croire la « réalité des droits » de l'Angleterre sur Khartoum ? Ces prétendus droits, dont il oublie de fournir la preuve, n'étaient pas cependant aussi clairs que les rayons du soleil !..

(2) En 1883, dans l'automne qui suivit celui de l'invasion anglaise en Egypte, les tribus Nubiennes du Haut-Nil se révoltèrent, et, entraînées par leur Mahdi, elles battirent l'armée égyptienne, que commandaient deux généraux anglais, Baker-Pacha et Hicks-Pacha. L'Angleterre ordonna alors au général Gordon, ancien gouverneur du Soudan, de commencer une campagne en règle contre les derviches, promettant de lui envoyer bientôt des troupes de secours, sous les ordres du général Wolseley. Gordon partit, au printemps de 1884, et batailla près d'une année. Mais ses forces étaient insuffisantes, et Wolseley arriva trop tard : enveloppé, à Khartoum, dont le Mahdi s'était emparé, il y périt, sans réussir à sauver la cause anglo-égyptienne.

dredi, 2 septembre 1898, et que la prise de cette capitale les rendit maîtres du Soudan. Je me trouvais au Caire, à cette date. Le dimanche matin, 6 septembre, la capitale était réveillée par le bruit du canon, qui nous apprenait la nouvelle de cette victoire ; et, à quatre heures de l'après-midi, on avait, en ville, le texte anglais d'une longue dépêche du Sirdar de Nasri, dont voici le résumé :

« Vendredi, 2 septembre 1898.

« Les derviches nous ont laissés tranquilles, la nuit dernière. Ce matin, nous avons été sérieusement attaqués ; et, après une heure de combat, nous les avons dispersés. A 8 heures 5o, le sirdar a commencé la marche sur Omdurman (Khartoum), et a été attaqué de nouveau sérieusement sur sa droite. Les derviches ont été repoussés avec de grandes pertes ; et leur armée, commandée par le Khalife lui-même, a été complètement dispersée, à midi. A deux heures, le sirdar a repris la marche, et occupé Omdurman. Dans l'après-midi, le Khalife s'est enfui ; il est chaudement poursuivi par la cavalerie. Le sirdar n'est pas pas en mesure de donner une liste complète des morts et des blessés. Les pertes anglaises s'élèvent probablement à une centaine d'hommes ».

Il semblait donc, une fois Khartoum pris, qu'il n'y avait plus à craindre un retour offensif du Mahdi, et que la question de l'évacuation de l'Egypte se posait, désormais, sans ambages. A défaut des diplomates, le *Courrier d'Orient* et le *Journal égyptien*, organes vaillants et convaincus des intérêts français — et des vrais intérêts du pays — en Egypte, le crièrent sur les toits, dans une série d'articles où la force écrasante des raisons invoquées le disputait à la chaleur communicative de l'éloquence (1). Mais il s'agissait bien d'éloquence, et de raisons, et de

(1) Le *Courrier d'Orient* a cessé de paraître, le 7 décembre 1898 : l'expulsion définitive de la France du sol égyptien mettait visiblement fin à son rôle, — à son noble rôle, que presque tous, en France, nous avons, hélas ! trop ignoré !

loyauté, avec un peuple grisé par la victoire! Soudainement, le léopard, resté jusque-là doucereux, montra les crocs ; abandonnant sa mystérieuse attitude de sphinx, laquelle, on l'avouera, n'avait pas manqué d'une certaine couleur locale, il daigna enfin répondre, à peu près clairement, aux questions que, depuis quinze ans, la diplomatie lui avait inutilement posées. Fièrement, comme un fauve sûr de sa force, il mit bas le masque ; et, avec la brutalité laconiquement autoritaire qui caratérise les races anglo-saxonnes, il jeta à l'Europe, à la France en particulier, à propos de l'Egypte et de l'évacuation solennellement promise, ces paroles, héroïques jadis à Sébastopol, insultantes maintenant, après la prise de Khartoum : « J'y suis : j'y reste ! »

La France! L'Anglais sentit bien que le pays tout entier se révolterait à la nouvelle d'une aussi perfide solution de la question d'Egypte. Il s'employa donc sans retard à nous imposer, de force, ce que nous n'eussions jamais consenti à accepter de plein gré. Usant d'un procédé qui lui est familier et qui lui a presque toujours réussi, il mit l'arrogance à la place du droit, et, durant trois mois, il nous chercha querelle sur querelle. Il souleva d'abord l'incident de Fachoda. C'était dans la première quinzaine d'octobre 1898. Nous avions alors sur les bras l'abominable « affaire » Dreyfus, une grève menaçante, et je ne sais combien d'embarras avec la Chambre et le ministère. L'heure était donc bien choisie pour prendre une attitude impertinente. Certes, grâce à l'activité et à l'héroïsme du commandant Marchand et de ses braves, la France jouissait incontestablement, à Fachoda, du droit du premier occupant. L'Angleterre, au contraire, en raison même de ses affirmations réitérées depuis quinze ans, sur le rôle pacificateur qu'elle prétendait jouer temporairement dans la vallée du Nil, n'avait rien à y prétendre. Mais il fallait, à tout prix, étouffer, par l'intimidation, nos protestations possibles sur l'escroquerie perpétrée en Egypte. Et c'est pourquoi elle nous accula dans un dilemme : ou sacrifier, par une retraite honteuse autant qu'inique, l'honneur de la France, ou nous exposer à un conflit hasardeux, dont les conséquences pourraient être incalculables. Devant la perspective d'une tuerie sans nom, nous eûmes assez de calme pour faire taire, momentanément au moins, les justes revendications de l'honneur national : Marchand reçut l'ordre d'évacuer Fachoda.

Mais l'Angleterre ne se tint pas pour satisfaite. Après Fachoda, ce fut une série ininterrompue de procédés mesquins et injurieux pour nous pousser à bout, nous enlever tout calme, et provoquer une déclaration de guerre.

Un jour, c'est le Conseil municipal de Leamington qui, bruyamment, accède à l'invitation de la Ligue de la Marine de célébrer avec éclat l'anniversaire de la bataille de Trafalgar, sans le moindre souci de froisser les susceptibilités françaises, prudemment respectées les années précédentes. — Le lendemain, c'est le discours prononcé, à Paris même, au banquet de la Chambre de Commerce anglaise, par sir Edmond Monson, ambassadeur d'Angleterre en France, — discours dont l'insolence dépasse tout ce qu'ont jamais pu enregistrer de pire, en l'espèce, les annales diplomatiques. En terre française, au cœur du pays qui l'accueille et qui donne une si large hospitalité aux milliers de commerçants anglais dont la capitale est encombrée, voilà un ambassadeur qui a l'impudeur de prononcer des paroles de menace contre la France et son gouvernement, l'outrecuidance d'oser limiter la durée d'un ministère français, et l'audace d'attribuer à ce ministère des visées personnelles dans ses actes de politique extérieure. — Le surlendemain, la scène se passe en Angleterre. Là, la guerre contre la France est devenue le *delenda Carthago*, c'est-à-dire, le mot d'ordre, du pays, convulsionné par les impérialistes. Un grand industriel, M. Chamberlain ; un des anciens chanceliers de l'Echiquier, M. Goschen ; quelques autres encore, ont remarqué que la prospérité commerciale de l'Angleterre est menacée dans ses sources vives : ils ont aligné des chiffres. Or, il leur semble démontré que l'exportation anglaise n'augmente plus, depuis longtemps ; qu'elle tend même à diminuer ; et que la balance du commerce se déplace, dans des proportions effrayantes, en faveur de l'importation. L'Angleterre est donc menacée d'être atteinte dans ses sources vives, si l'on n'avise pas, ce qui revient à dire, si l'on ne trouve pas de nouveaux débouchés. Mais, ces nouveaux débouchés, on ne peut les créer, ou les trouver, qu'en enlevant à la France toutes ses colonies. Donc, il faut tenter l'aventure, pousser à bout la patience de la France, et provoquer une déclaration de guerre : « la guerre », voilà l'*affaire* par excellence ! Et M. Chamberlain et consorts s'en vont répétant, à qui veut l'entendre, qu'une guerre avec la France est nécessaire (1). Et toute la Grande Bretagne d'applaudir, d'activer ses armements, et de multiplier sur nos côtes les démonstrations navales les plus irritantes, parce que, chacun le sait, quand on parle « affaire » et que sonne le mot *business*, tout bon Anglais dresse l'oreille ! — Entre temps enfin, lord Salisbury prononce son « grand discours ». Tout le monde a lu ce chef-d'œuvre de duplicité où l'orateur n'accorde rien, d'une main, qu'il ne retire immédiatement de l'autre. Si jamais il fut vrai de prétendre, pour une fois, une seule, que la parole a été donnée à l'homme pour dissimuler sa pensée, ce fut bien le 10 novembre 1898.

Malgré tant et de si actifs apôtres de l'idée de la nécessité d'une guerre, la France, tout en se préparant avec sagesse aux éventualités possibles du lendemain, sut, à force de dignité, de sang-froid, et de prudence, forcer

---

(1) Le discours de M. Chamberlain, ministre des colonies, prononcé deux jours après celui de sir Edmond Monson, eut tout l'air d'une gageure. Il sembla que, à Londres comme à Paris, l'Angleterre voulait prendre à tâche de nous pousser à bout. Voici l'apostrophe impertinente que le ministre lança à la France, après l'ambassadeur : « Prenez garde, si vous continuez à marcher sur *la queue du lion britannique*, comme vous le faites, par la politique d'exaspération et de tracasserie, poursuivie depuis tant d'années ! »

Ainsi donc, c'est la France qui tracasse et qui exaspère ; et c'est l'Angleterre qui se montre débonnaire et patiente ! A-t-on donc menti jamais plus effrontément à l'histoire ? Et trouverait-on, où que ce fût, des propos impertinents, qui égalent cette chamberlinade ?...

l'arrogant léopard (1) à mettre bas les pattes. Le danger imminent d'une guerre fut peu-à-peu conjuré ; et il semble bien, aujourd'hui, que tout péril a disparu. Mais, tandis qu'elle usait vis-à-vis de nous, des inavouables procédés

---

(1) Cette arrogance, malheureusement, n'était, et n'est encore, que trop justifiée, par l'indiscutable puissance navale de l'Angleterre, et par les précautions qu'elle a prises à la fois pour s'assurer à elle des facilités de ravitaillement dans toutes les mers, et pour rendre tout ravitaillement à peu près impossible aux flottes adverses. On s'en rendra compte aisément, si l'on réfléchit aux conditions nouvelles que l'emploi de la vapeur et des énormes cuirassés exigent aujourd'hui dans des expéditions lointaines. C'est peu en effet d'avoir une flotte puissante et bien outillée pour la vitesse ; c'est même peu d'avoir de vaillants, d'héroïques marins, si le charbon vient à manquer. Or, les Anglais ont vite compris cette difficulté ; et, l'ayant comprise, ils ont aussitôt inscrit le charbon comme contrebande de guerre. Mais cette mesure, qui atteint tous les autres peuples, ne les atteint pas eux-mêmes, car ils ont eu soin d'établir, dans toutes les mers, des entrepôts largement approvisionnés de charbon.

D'autre part, en vertu du principe de neutralité auquel ils soumettent leurs ports, ils ont englobé le canal de Suez dans cette neutralité et exigé du Khédive qu'il interdît à tout navire belligérant le droit de s'approvisionner de charbon dans les eaux du canal, considéré comme eaux neutres par une Convention. Les conséquences de ces mesures sont tangibles. Supposons qu'une guerre éclate. Que fera l'Angleterre ? Avec la conscience légère que nous lui connaissons, il est fort probable qu'elle ne sera guère gênée par cette Convention, et qu'elle ne se fera aucun scrupule de ne pas observer la neutralité du Canal. Le passage du Canal de Suez sera donc fermé du même coup aux puissances européennes; nous mettrons deux mois à contourner l'Afrique, sans pouvoir charbonner, pendant que les navires anglais auront toutes les facilités désirables pour s'approvisionner dans toute l'Afrique australe; nos colonies enfin seront à la merci des flottes ennemies, et nos navires de guerre eux-mêmes, que retiennent dans l'Extrême-Orient nos fréquents incidents avec la Chine ou le Siam, ne pourront même plus revenir en France pour renforcer nos escadres. Mais, sans être aussi pessimiste, admettons que l'Angleterre veuille bien respecter la neutralité du Canal. Serons-nous, pour lutter, en bonne posture ? Non, hélas ! car nous aurons des peines infinies à nous approvisionner. Dans la mer Rouge, nous avons Djibouti; mais, sans charbon. Au delà, il nous faudrait aller d'une traite jusqu'à Madagascar; et, en deçà, dans la Méditerranée, nous n'avons rien jusqu'ici qui vaille Malte. Nous serions donc presque sûrement pris au dépourvu.

Or, les Anglais le savent; et c'est parce que leur conviction est faite là-dessus, qu'ils ont eu, à l'automne de 1898, pendant plusieurs semaines, le verbe si haut et le ton si arrogant, — l'arrogance de la force brutale qui n'a cure ni de l'équité, ni du droit.

d'intimidation que j'ai rapportés (1), l'Angleterre, victorieuse à Khartoum, ne s'endormait pas, en Egypte. Le 6 janvier 1899, dans le palais occupé par le sirdar, à Khartoum, lord Cromer et lord Kitchener recevaient un certain nombre de Cheiks soudanais, et lord Cromer saisit l'occasion pour prononcer un discours. Or, après avoir félicité les Cheiks d'être enfin délivrés de la tyrannie du Khalifat, il fit entendre ces paroles significatives qui, depuis, ont fait le tour du monde :

« Vous remarquez que les pavillons britannique et égyptien flottent aujourd'hui cote a cote. Cela est une indication que, dans l'avenir, vous serez gouvernés par la REINE D'ANGLETERRE et le khédive d'Egypte. Néanmoins, aucune tentative ne sera faite pour administrer le pays directement du Caire, et encore moins de Londres. Le seul représentant du gouvernement égyptien et du gouvernement anglais au Soudan, ce sera lord Kitchener. »

La voilà donc enfin l'explication réclamée tant de fois, depuis seize ans, à l'Angleterre, et toujours ajournée, toujours vainement attendue. En quatre phrases, lord Cromer a dissipé tous les doutes et fait s'évanouir tous les nuages. Sans plus s'inquiéter des déclarations et protestations faites, en 1882, par la Grande-Bretagne, que si elles n'avaient jamais existé, il dit aux Egyptiens : « Désormais vous serez gouvernés *par la Reine d'Angleterre* et par le Khédive », formulant ainsi la déclaration officielle du Protectorat, et dénonçant la mainmise définitive de l'Angleterre sur l'Egypte ! Et le tour est joué ! Et les journaux

(1) Je n'ai rapporté que les plus saillants : mais il y en a d'autres. Ainsi, l'on a fait passer devant nos yeux le spectre du Siam ; on a contesté nos droits de pêche, à Terre-Neuve ; on a cherché querelle au général Galliéni, parce que, à Madagascar, il favorise, comme c'est son devoir et son droit, le commerce des produits français, de préférence aux cotonnades de Manchester, etc., etc. Jamais conjuration ne fut plus savamment ourdie, ni campagne plus furieusement menée.

d'outre-Manche, qui exultent, n'ont pas assez de mots pour faire l'éloge du représentant de la Grande-Bretagne et de son habile discours. « Personne, dit le *Daily Chronicle*, ne peut lire le discours de lord Cromer, sans être convaincu que la déclaration longtemps attendue a été enfin faite. » « Jamais, remarque de son côté le *Times*, jamais les droits de souveraineté de l'Angleterre au Soudan n'avaient été affirmés d'une façon aussi nette. » Et l'officieuse gazette d'ajouter, cauteleusement : « D'ailleurs, cette déclaration ne doit être pour personne *l'objet d'une grande surprise !* »

Eh bien ! si ! Tant qu'il y aura, en ce monde, des âmes honnêtes et des consciences droites, ces âmes et ces consciences seront, non pas seulement « surprises », mais stupéfiées, par « cette déclaration » ; car ce que le *Times* qualifie de « déclaration » n'est ni plus ni moins que le texte d'un parjure. Que les politiciens d'outre-Manche rapprochent de ce texte effronté le texte des explications fournies, en 1882, par l'amiral Seymour et le général Wolseley, et qu'ils les concilient, s'ils le peuvent !... En vérité, puisque l'Angleterre voulait escamoter l'Egypte, comme elle a escamoté Chypre et Gibraltar, ce n'était la peine, ni de mentir impudemment, ainsi qu'elle l'a fait à trois reprises, en 1881-82 ; ni, après avoir menti, d'attendre près de dix-sept ans pour avouer enfin qu'elle a berné l'Europe. Un peuple qui se targue d'occuper le premier rang parmi les grandes puissances navales devrait avoir, ce semble, à défaut de la loyauté, à laquelle son tempérament et ses habitudes la rendent réfractaire, le courage du moins de dire ce qu'il pense. Ce courage, il ne l'a pas eu : sa perfidie est donc doublée d'une lâcheté !

Or, il faut qu'on le sache, en Angleterre : c'est cette *perfidie* et cette *lâcheté* qui, justement, ne sont, en Europe, « pour personne, *l'objet d'une grande surprise* ». Il y a trop longtemps en effet que la « *perfide* Albion » nous a accoutumés à la première, pour qu'elle nous étonne. Quant à la seconde, elle se rattache trop étroitement à l'*égoïsme* féroce dont les Anglais ont encore fait preuve, à la prise récente de Khartoum, pour qu'elle puisse, elle aussi, nous surprendre. Ces gens-là sont sans cœur, et sans entrailles! Ils se sont d'ailleurs portraiturés eux-mêmes, à tout jamais, dans cette phrase odieuse du bulletin de victoire envoyé par le sirdar, le soir du 2 septembre 1898 : « L'armée *anglo-égyptienne* s'est battue ; nous avons perdu cent Anglais! » Eh quoi! voilà une campagne qui, commencée en 1885, dure depuis treize ans ; pour laquelle on a dépensé des sommes fabuleuses ; dont on a proclamé les difficultés inextricables ; qui devait enfin rencontrer, à Khartoum, une résistance désespérée ; et qui se termine sur une bataille coûtant la vie à « *cent soldats* » — pas un de plus, pas un de moins — de S. M. Britannique! Mais alors, qui donc s'est sérieusement battu, à Khartoum? Ce n'est pas, ce semble, la cavalerie de Saint-George, puisqu'elle s'est tirée d'affaire à si bon compte! Ce doivent donc être, alors, les troupes égyptiennes, puisque la dépêche parle d'une armée « anglo-*égyptienne* » et que les Anglais, on le sait, n'étaient pas seuls à donner l'assaut à la ville. Mais, s'il en va de la sorte, pourquoi nous parler de la perte de « cent *Anglais* », et ne rien nous dire des pertes *égyptiennes?* Les soldats du Khédive, qu'on a pourtant jugés bons pour escalader les remparts et se faire tuer en masse, seraient-ils donc une quantité négligeable? Et parce que les fils courageux, les enfants obscurs, de l'Egypte, sont tombés, sans murmurer, victimes de l'ambition et de la duplicité de l'Angleterre, est-ce donc une raison pour faire égoïstement sur eux l'*oubli total?*... Ah! ce silence des Anglais sur leurs alliés est un monstrueux manque de cœur, qui révoltera toujours les hommes de toutes les nations réellement dignes de ce nom d'*homme!*

Ne nous étonnons pas, après cela, que S. A. Abbas-Hilmi II, qui les connaît bien, ces bons Anglais, n'ait pas jugé nécessaire de les féliciter de la prise de Khartoum, où, à en juger par leurs propres paroles, ils affichaient une si profonde « reconnaissance » à l'endroit des troupes égyptiennes (1). Tandis que, dès la nouvelle connue, les dépêches de congratulation affluaient, de toutes parts, à l'Agence anglaise, au Caire, et que l'empereur Guillaume, toujours prompt à pactiser avec les heureux, arrivait bon premier, le Khédive s'enfermait dans un silence qu'on ne pourra s'empêcher de trouver significatif. C'est que, mieux que personne, le jeune Prince, avec son tact parfait, avait vu, tout de suite, du coup d'œil rapide et sûr qui le distingue, les nombreuses et complexes conséquences de l'événement. Egyptien avant tout, il va tout entier vers les siens, avec son cœur. Il n'a jamais rêvé qu'une chose, l'autonomie de l'Egypte : c'est son unique et sa suprême ambition, comme ç'avait été celle de son illustre aïeul Mohammed. Et c'est parce que la France n'a jamais cessé, au nom des principes souverains du droit, de réclamer cette autonomie ; c'est parce qu'elle est, pour lui, le pays qui appuie le plus fortement ses idées d'Egypte libre, qu'il aime tant la France ! Il a trouvé, d'ailleurs, depuis son avènement, dans nos deux ministres plénipotentiaires qui se sont succédé, au Consulat général du Caire, M. le marquis de Reverseaux (2) et M. G. Cogordan, deux hommes éminents, qui ont fait écho à ses idées, en même temps qu'ils tenaient haut, là-bas, le drapeau de notre pays. Mais que fera-t-il, désormais ; que pourra-t-il bien faire, après cette audacieuse proclamation du protectorat de l'Angleterre sur l'Egypte ? Quel rôle sera le sien, quand, sur la terre même d'Egypte, l'Anglais insolent n'a

---

(1) Ces mêmes « bons Anglais », si tendres pour leurs propres alliés, se conduisent, en vrais Peaux-Rouges, avec leurs ennemis. Ils ont porté, et rendu classiques, en Egypte, depuis le combat de Tell-el-Kébir, c'est-à-dire depuis dix-sept ans, des habitudes de sauvages : ILS MASSACRENT LEURS PRISONNIERS ! Si les Derviches leur ont taillé tant de croupières, c'est que, s'inspirant des propres exemples de l'ennemi, ils n'ont fait, eux non plus, pas de quartier aux Anglais.

(2) En quittant le Caire, M. le marquis de Reverseaux, l'un de nos plus habiles diplomates, a occupé l'ambassade de Madrid, d'où il a été appelé à l'ambassade de Wien. Il a fait infiniment, pour la France, pendant son court séjour en Egypte ; et son successeur, en s'inspirant des excellentes traditions qu'il a laissées, au Caire, continue vaillamment à y servir les intérêts de notre patrie.

pas eu seulement la vulgaire délicatesse de faire passer le Vice-Roi du pays *avant* la Protectrice lointaine, et que, *renversant les rangs*, il a osé clamer aux Egyptiens : « Dans l'avenir, vous serez gouvernés par *la Reine d'Angleterre* et le Khédive d'Egypte » ? L'avenir, cet avenir qu'escompte peut-être trop joyeusement l'Anglais, le dira. L'Histoire est pleine de hauts enseignements qui prouvent que rien n'est moins sûr, en ce monde, que l'avenir. On a vu des peuples, plus forts que la forte Angleterre, être arrêtés, un jour, dans leur marche superbe, et s'évanouir comme des ombres. Qui sait si ce « Protectorat », consacré au mépris des engagements les plus solennels, n'est pas bâti sur le sable, — le sable même de la vallée du Nil et du désert ?..

Quoi qu'il en soit, ce n'est pas l'*Accord* du 21 mars 1899, sur la répartition des territoires de l'Afrique centrale, qui nous consolera du fait accompli. Cette fameuse « Convention franco-anglaise », autour de laquelle on a fait tant de bruit, n'est qu'un leurre, qu'une nouvelle mystification : sous prétexte d'agrandir nos possessions du Niger et de nous accorder, au centre et au nord du continent noir, de larges compensations, elle CONSACRE, en réalité, *notre expatriation de la vallée du Nil !* Y a-t-il donc lieu, comme on l'a fait, de s'en tant réjouir ?.. Pendant que nous enverrons dans nos nouveaux territoires de l'ouest africain, non pas, comme il le faudrait, une armée de *colons*, mais une armée de *fonctionnaires*, c'est-à-dire, une armée d'administrateurs qui risqueront de n'avoir personne à administrer ; en Egypte, l'Anglais travaillera, sans contrôle, ou équivalemment, à « anglomaniser » de jour en jour davantage le pays. Le 15 novembre 1898, un journal d'Outre-Manche annonçait bruyamment que les cours de l'Ecole de droit du Caire se feraient, désormais, *en anglais*. Tout le reste sera à l'avenant. Lentement, méthodiquement, sûrement, par patientes infiltrations successives, on s'ingéniera à faire peu à peu, de l'Egypte, une terre anglaise : on ne négligera rien, d'autre part, pour y effacer les traces de notre influence ; et l'on n'aura de trêve que lorsqu'on en aura fait disparaître, en ruinant nos quarante et quelques écoles de la vallée du Nil, les derniers vestiges (1)...

Du rapide et incomplet exposé qui précède, il y a une conclusion à tirer, et à retenir toujours, parce qu'elle est capitale : c'est, à savoir, que le plus dangereux adversaire de la France, son pire ennemi, et, en même temps que de la France, de l'Europe et de la paix dans le monde, c'est l'Anglais ! Aussi déloyal qu'ambitieux ; aussi habile à fomenter des troubles et prompt à susciter des querelles, que peu scrupuleux sur l'emploi des moyens, l'Anglais fait cyniquement fi de la parole donnée, dès qu'elle le gêne : il ne reconnait d'engagements, que ceux qui tournent manifestement à son profit; enfin, et pour tout dire, l'honneur n'est, à ses yeux, comme la vertu pour le vieux Caton, qu'un vain mot ! Les affaires d'Egypte, depuis 1882, nous en ont fourni, pour la centième fois, une démonstration éclatante, autant que décisive. Qu'on s'en souvienne donc ! Et puisse la colossale piperie qu'on nomme pompeusement la « *Convention* franco-anglaise du 21 mars 1899 », contribuer encore à ne point nous le faire oublier, bien qu'elle ait ravi d'aise une foule de bonnes âmes !

(1) De cette influence, qui a été bienfaisante et qui nous a valu, en Egypte, tant de sympathies, voici, entre vingt autres, une preuve topique, et d'une saveur toute populaire. Lorsque les indigènes veulent dire, d'une chose, qu'elle est bonne : « C'est *franghi* ! » s'écrient-ils. Pour signifier, au contraire, qu'une chose est mauvaise, ils disent : C'est *inglisi* ! »

DEUXIÈME PARTIE

AU PAYS DU CHRIST

DEUXIÈME PARTIE

AU PAYS DU CHRIST

CHAPITRE I

JAFFA

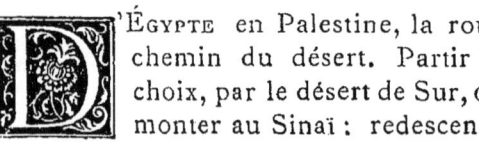'ÉGYPTE en Palestine, la route idéale serait le chemin du désert. Partir de Suez; puis, au choix, par le désert de Sur, ou par celui de Sin, monter au Sinaï : redescendre ensuite, à travers l'espace infini, en longeant l'ancien golfe Elamitique, jusqu'à Akabah, le port sans navires ni fumée, qui fait, avec Suez, de l'autre côté de la presqu'île Sinaïtique, un si parfait contraste; enfin, par le désert de Pétra, ou, si la route se trouvait barrée, par le désert de Tih, le pays de Cédar, et celui de Chanaan, gagner la ville de Gaza : voilà l'itinéraire enchanteur qu'il faudrait pouvoir suivre, pour se rendre au Pays du Christ, quand on quitte la terre des Pharaons. Mais il n'est point donné à tout le monde de pouvoir s'offrir le luxe d'une pareille chevau-

chée : *non licet omnibus adire...* Ce voyage-là est presque un voyage de nabab ! On a besoin, pour le faire dans des conditions satisfaisantes, de tant d'hommes et de tant de choses, escorte, interprètes, chameliers, sauf-conduits, etc.; il faut compter avec le caprice de tant de gens, cheiks, tribus sauvages, rôdeurs, etc., et s'attendre à tant d'imprévus, razzias, rançons, etc.; on doit enfin se tenir en garde contre les atteintes possibles de tant de bêtes malfaisantes, scorpions, serpents, chacals, panthères, etc., qu'on n'ose guère tenter l'aventure, si séduisante paraisse-t-elle, et qu'on préfère suivre prosaïquement la voie de mer, et, de Port-Saïd, aller à Jaffa par le paquebot : c'est moins pittoresque, et moins varié; mais c'est aussi moins compliqué, et infiniment plus sûr.

Toute la question est de se renseigner exactement sur le jour et l'heure du départ des paquebots. En Europe, même dans les pays où le service des voies ferrées laisse le plus à désirer, on a toujours la possibilité, si l'on manque un train, de prendre le train suivant; c'est un retard de quelques heures, qui ne dépasse jamais un jour. En Orient, au contraire, si l'on manque le bateau, l'on s'expose à attendre plusieurs jours, quelquefois une semaine. Il est donc de la dernière importance de connaître, par le menu, les heures de service et l'itinéraire des principales Compagnies : Messageries maritimes, Lloyd autrichien, Khédivié. A défaut de l'une, on se rabat sur l'autre ; et, en combinant intelligemment leur programme à toutes trois, on est à peu près sûr de pouvoir aller, venir, et s'arrêter, soit au gré de sa fantaisie, soit selon les exigences du voyage que l'on veut faire,

Un soir, vers huit heures, après la table d'hôte de l'Hôtel Continental, je m'embarquais sur *Bérénice*, un des bons paquebots du Lloyd, et je m'y installais dans une des meilleures cabines du centre : j'avais été recommandé au Capitaine par mon excellent ami, Otto Brunetti, directeur de l'Agence du Lloyd, à Venezia; et, comme sur l'*Orénoque*, j'y étais seul. La nuit tombait. Au ciel commençaient à s'allumer des myriades d'étoiles, pendant que, dans la ville et sur le port, tremblotait la clarté indécise de quelques pâles reverbères, et que, au centre, scintillait, du rez-de-chaussée aux mansardes, la grande maison de verre de l' « Eastern Exchange Hôtel ». Après les signaux classiques, lentement, *Bérénice* glissa, du port, dans la grande mer, en passant sous les feux du phare géant qui annonce aux vaisseaux, à plus de trente kilomètres de distance, l'entrée du Canal de Suez. Le temps était superbe : point de vent, partant, peu de vagues ; le calme plat, avec une brise légère, qu'on s'oublia, ce soir-là, à humer longuement sur le pont, en rêvant.

Rêver est un des délices des traversées. Le regard perdu vers le sud, dans la direction de Port - Saïd, dont chaque tour

Fig. 46. — Jaffa. Port, et ville basse.

de l'hélice du paquebot nous éloignait davantage, je reconstituais, pièce par pièce, le panorama grandiose du pays des Pharaons. Je revoyais, l'une après l'autre, les merveilles de ses antiquités, ses temples, ses colosses, ses pyramides, ses hypogées, son désert ; je descendais le cours de son fleuve sacré ; je flânais sur les places, dans les jardins, à travers les rues d'Alexandrie et du Caire ; je m'égarais dans le labyrinthe de ses bazars, et dans l'enchevêtrement des ruelles de ses quartiers arabes ; j'entendais les appels de ses âniers, et la musique rythmée des gobelets de ses vendeurs de limonade ; et je me disais que, tout cela, s'il plaît à Dieu, je le reverrais un jour.

Puis, par une opération toute contraire de l'imagination, je cherchais à me faire une idée du pays inconnu où je devais aborder, le lendemain ; de ce Pays du Christ, objet propre et si ardemment désiré, de mon voyage. Dans un cadre oriental, avec, pour borner le paysage, des forêts de palmiers, d'oliviers, de citronniers, etc., je groupais des villes, dont les maisons, vieilles comme le Temps, se juchaient les unes contre les autres, enserrées dans une enceinte d'antiques murailles ; je les reliais par des routes poudreuses, aux reflets blanchâtres, où cheminaient des troupeaux, des mulets, des dromadaires ; aux flancs des collines et aux replis des vallées, j'accrochais des hameaux silencieux ; çà et là, de distance en distance, je piquais une cime pierreuse, où je faisais miroiter au soleil les eaux claires de quelque lac minuscule ; et, pour animer le tableau, je jetais là, à pleine main, des Syriens et des Juifs, les premiers, âpres au négoce, et actifs en dépit de leur apparence d'immobilité ; les seconds, sombres, inquiets, cramponnés au sol et ne le quittant que pour y revenir, parce qu'ils doivent être, ici, obsédés par les souvenirs bibliques, et qu'ils se sont défendus, plus totalement que les sémites d'Europe, du contact des autres civilisations.

Le matin, à l'aube blanchissante, tandis que, du regard, nous fouillions l'horizon, à l'Orient, nous aperçûmes un vague paquet de maisons, qu'on nous dit être Gaza. Bientôt après, se dessina la ligne bleuâtre des monts de Judée ; puis, plus rien que le rivage uniforme, jusqu'à huit heures, où, au bout des lorgnettes, apparut, étagée aux flancs de la colline lointaine, la ville de *Jaffa*. Neuf heures sonnaient, quand *Bérénice* jeta l'ancre, à un kilomètre environ du port, en pleine mer. Jaffa, maintenant, se dessinait en entier devant nos yeux, avec, au haut de la ville, des constructions hardies, semblables à des forteresses ; au bas, l'agglomération des bazars et des vieux quartiers ; à droite, à gauche et à l'arrière-plan, des massifs de verdure ; enfin, sur la mer, en guise de port, une ceinture de rochers à pic, contre lesquels les vagues déferlaient, en les couvrant d'écume (Fig. 46). Sur le pont du paquebot, les conversations étaient fort animées. On racontait des histoires horribles, sur la difficulté de la passe ; on citait des exemples terrifiants des rigueurs de la douane ; et l'on comparait à des pirates les Bédouins qui vaquaient d'ordinaire au transbordement des passagers.

Pendant ce temps, le médecin du bord, l'interprète, et l'employé des postes avaient, avec les dépêches, gagné le large. D'un œil inquiet, nous suivîmes le sillage de leur barque ; nous la vîmes se glisser, sur la crête des vagues, entre deux rochers énormes, monter, descendre, disparaître, l'espace de quatre ou cinq secondes, puis reparaitre par-delà les deux blocs granitiques, et aborder au quai.

Les pourparlers du docteur avec le service de santé furent courts, car, trois minutes à peine s'étaient écoulées, que, du rivage, par toutes les fissures des rochers, accouraient, vers le paquebot, des barques, encore des barques, où s'agitait, avec des gestes de géants et des rugissements de fauves, toute une population de forbans. En un clin d'œil, ils arrivèrent jusqu'à *Bénénice ;* et, plus rapidement encore plus sommairement, ils escaladèrent le bateau. Ce fut alors un tohu-bohu indescriptible, un incroyable enlèvement des personnes, une dégringolade inouïe des bagages. Impuissant à se défendre contre l'audace entreprenante de gaillards hauts de six pieds et taillés en hercule, chaque passager était soulevé, comme une plume, et descendu, ainsi qu'un colis, dans l'une quelconque des barques, où il était condamné à attendre que le chargement fut complet, archi-complet, avant de prendre le large. Je les reverrai longtemps, dans mes souvenirs, ces grappes humaines, qui glissaient, avec des cris de terreur, du paquebot, dans les frêles esquifs ; et, avec elles, je verrai aussi toujours,

Fig. 47. — Cook's Office, à Jaffa.

ces coquilles de noix surchargées, qui devaient affronter, tout-à-l'heure, la passe dangereuse. Le débarquement, à Alexandrie, à l'arrivée de l'*Orénoque*, avait été un jeu d'enfants — même d'enfants bien élevés, — en comparaison des scènes qui se produisirent, sous mes yeux, au débarquement, à Jaffa, et qui, paraît-il, s'y renouvellent toujours. A Alexandrie, j'y avais échappé, grâce à mon billet Cook. A Jaffa, j'eus encore cent fois plus de raisons de m'applaudir de m'en être prudemment muni. Car elle se trouvait là, à son poste, au pied de l'escalier du paquebot, la solide barque de l'Agence, avec quatre vigoureux rameurs, sous les ordres du Guide de la Maison. J'exhibai mon ticket, en le hélant; et, protégé par lui, j'échappai aux mains rapaces des écumeurs et aux ennuis de la capture. Tandis que mes voisins de route poussaient les hauts cris, en se débattant, et qu'on les entassait, comme des condamnés sur des pontons, tranquillement, la barque de l'Agence cinglait vers le rivage, bondissait sans encombre au chant d'une mélopée sauvage entre les roches redoutées, et atterrissait au quai. A la douane, aucunes formalités de bagages, ni de passeport; et, quelques pas plus loin, pour me conduire en ville, une voiture toute prête, qui me déposait, cinq minutes plus tard, à l'« Hôtel de la ville de Jérusalem », en face du « Cook's Office (1) (Fig. 47).

(1) Il y a deux manières très distinctes de bénéficier, en Orient, de la protection de l'Agence Cook, et de ses bons offices. La première, et la plus simple, consiste à se faire délivrer par la Compagnie, avant le départ, un billet complet du voyage que l'on a l'intention d'entreprendre : on s'épargne, du même coup, l'ennui de faire queue aux guichets des gares et des paquebots, à l'étranger; et l'on coupe court aussi à toutes les surprises possibles relativement au change, quand on n'est pas parfaitement rompu au mécanisme des différents systèmes monétaires. La seconde, qui ne laisse plus intacte, comme la précédente, la liberté du voyageur, consiste à se joindre à une caravane de touristes pour suivre, ensemble, un itinéraire dont le programme, tracé d'avance par la Maison Cook, est ponctuellement exécuté, jour par jour, heure par heure, minute par minute, sous la direction d'un agent de la Cie. On peut diverger d'appréciation sur la valeur respective des deux procédés. J'avoue cependant que, entre les deux, jamais je n'ai eu jusqu'ici l'ombre d'une hésitation : le premier me semble réunir tous les avantages, sans entraîner aucun des inconvénients du second.

Je ne devais passer à Jaffa que quelques heures ; j'abrégeai donc la cérémonie du déjeûner, pour courir au marché et aux bazars. Le marché de Jaffa est l'un des plus pittoresques qui se puissent voir, en Orient : c'est aussi l'un des plus « riches », car Jaffa est, pour toute la Palestine, l'entrepôt classique de l'importation et de l'exportation. On n'a pas l'idée de l'animation qui y règne, tant y sont nombreux gens et... bêtes, dans le barriolage des costumes les plus divers, et le mélange de tous les idiomes et de tous les grognements. Syriens, Chypriotes, Arabes, Bédouins, nègres, etc., s'y coudoient, aux portes des boutiques et devant les étalages. Et quels étalages ! Des monceaux de fruits d'or, des pyramides de légumes et de grains, tombés là, par avalanches, des jardins, des vergers

Fig. 48. — Gare du chemin de fer de Jaffa à Jérusalem.

et des campagnes du voisinage : quelque chose comme les produits de l'ancienne terre de Chanaan, immortalisés par la Bible, mais qui, ici, se donnent à rien. Les chiens — ces fatidiques chiens d'Orient, qu'on a déjà rencontrés dans toutes les rues de Constantinople — pullulent à Jaffa, par légions : aux premières heures matinales, ils ont fait, avec leur ponctualité habituelle, le service de la voirie ; et, maintenant, par groupes, ils sommeillent, dans tous les trous, aussi insouciants des pieds des chameaux que des pieds des indigènes. On manque en écraser des centaines, en allant au bazar, où s'entassent, dans de longues galeries enchevêtrées, d'invraisemblables amoncellements de marchandises. Comme au marché, d'ailleurs, il y faut jouer des coudes, pour s'y frayer un chemin. Et le contraste est parfait, lorsqu'on en sort, entre le tableau mouvementé et chargé en couleur, dont on vient d'avoir le spectacle, et le tableau enchanteur et reposant dont la grande mer bleue ménage soudain la vision, sous le ciel d'azur aux profondeurs insondables.

Aussi orientale que possible, par bien des côtés, la ville de Jaffa porte cependant, à certains égards, la marque de l'Occident. Tous les peuples du vieux monde, tour à tour, ont en effet passé par là ; et, en y passant, ils y ont laissé leur empreinte : témoins, ces nombreux restes d'arceaux gothiques, qu'on retrouve mêlés aux coupoles, aux terrasses, et aux voûtes des longs couloirs. Au bas de la ville, vers le quai, se profile une ligne de constructions massives : ce sont les couvents, latin, grec, et arménien. Au-delà, le bazar, sous un plafond de nattes déchirées, et le marché en pleine lumière chaude et crue, avec, pour jalonner la route et l'égayer encore, les fumeurs de narghilés, les buveurs de café et de raki, les bédouines au cuir tanné, les imans en manteaux noirs, et je ne sais combien d'autres types caractéristiques. Plus loin, sur la hauteur, le couvent des Franciscains, semblable à une forteresse ; la maison des Frères des Ecoles chrétiennes, d'où s'échappe, entraînant, un refrain de cantique, accompagné par l'harmonium ; et, tout à côté, sur l'emplacement de l'ancien château-fort de Jaffa, l'Hôpital Saint-Louis, où tout attire un Français, et le captive. Fondé par un riche négociant de Lyon, M. Francisque Guinet, et inauguré solennellement, le 25 janvier 1885, par S. B. le Patriarche latin de Jérusalem, en présence du généreux bienfaiteur, du Consul de France, et de toutes les autorités militaires et civiles de Jaffa, l'Hôpital St-Louis est une des « œuvres » qui contribuent le plus efficacement à faire aimer, dans cet angle de l'Orient, notre religion sainte, et à y faire bénir le nom de la France. Quelles que soient la nationalité et les croyances des malades, tous y sont accueillis en effet à bras ouverts et y reçoivent, des admirables Sœurs Saint-Joseph de l'Apparition qui le desservent, les soins les plus intelligents et les plus dévoués. La digne Supérieure des Religieuses fait, à tout visiteur, les honneurs de la Maison avec une grâce exquise et une bienveillance touchante. Le bon docteur, qui prodigue sa sollicitude aux malades, y est aussi très-accueillant. Quant à l'aumônier, M. l'abbé Bost, il a l'amabilité charmeuse et la distinction souriante qui distinguent partout les prêtres du clergé Lyonnais : sous sa direction zélée et habile, le fonctionnement des divers services se fait à ravir.

Au-delà de l'Hôpital français, commencent, derrière de grands murs, les jardins de Jaffa, qui confinent à la plaine de Saron, et, par elle, aux collines de Judée ; jardins enivrants, d'où s'exhale toute la gamme odorante des parfums d'Arabie : orangers, citronniers, grenadiers, caroubiers, oliviers, lauriers, rosiers et cactus enchevêtrent là leurs massifs, mêlent les couleurs de leur feuillage, et jettent

Fig. 49. — Porte de Jaffa, à Jérusalem.

jusqu'aux mers phéniciennes l'arôme pénétrant de leurs senteurs, ponctuées, sinon même parfois dominées, par la senteur fade du désert, qui ne ressemble à aucune autre. Le paysage, en ce coin de Jaffa, a une douceur et un calme infinis. A le contempler quelques instants, on sent son âme envahie peu-à-peu par une paix profonde ; cela repose délicieusement de l'agitation et des bruits du marché ; et n'était, de temps à autre, l'apparition, sur la route ouatée de poudre blanche, d'une lente caravane de chameaux, ou encore, le son grêle des clochettes qui tintent mélancoliquement au cou des troupeaux de chèvres, on se croirait, dans la quiétude du désert, loin, bien loin, de tout contact, de tout frôlement, des êtres animés.

Les pieds capitonnés dans la poussière, on gagne la gare du Chemin de fer de Jérusalem, à l'autre bout de la ville (Fig. 48), une petite gare toute blanche sous un toit à l'européenne, semblable à une de nos gares de banlieue et coquette comme elles, devant laquelle stationne, en attendant l'heure réglementaire, un train minuscule composé de trois ou quatre vagons, aux boiseries claires dont le vernis miroite sous les rayons du soleil, et d'une locomotive enfantine, qui, bientôt, va se hisser, munie à l'avant de ses chasse-bœufs, jusqu'aux hauteurs de la Ville Sainte.

Quels méchants propos n'a-t-on pas tenus contre le nouveau rail-way, depuis l'ouverture de la ligne, aux derniers jours de septembre 1892 ; et quels anathèmes terribles ne lui a-t-on pas déversés (1) ! C'est un « non-sens », criait l'un ; c'est une « inutilité », ajoutait l'autre ; il tue le « pittoresque », clamait un troisième, en prenant des attitudes indignées d'artiste qu'y s'y connaît ! Vains propos, et inutiles colères ! Non, il n'a rien tué du tout, le pauvre

(1) Je comprendrais, à la rigueur, ces invectives, s'il s'agissait d'un voyage en automobile ; mais, en chemin de fer, allons donc ! La voiture automobile est franchement laide : la locomotive est belle ! Pourquoi ? C'est que l'automobile a l'aspect d'une chose inerte, qui se déplace, sans que l'on voie comment; tandis que la locomotive nous apparaît comme un être, extraordinaire sans doute et quelque peu anormal, mais du moins vivant, et dont la fonction naturelle est de se mouvoir. L'automobile est tout simplement un vulgaire véhicule dételé : quand elle passe, nous cherchons instinctivement une paire de chevaux, devant elle ; elle nous donne, malgré nous, la sensation de quelque chose d'incomplet, et de mutilé ; sa course ressemble à une gageure ; c'est presque un défi au bon sens. Au contraire, et tout au rebours de l'automobile qui dissimule son mécanisme, la locomotive étale le sien, au grand jour, et semble s'en faire une parure. Si ignorant que l'on soit des arcanes de la mécanique, devant une locomotive, on en conçoit le fonctionnement : voici la longue chaudière tubulaire, où l'eau se transforme en vapeur, ce fluide vital de la machine ; voici le foyer qui dévore la houille, et la cheminée toujours surmontée d'un panache, ainsi qu'un volcan en éruption ; voici les cylindres, où vont et viennent irrésistiblement les pistons ; voici les bielles, les excentriques, les manivelles. Tout est visible : et l'on n'a pas plus de peine à se rendre compte de la façon dont la locomotive avance, qu'à comprendre, en voyant un oiseau, comment il vole. Impatient, dévoreur d'espace, et superbe en sa course folle, le cheval de feu de nos voies ferrées est un organisme articulé et vivant : l'automobile n'est, et ne sera jamais, qu'une bourdonnante caricature !

petit chemin de fer, rien, sinon peut-être l'ennui, le mortel ennui, d'une course à cheval, deux jours durant (1), parmi les pierres, et le danger, à peu près inévitable, d'arriver, à Jérusalem, avec une courbature. Cela mérite-t-il donc tant et de si sonores doléances ? Et d'ailleurs, n'aurat-on pas bientôt, aux déserts de Judée, assez d'occasions de cheminer, en nomade, perché sur quelque monture du pays ? Qu'on cesse donc de se réclamer du sens commun, et du pittoresque, pour maudire cet inoffensif rail-way. Si le pittoresque consiste dans l'amusement des yeux, par un arrangement des formes, des contours et des nuances, comment peut-on refuser au chemin de fer, où qu'on en use, en Orient comme en Europe, le don du pittoresque ? S'il a fait, j'en conviens, disparaître, chez nous, le pittoresque suranné de la chaise de poste, et s'il a détruit, à Jaffa, le très problématique pittoresque de la lente chevauchée à travers une région sauvage, il en a fait naître un autre, sans claquement de fouet ou de cravache, sans grelots, sans rubans au chapeau, sans soubresauts qui disloquent, sans cahots, et sans ornières : le pittoresque du voyage moderne, à raison de trente, cinquante, quatre-vingt, ou cent kilomètres à l'heure. Le Kaléïdoscope des portières ne vaut-il donc pas celui qu'on peut entrevoir du fond d'une berline où l'on s'est empilé, ou des hauteurs d'une grande bête, plus ou moins docile, plus ou moins dodelinante ?...

Au lieu d'épiloguer sur le contre-sens de l'installation d'une voie ferrée, à Jaffa, il serait plus sage de dire que, pour se rendre à Jérusalem, on devrait, depuis la mer, renoncer, d'une façon absolue, à tout moyen, quel qu'il soit, de locomotion. Il n'y a, en réalité, qu'une manière irréprochable de s'acheminer, comme il le faudrait, vers la Ville Sainte : c'est d'y aller à pied, en croyant convaincu,

---

(1) On peut aller aussi, et l'on va effectivement quelquefois, de Jaffa à Jérusalem, en landau. Mais, même avec d'excellents chevaux, le trajet ne demande pas moins de neuf heures, ce qui paraîtra long, étant donnés à la fois la poussière de la route, la chaleur du jour, et l'aspect morne du paysage.

le rosaire d'une main, le bourdon du pèlerin dans l'autre; cette manière-là est la seule qui serait ici adéquate à l'objet du voyage. Mais qui donc s'en avise, et qui en use? On a tellement hâte d'arriver, que, à peine débarqué, l'on voudrait déjà être au Saint Sépulcre, entrevu par l'imagination, là-haut, derrière les montagnes. On se précipite donc, ravi, dans le train hospitalier qui, en abrégeant les lenteurs de la route, va permettre, tout-à-l'heure, d'étreindre le rêve. A peine enveloppe-t-on, d'un regard distrait, les hameaux aux cases blanches qui, de temps à autre, fournissent au train une raison plausible de stopper, Lydda, Ramleh, Sedjed, Bittir. A mesure qu'on monte, les collines se dressent, plus hautes et plus abruptes ; les courbes se multiplient, dans les gorges profondes ; la matière se pétrifie davantage ; le paysage devient plus désolé. Puis, soudain, après trois heures d'escalade, voici que s'élargit ce cadre sauvage : quelques lopins de champs laissent réapparaître un peu de terre végétale ; dans ces champs, ou s'y acheminant, surgissent quelques apparitions d'êtres humains, pâtres ou métayers, à l'accoutrement bizarre ; et, très-loin, sur la gauche, se dessinent enfin, dominant la vallée, des toits aux tuiles rouges, hôtels ou caravansérails. Ce n'est pas encore Jérusalem ; mais c'en est la banlieue, la banlieue banale et grimaçante, champignon poussé hier, autour des vieux créneaux arabes, à l'ombre des coupoles sacrées. Contre cette odieuse importation du modernisme, on n'aura, certes, jamais d'invectives trop sévères : c'est presque profaner la Ville Sainte qu'y greffer de pareilles constructions ! Mais ainsi le veut le goût du siècle : il lui faut du confort, n'en fût-il plus au monde ; et il lui en faut jusque dans Jérusalem !... Fermons donc les yeux, et pénétrons dans la ville, dans la vraie ville, par l'antique et célèbre Porte de Jaffa (Fig. 49), dont le nom nous rappellera, une fois encore, le souvenir de l'idéale vision entrevue, aux rives azurées, à la descente du paquebot.

CHAPITRE II

DANS LA VILLE SAINTE

UNE scène assez semblable à celle dont il a été témoin, en débarquant à Jaffa, se déroule, à JÉRUSALEM, sous les yeux ahuris de l'étranger, lorsqu'il quitte le train de Jaffa. C'est, sans parler de la nuée de courtiers juifs dont on est assailli, la même escalade de forbans, dans les vagons, pour s'emparer des bagages et s'assurer, en quelque sorte, *manu militari*, de la personne des voyageurs ; c'est le même entassement de ces derniers, non plus dans des barques, mais dans des voitures préhistoriques, attelées d'invraisemblables haridelles ; et c'est aussi la même course folle, une fois l'empilement complet, non vers le quai, à travers les rochers horribles, comme naguère, mais vers la ville, à fond de train, à la descente comme à la montée, sur la route qui va longer bientôt les remparts de l'ouest, dans la poussière enveloppante et les béantes fondrières : toute la différence, c'est qu'ici les pirates « opèrent » sur la terre ferme.

Dieu merci, j'échappai, cette fois encore, à leurs trop obséquieuses atteintes : un véhicule relativement correct, remorqué par Cook, m'amena sans encombre jusqu'à la Porte de Jaffa, la franchit avec précaution, vu le fourmillement habituel en cet endroit, et, à cinquante mètres de là, me déposa à l'entrée du Grand New Hôtel; c'est, d'ailleurs, à peu près, le point *terminus* que les voitures peuvent atteindre, dans Jésusalem (1). Au-delà, commencent les ruelles, ouvertes ou voûtées, planes ou piquées de larges degrés, qui, à plaisir, se coupent et se ramifient, descendantes ou montantes, dans le plus extraordinaire enchevêtrement qui se puisse voir, et forment, par leur ensemble, les divers quartiers de la Ville sainte, dans l'enserrement des murailles. Sans pousser à l'extrême la rigueur d'une démarcation, il y a en effet, ici, trois quartiers bien distincts : le quartier arabe, avec les bazars; le quartier arménien; et le quartier juif, au-delà duquel se développent les dépendances de la Mosquée d'Omar, sur l'emplacement de l'ancien Temple. Semez à profusion, à travers tout cela, les couvents, les églises, et les chapelles; et voilà, pris dans un rapide coup-d'œil d'ensemble, le « panorama » intérieur de la capitale moderne des Lieux Saints. Mais quelle vie, quelle étrange vie de fourmilière, dans ces boyaux étroits d'où monte, sans cesse, dès l'aurore et jusqu'à la nuit tombante, la rumeur sourde d'une foule dense, à travers laquelle on n'avance qu'avec lenteur, moins en marchant que porté par le flot humain, entre des échoppes hautes de six pieds, larges de huit à dix, où, accroupis et songeurs, se tiennent les marchands, figés dans leur immobilité héréditaire, à l'arrière des étalages ! On marche là, en pleine ruche, coudoyant toutes les pouilleries orientales, frôlant tous les costumes les plus pittoresques, se heurtant aux charges écrasantes des pau-

---

(1) De là, cependant, on peut aller encore, *en voiture*, en obliquant à droite, devant la Citadelle où campe la garnison turque, jusques à l'entrée du Cénacle, à travers le quartier Arménien; mais c'est une course insignifiante, qui se fait très facilement, et peut-être plus utilement, à pied. En réalité, il n'y a pas de voitures, dans Jérusalem, parce que la circulation de tout véhicule y est matériellement impossible. A ce point de vue, Jérusalem donne la main à Venezia.

vres bêtes de somme (1), glissant [tous les dix pas sur quelques détritus d'écorces d'orange ou de légumes, et s'en tirant vraiment comme l'on peut, au milieu des odeurs les plus mêlées et les plus incroyables. Après quelques minutes passées dans ces couloirs aux voûtes tour-à-tour murées et plafonnées de nattes, on éprouve une joie indicible à quitter les tunnels sombres, où l'on étouffe, et à respirer l'air, pur par comparaison, de quelque rue ouverte (FIG. 51).

Dès que le soleil commence à baisser à l'horizon, la vie se raréfie dans les boyaux voûtés, tout-à-l'heure encore si encombrés et si murmurants; la circulation diminue, et les bruits de ruche s'apaisent ; les échoppes se ferment ; tout négoce cesse ; et le silence, un silence

FIG. 50. — Panorama de Jérusalem.

de mort, que trouble seulement de temps à autre le bruit des pas de quelque attardé, sur les pierres, envahit les ruelles et les enveloppe jusqu'au lendemain. De distance en distance, tous les cinquante mètres environ, s'accrochent alors aux parois des murs, des quinquets fumeux, dont la vague lueur, qui n'éclaire rien du tout, ajoute encore je ne sais quoi de sinistre à ces solitudes désolées : cela est d'aspect si sombre, si triste, si effrayant, que, plutôt que de se risquer seul à travers le noir dédale, l'étranger rebrousse chemin et regagne prudemment sa chambre d'hôtel.

(1) Il s'agit ici des mulets et des ânons, car des tiges de fer jetées, d'un côté de la rue à l'autre, de distance en distance, à !2 mèt. 25 de hauteur, ferment l'accès de ces ruelles aux dromadaires, dont la présence ccasionnerait d'inévitables accidents.

Toute pareille, d'ailleurs, est la physionomie de la Ville Sainte, même au milieu du jour, lorsque, du haut d'une terrasse, on en contemple le panorama (Fig. 50). Sa vie, si réelle qu'elle soit, au dedans, comme j'en ai fait la constatation, est essentiellement une vie cachée : rien, ou presque rien, ne s'en épanche au dehors ; elle reste intérieure et obscure, et ne devient perceptible que pour qui s'y mêle. A deux reprises, un matin et un après-midi, j'ai pu, à loisir, de la terrasse des Religieuses de Notre-Dame de Sion, embrasser du regard l'immense agglomération (1) : chaque fois, l'impression a été identique. Dans l'enserrement des collines qui l'entourent et semblent étreindre le haut plateau (2) sur lequel elle s'élève, Jérusalem s'étend, tout d'une pièce, sans laisser soupçonner l'existence d'aucune rue, comme une indéfinie tache blanche et grise, où quelque solution de continuité n'apparaît qu'au sud-est, dans la zône de la mosquée d'Omar. Tout le reste, dômes bas, calottes de chaux, coupoles élancées, terrasses plates, est si rapproché, si adhérent, que cela forme comme un colossal couvercle, qui couvrirait un sépulcre monumental, sous la lumière exaltée de l'éblouissant soleil d'Orient. Là-dessous, paraît dormir une ville muette, ensommeillée depuis des siècles : aucun mouvement, aucun bruit, pour témoigner de sa vie intérieure ; c'est le calme absolu, le silence morne. Déconcerté, le regard se promène, des coupoles aux terrasses, des dômes aux remparts ; il plonge

---

(1) A l'occasion du voyage de l'empereur Allemagne en Palestine à l'automne de 1898, M. A Bonfils, photographe français établi à Beyrouth, a tiré un magnifique panorama de la Ville Sainte, véritable œuvre d'art, qui a eu, dans tout l'Orient, le plus grand succès. Avec la bienveillante autorisation de leur éminent compatriote, MM. B. Delaye et L. Hemmerlé, les célèbres photograveurs de Lyon, ont obtenu, en traitant directement l'épreuve photographique, une merveilleuse similigravure qui n'a pas eu, en France, un moindre succès. Elle mesure, en hauteur, 0^{m}20, et, en largeur, 0^{m}50, marges non comprises. Ce superbe *Panorama de Jérusalem* est édité, au prix de 1.25, et adressé franco, contre mandat-poste, à toute personne qui en fait la demande à MM. Delaye et Hemmerlé, 8, rue Henri IV, à Lyon.

(2) Jérusalem, bien qu'à 52 kilomètres seulement de la mer Méditerranée, est à une altitude moyenne de 750 mètres.

aux vallons sinistres, peuplés de tombeaux et de cavernes ; il enveloppe les flancs abrupts du mont des Oliviers, qui s'enlève, opprimant tout, au-dessus de Gethsémani et de la vallée du Cédron ; et, partout, c'est la même sensation de nudité, de désolation, et de mort. Nulle ville au monde ne ressemble à celle-là, ni n'enfonce en l'âme une pareille impression ; nulle n'éveille, d'aussi pénétrante façon, de sublimes et immortels souvenirs ; nulle enfin, malgré son silence et son mystère, ne parle plus éloquemment au cœur. On sent manifestement qu'elle porte le poids éternel de l'inexpiable malédiction : et, cependant, on la vénère ; on l'aime ; on baise avec des larmes ses pierres et son sol, parce qu'elle a été le théâtre où se sont accomplies les plus grandes choses qui importent au bonheur de l'homme, dans ce monde et dans l'autre ; parce qu'un Dieu y a passé, y a parlé, y a multiplié les plus étonnants prodiges ; en un mot, parce que le Rédempteur y a sauvé le genre humain, sur la croix adorée du Calvaire ! Le Golgotha, le Saint-Sépulcre, voilà l'âme et le vrai foyer d'où rayonne toute flamme et d'où s'épanche toute vie ; tout part de là, et tout y converge. Aussi, nous y arrêterons-nous longuement, délicieusement. Mais poursuivons, d'abord, notre course à travers les quartiers principaux de la Ville Sainte, pour en prendre une vue d'ensemble et nous en faire une idée un peu précise.

Fig. 51. — Une rue de Jérusalem.

J'ai décrit rapidement les longs couloirs où s'entasse, près des bazars, la population turco-arabe. Glissons-nous maintenant, par des tronçons de ruelles étroites et immondes, au quartier juif, où, plus étrange encore, grouille, sordide, le pullulement des descendants des anciennes tribus d'Israël, dans son ghetto. A eux seuls, ils forment, à Jérusalem, plus des deux tiers de la population : la ville n'a pas 50.000 habitants ; et il y sont plus de 30.000, juxtaposés sous les noms de Sephardim, Sionistes, et Achkenazim, qui désignent respectivement parmi eux la colonie riche et aristocratique, la colonie patriote (1), et la colonie des émigrants, celle-ci, de beaucoup la plus nombreuse. Chaque année en effet, de Russie, de Pologne, et d'Allemagne, affluent, vers le pays des ancêtres, d'innombrables caravanes juives, que chasse d'Europe l'ostracisme ou la misère, et qui, l'âme obsédée du désir de mourir sur le sol sacré et d'y dormir le dernier sommeil, viennent se fixer, soit dans les horribles masures du ghetto ; soit dans l'immense Hôpital russe ; ou à l'Hôpital Rotschild, sur les hauteurs de Sion ; ou encore dans quelqu'un des phalanstères élevés là, ou dans la vallée du Hinnom, par leurs riches compatriotes d'Europe. Bien que groupés tout particulièrement au ghetto, les Juifs restent donc, à Jérusalem, comme dans l'univers, éparpillés et « errants ». Ici, comme à Prag, c'est au ghetto qu'il faut venir, pour prendre la race sur le vif. Dans ces ruelles glissantes, où pénètre tout juste assez de lumière pour y voir à peu près se conduire, au milieu d'un ramassis d'échoppes, de bouges, de boucheries sanglantes, vit entassée, aux pieds de la mosquée d'Omar, ou « Haram ech Chérif », une cohue loqueteuse et souffrante, dont l'aspect minable inspire tout ensemble le dégoût et la pitié. La vie, à l'ombre et en rupture avec toutes les lois de l'hygiène, a anémié le teint de ces pauvres êtres, qui se débattent sous la morsure des maladies

(1) Les *Sionistes* semblent mériter en effet, plus que leurs congénères, ce nom de « patriotes », puisque leur rêve le plus persistant, leur préoccupation la plus constante, est d'arriver, quelque jour, à faire rendre aux Juifs, exclusivement aux Juifs, Jérusalem, la ville sacrée de Sion. Mais ce rêve n'est qu'un rêve. Malgré leurs congrès, leurs banques, et le réseau de leur organisation internationale, les Sionistes ne réussiront pas à obtenir satisfaction du Sultan. Si, par impossible, celui-ci venait à céder, quelque jour, devant eux, ils trouveraient le Tsar. — Cf. *Etudes* publiées par les Pères de la Cⁱᵉ de Jésus, N° du 20 novembre 1897, article du R. P. H. Lammens.

locales, inflammations, scrofule, et le reste. Jeunes et vieux, tous, ils font vaguement songer, lorsqu'on les frôle, à des fantômes. Mais ces ombres errantes excellent à se draper, et à prendre des attitudes : lévites serrées à la ceinture, longues tuniques, larges manteaux, tout leur sert et leur est bon pour relever, par l'ampleur du costume, leur apparence chétive d'êtres émaciés et pâlis ; ce ne sont que des loques maculées ; mais elles suffisent à frapper l'attention, tandis que celle-ci s'éparpille sur la plus étonnante diversité de coiffures qui se puisse voir, depuis le feutre d'Occident jusqu'à la toque de fourrure, depuis le bonnet de coton pointu, tel que le portent les paysans du Portugal, jusqu'aux chapeaux plats à grands bords, et au turban d'étoffe foncée. Parfois, à travers toutes ces guenilles, se glissent, hâtivement, des robes en velours, de riches manteaux aux couleurs chatoyantes, des houppelandes somptueuses qui tombent, flottantes, des épaules jusqu'aux pieds. Ce sont des Sephardim. Leurs maisons donnent sur les ruelles ignobles : mais l'intérieur en est luxueux et tranche singulièrement sur l'horrible désolation du voisinage. La tête panachée de chaperons richement fourrés, ils vont à « leurs affaires », à la synagogue, ou, le vendredi, au célèbre « mur des pleurs ».

Tantôt, devant une porte, assis et méditatif, on rencontre, un vieux Pentateuque à la main, un rabbin de la synagogue voisine, qui semble somnoler, en repassant dans sa mémoire quelques versets du saint livre (Fig. 52); tantôt, au fond d'une impasse, c'est un brelan de Juifs, (Fig. 53) que l'on croise, crasseux et déguenillés, avec de longues barbes hirsutes, et, s'allongeant en tire-bouchons, de chaque côté des oreilles, des papillottes grasses qui tombent sur la blancheur des tempes ; tantôt, à travers le fourmillement de tous les âges, on se heurte à quelques jeunes hommes, sur la physionomie ardente desquels l'expression de résignation muette et de souffrance familière qui est ici la caractéristique de la race a fait place à je ne sais quoi de vibrant et de passionné : types admirables, en vérité, et devant lesquels on s'arrête surpris, tant il y a de flamme concentrée dans ces yeux de vingt ans, de pureté dans l'ovale du visage et dans les lignes, de sève junévile dans la coloration du teint ; les yeux sont bleus, en général, et les cheveux, d'un blond cendré, tirant sur le jaune, parce qu'il y a eu, avec le sang slave ou tudesque, des croisements nombreux ; mais le profil persiste, avec ses traits essentiels, le nez busqué, et les lèvres lippues ; et, l'avouerai-je ? c'est presque avec un sentiment de sympathie que l'on frôle ces adolescents qui, drapés dans leurs houppelandes multicolores, jaunes, bleues, pourpre, semblent rêver de prendre tôt leur part au banquet de la vie....

Fig. 52. — Un Rabbin.

Les jours de fête et chaque vendredi, tous, sans distinction de caste, viennent pleurer sur les ruines du Temple, pleurer de vraies larmes, en songeant à la Sion glorieuse, aux pieds des vieux murs de l'enceinte extérieure qui entourait autrefois le « parvis des Gentils ». Par les ruelles sombres et les sentiers glissants du quartier malpropre et nauséabond des Maugrebins, ils accourent, dès quatre heures de l'après-midi, hommes, femmes, enfants, vieillards, rapprochés par la solidarité nationale, exaltés par la ferveur religieuse, soulevés en un mot par le patriotisme et la foi, dans l'impasse pierreuse que limite, à l'orient, longue de près de cinquante mètres et haute de vingt, la « Muraille des Lamentations », aux assises Salomoniennes. Au temps de Constantin, leurs ancêtres achetèrent de l'empereur le droit de venir pleurer en ce lieu la ruine de leur ville et les infortunes de leur race (1). Et,

---

(1) Aujourd'hui encore les Juifs de Jérusalem paient cher au Sul-

depuis des siècles, chaque semaine, de père en fils, ils sont fidèles à ce rendez-vous de la douleur. Un à un, le front bas, tassés, ils s'acheminent, en rasant les échoppes, à l'étroit couloir, où ils s'empilent : les robes de velours se mêlent là aux défroques des friperies juives cosmopolites, les riches costumes aux souquenilles inavouables. A gauche, se tiennent les femmes ; à droite, les hommes : tous, attendant leur tour pour appuyer leur front contre la haute muraille (Fig. 54), la baiser, et épancher quelques pleurs sur le sol, en psalmodiant, sur un ton lamentable, des fragments des Lamentations. En un coin, autour d'un chantre qui dit l'un après l'autre les versets (1), un groupe de Juifs répond, en branlant la tête, la réponse invariable, fatidique : « Nous sommes assis solitaires, et nous pleurons ! » Et, en effet, vraiment ils pleurent ; mais ils pleurent, avec, au fond du cœur, l'invincible espoir que Jéhovah rassemblera les enfants dispersés de Jérusalem, qu'il les consolera, et que, fidèle à l'antique promesse, il leur enverra le libérateur de Sion. Les aveugles ! Ils ne voient donc pas que le livre sacré qu'ils feuillettent porte, inscrite

Fig. 53. — Types juifs.

tan, qui le leur loue, le triste droit de venir pleurer, près de ce mur, débris profané des gloires antiques de leur race !

(1) Voici le texte de quelques-uns des versets qu'égrenne, d'une voix grave, le chantre, vieillard ou rabbin, à qui répond le peuple :

A cause du palais qui est dévasté... — Nous sommes assis, etc.
A cause du Temple qui est détruit...   »
A cause des murs qui sont abattus...   »
A cause de notre majesté qui est passée... »
A cause de nos grands hommes qui ont péri... »
A cause de nos prêtres qui ont failli...   »
A cause de nos rois qui ont méprisé Dieu... »

à chaque page, l'histoire de leur condamnation (1) ! Ils ne savent donc pas lire, dans leurs prophètes, les signes éclatants de la venue du Messie, ni comprendre que tout ces signes ont eu la réalisation la plus magnifique ! Ils ne sentent donc pas que, s'ils sont errants, et maudits, et perpétuellement odieux, c'est qu'ils portent au front l'opprobre ineffaçable de leur déicide, et qu'il pèse implacable, sur leur tête, le sang du Juste que leurs pères ont, chez Pilate, souhaité de voir retomber sur eux et sur leurs enfants ! Ah ! si jamais vœu impie fut réalisé en plénitude ce fut bien celui-là. Ils peuvent donc se lamenter et pleurer, de longs siècles encore : aucunes larmes ne sauraient effacer la tache sanglante ; et la mer elle-même y passerait, sans laver la souillure...

En quittant le mur des pleurs, je m'arrête devant la synagogue, qui est à la fois le lieu du culte, et le foyer où vient se ranimer sans cesse toute la juiverie circonvoisine. Dans le parvis étroit qui précède l'entrée du temple, tout un monde s'agite ou somnole : juifs en haillons, au crâne dénudé, qui ergotent et se disputent ; marchands appuyés sur leurs balances ou penchés sur leurs colonnes de chiffres, comme le jour où, à coups de fouet, Jésus indigné chassa, de la Maison de son Père, ces âpres brocanteurs qui la transformaient en une caverne de brigands ; petits enfants pâles et malingres, qui s'initient à la lecture des caractères sacrés, dans les anciens livres hébreux; vieillards accroupis, qui lézardent, l'œil éteint, aux rayons du soleil.

---

(1) Qu'ils relisent notamment, au IIIe livre des *Rois*, (Ch. ix, 7-9), ces paroles étonnantes, que Dieu fit prophétiquement entendre à Salomon, le jour de la dédicace solennelle du Temple : « Si vous vous détournez de moi, toi et mon peuple, je chasserai Israël de la patrie que je lui ai donnée ; je rejetterai de ma face ce Temple, que j'ai sanctifié ; et Israël deviendra la risée et la fable des Gentils. Pour tous ceux qui passeront, les ruines de son Temple seront alors un objet d'étonnement ; et ils diront, en sifflant : *Pourquoi le Seigneur a-t-il donc traité de la sorte cette terre et ce Temple ?* — Et l'on leur répondra : *C'est parce que les Juifs ont abandonné le Seigneur leur Dieu, qui les a tirés de l'Egypte, pour suivre les dieux étrangers et leur prostituer leurs adorations. Voilà pourquoi Jéhovah a fait fondre sur eux tous ces maux !* »

Au dedans, pour tout culte, la psalmodie monotone des versets bibliques, au balancement rythmique et oriental de l'échine, avec des coups de gosier gutturaux qui surprennent et font soubresauter, des glapissements imprévus en voix de fausset, et une précipitation fiévreuse ; assis sur des bancs, comme au hasard, ils sont là une vingtaine d'indigènes, presque tous très vieux, insouciants de l'impression sinistre que produit sur l'étranger la vue de leurs visages d'oiseaux de proie, d'où se détachent, ombragés d'épais sourcils, des yeux perçants de faucon. Oh ! ces Juifs de Jérusalem, combien ils sont Juifs !

Quittons ces carrefours, où l'imagination serait vite obsédée de cauchemars ; et, par les rues montantes, dirigeons-nous vers la Porte de Jaffa, pour faire, à gauche, avant de l'atteindre, une exploration rapide sur le mont Sion.

Fig. 54. — Muraille des lamentations.

Dès mon arrivée au « Grand New Hôtel », un jeune homme de vingt-quatre à vingt-cinq ans, Jean Yasmineh, m'avait offert ses services comme drogman. L'œil vif et intelligent, l'air honnête, il était porteur de recommandations nombreuses, parmi lesquelles je remarquai quelques lignes de Pierre Loti (1), et un mot très-élogieux du duc de

---

(1) Lorsqu'il fit son voyage en Orient, Loti descendit, à Jérusalem, avec ses deux compagnons de route, au *Grand new Hôtel*. En feuilletant le « Register of visitors », j'ai retrouvé leurs trois signatures, à la date du 29 mars 1894 :

Talleyrand-Périgord, duc de Dino ;

Pierre Loti (Julien Viaud), lieutenant de vaisseau, Rochefort-sur-Mer ;

Leo Thémèze, lieutenant de vaisseau, Cannes.

Dino. Je l'attachai, sans hésiter, à ma personne; et il ne me quitta plus, jusqu'à mon départ. Ensemble, nous visitâmes toutes la Ville Sainte et les environs; nous fîmes l'excursion du Jourdain et de la mer Morte; et, quand je le quittai, je bénis la Providence de m'avoir ménagé la rencontre d'un guide aussi aimable, aussi discret et aussi fidèle (1). Grâce à ses soins empressés, j'ai pu voir, à Jérusalem, une foule de coins insoupçonnés que, tout seul, on ne s'aviserait jamais de dénicher; une curieuse piscine, par exemple, qui couvre plus de trois mille mètres, et qui se trouve enclavée, presque perdue, entre des maisons, avant d'arriver au haut de la ville. Nous escaladâmes un escalier en échelle, qui donnait accès dans une sorte de café turc où nombre d'habitués dégustaient silencieusement leur moka, ou fumaient leur nargileh. Nous traversâmes la salle, en saluant; et, d'un balcon, tout à un angle de la piscine « des bains du patriarche », comme on l'appelle, je pus voir l'immense nappe d'eau intérieure. Jérusalem est pleine de pareilles surprises; mais, pour les découvrir, on a besoin d'un guide à qui elles soient familières, et qui sache à point vous en ménager la trouvaille. Vingt fois, j'ai dû à Jean Yasmineh ce savoureux plaisir.

Au sortir des ruelles grimpantes et voûtées, voici, devant nous, la Porte de Jaffa, et, à gauche, l'assemblage irrégulier des tours massives dominant un fossé, du côté de la ville, au nord, et s'appuyant, à l'ouest, sur les murailles des remparts. C'est la Citadelle, occupée par la garnison turque. Là, s'élevait, au temps des rois d'Israël, la célèbre Tour de David, « turris Davidica » : il n'en reste plus aujourd'hui une seule pierre; et les sonneries monotones des clairons ottomans y ont remplacé les superbes envolées lyriques de la harpe inspirée du Roi-prophète...

---

(1) Jean Yasmineh, catholique pratiquant, appartient à une famille patriarcale, qui habite, sur la Voie douloureuse, à la hauteur de la V⁰ station. Je ne saurais trop le recommander à la bienveillante attention de ceux de mes compatriotes qui désireront avoir, à Jérusalem, un drogman intelligent, sérieux, et absolument dévoué.

Par une route montante, qui longe l'entrée de la Citadelle, j'arrive bientôt à un grand Couvent arménien, qui s'élève sur l'emplacement du palais de Caïphe. A quelques pas plus loin, s'ouvre la Porte de Sion ; et, au-delà, toujours compris dans l'enceinte des murailles des anciennes fortifications, se développe, avec son patriarcat, son église, son séminaire, son hôtellerie, et ses magnifiques jardins, un second couvent de même rite, qui enserre, dans ses dépendances, l'antique maison d'Anne, beau-père de Caïphe (1). Tout cela est beau à voir, et fort intéressant à visiter ; les murs de l'église sont décorés de peintures et revêtus de plaques de faïences vernissées ; la sacristie est riche en vases sacrés et en ornements aux étoffes et aux broderies précieuses ; et le souvenir de S. Jacques-le-Majeur, décapité, en cet endroit, par le cruel Hérode suffi-

Fig. 55.— Intérieur du Cénacle, au Mont Sion.

(1) Au sujet du voisinage immédiat de ces deux édifices, le R. P. Ollivier a, très judicieusement, remarqué que « rien n'est plus facile à concevoir que cette *cohabitation* de Caïphe et de son beau-père, en raison de la parenté et de la participation aux mêmes fonctions, d'autant qu'elle n'exclut pas des séparations suffisantes pour la liberté de chaque pontife et de sa famille. Quand on a vu l'Orient, ajoute l'éminent Religieux, on se rend compte aisément de ce voisinage qui permet, dans une même clôture, des installations distinctes, bâtiments, cours, et jardins, pour chacune des familles ainsi groupées. Le vieux sérail de Constantinople en est un exemple, avec ses palais, ses kiosques et ses bosquets, isolés seulement par des haies ou même des sentiers, qui n'en créent pas moins des limites respectées.... La tradition, il est vrai, ne paraît pas toujours d'accord avec la critique sur ce point, et le voyageur est assez embarrassé pour faire un choix entre des assertions contradictoires, lorsqu'il franchit la porte de Sion : le mur actuel, en effet, sépare la

rait, avec celui du pieux évêque de l'Invention de la Sainte Croix, saint Macaire, à recommander un tel lieu à la vénération de tous. Mais il y a, ici, un autre souvenir qui obsède, et devant lequel pâlit toute autre impression : c'est celui de la maison d'Anne, du palais de Caïphe, et des douloureux préliminaires de la passion du Sauveur. Lorsque, à Gethsémani, les estafiers des Sanhédrites et la tourbe qui suivait Juda se furent emparés de la personne adorable de Jésus, vers minuit, silencieusement, pour ne point réveiller les habitants de Jérusalem, ils se glissèrent hors du jardin de douleur, longèrent les murs de la ville, à l'est, et, par les rues solitaires qui avoisinaient les remparts, au midi, ils l'amenèrent au grand prêtre. Or, l'Evangile a décrit, avec de minutieux détails, ces scènes de férocité sauvage. Avant d'introduire leur victime devant le tribunal de Caïphe, ils le firent entrer, dit-il, dans la maison d'Anne, son beau-père : « adduxerunt eum ad Annam *primum.* » Ce que fut ce *premier* interrogatoire, et comment il tourna à la confusion d'Anne, nous le savons encore par le texte sacré. Pris dans ses propres filets, le rusé vieillard se hâta alors de renvoyer l'inculpé à ses juges naturels, c'est-à-dire aux princes des prêtres réunis à la hâte autour de Caïphe, dans le palais du pontife suprême. Voilà donc exactement le lieu où, dans cette nuit mémorable du jeudi au vendredi, se déroula le navrant spectacle de la condamnation anticipée du Divin Rédempteur, aux cris furieux de Caïphe et de ses complices :

maison de Caïphe de celle de son beau-père, les mettant à une distance d'environ cent cinquante mètres. Mais il importe de le remarquer : le mur actuel est moderne, et les deux maisons étaient jadis, à l'intérieur de la ville, à plus de cent mètres des anciennes fortifications. Il n'y a donc aucune difficulté à réunir l'habitation d'Anne et de Caïphe sur le terrain que la tradition leur assigne, au moins depuis le IVe siècle. Ainsi comprise, avec ses cours et ses jardins, la demeure des Grands Prêtres suppose une superficie d'environ un hectare, ce qui n'a rien d'extraordinaire, surtout quand on pense au monde d'officiers, de serviteurs, de gardes, d'esclaves des deux sexes, qui vivaient autour des Pontifes. Le Louvre, à lui seul, est plus vaste que les deux palais réunis. » R. P. OLLIVIER, *La Passion*, Essai historique, pages 144-146.

« Reus est mortis ! » Ces cris de haine sanglante, on croit les entendre encore, sur les hauteurs de Sion, après dix-neuf siècles ; mentalement, on reconstruit, sur place, les scènes d'horreur ; et des larmes brûlantes viennent aux yeux, en songeant qu'ici a vraiment passé l'auguste Victime, celle-là même qui n'opposa que le silence aux insinuations perfides, aux insultes, et aux coups de ses féroces accusateurs : « Jesus autem *tacebat !* » Il faut « monter » à Jérusalem, en parcourir les ruelles tortueuses, en visiter les églises, et en interroger les pierres, pour pouvoir comprendre, dans toute sa féconde intensité, l'ineffable leçon qui se dégage de chacune des étapes de la Passion du Sauveur. Quand, une fois, on a eu le bonheur d'approcher ses lèvres à cette coupe débordante de l'histoire locale, on éprouve une double impression, dont le contraste, si singulier qu'il puisse d'abord paraître, ne laisse pas cependant d'être aussi aisé à comprendre qu'il est réel, à savoir, une impression de bienfaisant apaisement, et une impression de soif ardente : d'apaisement, en ce sens qu'un calme et une paix indicibles se glissent au plus intime de l'être, au contact des lieux sanctifiés par les souffrances du Rédempteur ; et, de soif, en ce sens que, plus elle communie à ces divines souffrances et en médite le souvenir, plus l'âme en devient avide et désire y participer encore. Après quelques jours passés dans la Ville Sainte, on n'a plus, quand sonne l'heure de s'en éloigner, qu'un rêve et qu'une ambition : y revenir, et y revenir, non plus seulement pour la revoir et y faire à nouveau une halte passagère, mais — à l'instar des Juifs émigrés de Russie et d'Allemagne, quoique avec de tout autres raisons — pour y séjourner, y vivre, et s'y endormir dans la mort, là, oui là, tout près du Calvaire et du Saint Sépulcre !

C'est sur la même montagne de Sion, au-delà de la Porte et après avoir dépassé les couvents Arméniens, qu'on trouve le Cénacle, lieu sacré deux fois mémorable par l'institution de l'Eucharistie et la descente du Saint-Esprit sur les Apôtres. Par une porte basse, on s'engage dans un passage voûté qui aboutit à une cour intérieure remplie de gardiens musulmans. La construction massive d'une mosquée, couronnée d'une coupole et flanquée d'un minaret, a remplacé l'église vénérable que Ste Hélène avait fait bâtir, au IVe siècle, sur l'emplacement du sanctuaire que les premiers chrétiens avaient dévotement élevé en ce lieu. Le cœur se serre de pitié en voyant, aux mains mahométanes, un pareil joyau ; et l'impression d'inconsolable tristesse qu'on éprouvera au Saint Sépulcre, on l'éprouve d'abord ici, au contact des infidèles. Dieu a permis toutefois que, dans leur ardeur à faire disparaître, partout où ils passent, à Jérusalem comme à Constantinople, les vestiges des monuments de notre foi, leur main impie ait respecté ici les dispositions primitives de l'édifice, telles que les avaient soigneusement conservées les premiers chrétiens eux-mêmes. S'il ne reste rien maintenant de l'ancienne « maison » de Joseph d'Arimathie (1), le « nobilis decurio » de l'Evangile, du moins y retrouve-t-on, avec le souvenir de l'église chrétienne que rappellent les deux nefs ogivales de la mosquée, le souvenir plus précieux encore de la tradition évangélique, dans les deux salles superposées qui, au temps de Jésus, formaient le Cénacle : la salle basse, où le Maître lava les pieds à ses Apôtres ; et la salle haute, la salle décorée, « coenaculum magnum stratum », où Pierre et Jean, en suivant l'« homme à la cruche d'eau », vinrent préparer le repas de la dernière Cène. L'intransigeance brutale des sectateurs du faux prophète ne permet pas aux catholiques d'élever ici la voix pour prier ; et l'on n'a pas même, au Cénacle, le semblant de liberté dont on jouit, au Saint

---

(1) La tradition, qui comble ici les lacunes voulues des Evangiles, est unanime à affirmer que le Cénacle faisait partie de l'habitation de Joseph d'Arimathie. On s'explique très bien que, au surlendemain de la Résurrection, les Apôtres, qui avaient de bonnes raisons de se défier des Juifs, « propter *metum* Judaeorum », se soient réunis, au Cénacle, c'est-à-dire, en un des coins les plus isolés sur la hauteur de Jérusalem, et dans la demeure, et comme sous la protection, d'un homme influent, à qui sa dignité et sa situation de fortune avaient permis de se présenter, la tête haute, chez le procurateur Pilate, dès l'après-midi même du crucifiement, pour réclamer le corps de Jésus, « *audacter* introivit ad Pilatum, et petiit corpus Jesu ».

Sépulcre. Mais le sanctuaire des cœurs échappe à leur vigilance farouche: on prend, intérieurement, sa revanche; et, de toute son âme, dans l'intime, on remercie le divin Sauveur qui, ayant aimé les siens jusqu'à la fin, institua ici, dans le repas d'adieu, son Sacrement d'amour, et y envoya à ses mêmes Apôtres, après son Ascension, le Suprême Consolateur. C'est au Cénacle, d'ailleurs, que, par deux fois, il se « manifesta » à eux, avant de remonter à son Père ; au Cénacle, qu'eurent lieu tour à tour l'élection de S. Mathias, à la place du traître Judas, et l'élection des sept diâcres ; au Cénacle enfin, qu'Ananie et Saphire, menteurs au Saint-Esprit, vinrent mourir, de leur foudroyante mort, aux pieds de S. Pierre. C'est bien vraiment ici le berceau sacré de l'Eglise, et le foyer d'où devait, inépuisable, rayonner la foi chrétienne...

Des hauteurs de Sion, descendons maintenant vers la Porte de Jaffa pour jeter, hors des remparts, un rapide coup d'œil sur l'agglomération moderne qui se développe, au nord-ouest de la Ville Sainte, et dont la vue impressionne si désagréablement, quand on arrive à Jérusalem. Voici d'abord, avant même de franchir la Porte, tout au haut de la rue qui longe, à droite, les bâtiments du Grand New Hôtel, le « Patriarcat latin », avec l'église cathédrale, le palais archiépiscopal qui possède une riche bibliothèque, et, tout près, la vaste école des Frères de la doctrine chrétienne. C'est presque un coin français ; et, quand on est admis à l'honneur de présenter ses hommages au vénéré Patriarche Mgr Piavi, l'on s'y croirait en effet en France, tant l'accueil de Sa Béatitude est bienveillant et paternel.

Puis, la Porte de Jaffa franchie, voici, après avoir suivi, pendant quelques minutes, la route de Jaffa, l'éparpillement, sur la colline, des grands édifices contemporains. Ici, c'est le cottage où réside le Consul de France, M. Ozépie, dont je ne saurais trop louer la gracieuse courtoisie et les délicats procédés, et qui, à force de tact et d'intelligence, a su, dès le premier jour, prendre, à Jérusalem, la très large place qu'y avait occupée son regretté prédécesseur, M. Ledoulx. Plus loin, séparé des murailles septentrionales par la simple largeur de la route qui contourne les remparts pour descendre au Cédron, c'est le magnifique établissement de Notre-Dame de France l'*Auberge de France*, comme on l'appelle déjà, fondée dans une pensée de foi et de patriotisme, bâtie avec les souscriptions et les aumônes des pèlerins, et destinée à protéger efficacement, outre les pieux visiteurs des Lieux Saints, nos établissements français de Jérusalem. Un jour viendra, qui, malheureusement, n'est pas éloigné peut-être, où l'on rendra hommage à la clairvoyante sagesse des Pères Augustins de l'Assomption, d'avoir pris l'initiative de cette intelligente création d'un grand établissement, aux portes de la Ville Sainte. Enthousiastes incorrigibles, nous nous « emballons » en effet sur une idée, sans mesurer les conséquences d'actes et de mesures dont nous ne voulons voir que le côté chevaleresque. Depuis Cronstadt (1891), nous n'avons en tête que l' « alliance russe » ; et, sans compter, nous donnons à la Russie nos sympathies et notre or. Mais, tandis que nous acclamons ses marins et que nous faisons fête à son Tsar, nous ne nous avisons pas que le colosse schismatique gagne du terrain chaque jour, et qu'une heure sonnera, heure fatale, où, sur un tiers de l'ancien monde, se posera, inéluctable, la question de prépondérance religieuse entre le catholicisme et la prétendue religion orthodoxe ; en un mot, nous ne voyons pas, nous ne voulons pas voir, qu'il existe un « péril *russe* », comme il y a un péril « protestant » et un péril « juif »,

---

(1) Notre-Dame de France, dont l'existence officielle a été reconnue par le Pacha, est déchargée de tous impôts et a droit à une église publique. Les bâtiments, contigus au grand hôpital français Saint-Louis, communiquent directement avec l'intérieur de la Ville sainte, grâce à la Porte Neuve, dont le Pacha a fait, en 1889, pratiquer l'ouverture dans l'épaisseur des remparts. Cette Porte, appelée « Porte des Francs », est, aujourd'hui, l'une des sept grandes Portes de Jérusalem, à savoir : celle-ci, la Porte de Damas et la Porte d'Hérode, au nord ; la Porte S. Etienne, à l'est ; la Porte des Ordures et la Porte de Sion, au sud ; la Porte de Jaffa, à l'ouest. On peut ajouter, à ces sept ouvertures *réelles*, une huitième Porte, mais *murée*, à laquelle n'accède, du dehors, aucun sentier : c'est la célèbre « Porte dorée » du Haram ech-Chérif, à l'est, sur le Cédron et la vallée de Josaphat.

ni que, des trois, le premier est peut-être le plus imminent, en tout cas le plus considérable ! Eh bien ! qu'on aille à Jérusalem, et on le touchera du doigt, ce péril ! On y verra, près de Notre-Dame de France — cette providentielle sentinelle qui semble dire : « Comptez sur la France ; mais comptez avec elle ! » — une véritable petite ville russe, une réduction de Russie, avec une cathédrale aux coupoles moscovites, un palais, un consulat, des hospices, et des écoles, dont les constructions colossales et somptueuses ont coûté quatre à cinq millions au Tsar ; on y trouvera, aux flancs du mont des Oliviers, une autre église et un monastère russes ; et, en ville, dans les quinze à vingt couvents Grecs schismatiques que les Russes protègent et favorisent, on rencontrera des compétiteurs acharnés contre les catholiques latins, des intrigants âpres à soulever constamment des contestations, des adversaires irréconciliables de notre foi et de l'influence française. Voilà pourquoi la fondation de Notre-Dame de France, par les Pères Assomptionistes, est vraiment venue à son heure. Il n'est que temps de nous défendre, aux Lieux Saints, contre l'invasion barbaresque des races protestantes, et surtout du schisme russe !

Un peu plus loin, sur la même colline septentrionale de la Ville Sainte, s'élève — pour borner ici cette rapide inspection — la Maison des R. P. Dominicains, qui ont mis au jour, par des fouilles habiles pratiquées dans leur propriété, le tombeau de Saint Etienne, et qui achèvent, en ce moment, d'élever une basilique au premier glorieux « témoin » du Christ. Enfin, çà et là, dans cette zône, des hôtels, des cafés, des magasins, etc., tout l'assemblage des constructions de banlieue, qui, bâties à l'européenne, avec des toits aux tuiles rouges, tranchent si étrangement sur l'aspect gris et éteint de la ville ancienne, de la vraie Jérusalem.

CHAPITRE III

LA VOIE DOULOUREUSE ET LE SAINT SÉPULCRE

E SAINT-SÉPULCRE ! Voilà, pour Jérusalem, le trésor des trésors. Hâtivement, ardemment, on s'y précipite, dès qu'on foule le sol de la Ville Sainte ; chaque jour, plusieurs fois par jour, tout le temps qu'on y reste, on revient là, avec persistance : et, lorsque, tristement, il doit s'éloigner de Sion, c'est encore au Saint Sépulcre que le voyageur, ou le pèlerin, fait sa dernière visite.

Sans doute, il ne faut point s'attendre à retrouver ici la vision concrète du Calvaire, telle qu'elle existe dans l'histoire, telle que se complaît à la reconstituer pieusement tout cœur chrétien. La colline abrupte qui s'élevait, au temps d'Hérode, par-delà la Porte Judiciaire ouverte dans le second mur qui fermait alors la ville, à l'ouest, et hors des palissades du camp (1), était formée d'une butte rocheuse,

---

(1) Saint Paul a noté cette double circonstance du crucifiement, hors de la Porte et des palissades du camp, dans un passage de l'*Epître aux Hébreux* (C. XIII, v. 12-13) : « Jésus, ut sanctificaret per suum sanguinem populum *extra portam* passus est. Exeamus igitur ad eum *extra castra*, improperium ejus portantes. » Chez les Juifs, et dans toute l'antiquité, c'était un usage constant d'exécuter

de quelques mètres seulement d'élévation, et couronnée par une plate-forme dénudée, d'où lui venait son nom de « Mont chauve », *mons calvus*, lequel avait, pour synonyme, « Golgotha », c'est-à-dire, le « lieu du crâne ». Trois des faces de ce promontoire étaient bornées par des ravins, aux flancs desquels se trouvaient deux citernes; la quatrième était limitée par la route, une route poudreuse et escarpée, qui serpentait entre de minuscules jardins, à un angle de l'un desquels on apercevait le monument funéraire que s'était fait préparer, dans le rocher vif, Joseph d'Arimathie, le riche et influent Sanhédrite. Tout cela était assez ramassé, comme cadre ; et l'on conçoit très-bien que la foule, groupée au bas du chemin rocheux du Calvaire, n'ait rien perdu des moindres détails du Crucifiement dont le drame se déroulait, devant elle, sur la plate-forme supérieure. La croix du Rédempteur, et le gibet des deux larrons qui l'accostaient, s'y dressaient, en effet, en pleine lumière, visibles à tous les yeux. Et c'est là que nous les avons toujours vus, nous-mêmes, avec les Juifs d'Anne et de Caïphe, et que nous persistons à les voir, dans l'invariable fidélité de nos pieux souvenirs.

Mais il ne faut pas oublier que la Colline sanctifiée par le sang du Sauveur et par la présence de son tombeau n'est restée telle, c'est-à-dire, une *colline ouverte* et accessible, que l'espace d'environ trois siècles. Lorsque, cédant à une inspiration providentielle, la mère de Constantin, Ste Hélène, fut venue à Jérusalem, et qu'elle y eut, en compagnie de l'évêque S. Macaire, découvert la vraie Croix et le Sépulcre du Christ, elle fit élever, au Calvaire, où s'était accomplie la miraculeuse trouvaille, une vaste église qui englobait, dans ses magnifiques dépendances, le lieu du crucifiement et le tombeau. Cette royale Basilique, brûlée par les Perses, au commencement du viie siècle,

ainsi les sentences capitales, comme en témoigne, entre cent autres, ce passage du *Lévitique* (C. xxiv, v. 23) : « Eduxerunt eum, qui blasphemaverat, *extra castra*, ac lapidibus oppresserunt.» Cf. aussi le Livre des *Actes des Apôtres*, à propos du martyre de S. Etienne (C. vii, v. 57); et, parmi les auteurs profanes, Plaute (*Miles glorios.*, ii), qui emploie la même expression : *extra portam*.

fut relevée de ses ruines, vers 620, et remplacée par trois églises distinctes, qui portaient respectivement les noms d'église du Calvaire, de l'Invention de la Croix, et de la Résurrection. Or, ravagés, à leur tour, par des incendies ; puis, profanés et détruits par les Sarrasins, ces sanctuaires furent enfin reconstruits par les Croisés, qui les englobèrent dans une immense Basilique romane, à laquelle ils donnèrent le nom définitif d' « Eglise du Saint-Sépulcre ». C'est ce monument granitique qui est parvenu jusqu'à nous, et que nous vénérons aujourd'hui. Il a subi assurément, dans la suite des siècles, bien des vicissitudes, et reçu de nombreuses additions et modifications de détails : mais, dans son ensemble, le Saint-Sépulcre actuel reste l'œuvre de la foi et du génie des Chevaliers du Credo ; ses murs ont été élevés, aux cris traditionnels de « Dieu le veut » ; et, sous sa coupole et dans ses dépendances, se trouvent mystérieusement abritées les Saintes Reliques

Fig. 56. — Arc de l'Antonia.

les plus chères à nos cœurs. La libre-pensée et une critique méticuleuse pourront bien, en effet, semer des doutes, à propos de la proximité excessive qui existe, au Saint Sépulcre, entre l'endroit du crucifiement et le lieu du tombeau ; entasser des objections, au sujet du terrassement qui met de niveau, aujourd'hui, la place où le Sauveur a été dépouillé de ses vêtements, et la roche où fut plantée la Croix ; argutier sur l'authenticité de la Pierre de l'Onction, et s'insurger orgueilleusement, contre nos croyances et nos traditions, au nom de la raison sceptique, et au nom de la « science » ! Qu'importe ? Toute l'argumentation hostile croule par la base, devant ces deux faits indéniablement historiques, que nous sommes, ici, sur la colline rocheuse du Golgotha, « extra portam », et « extra castra »; puis, que, sur cette colline, le divin Rédempteur a vraiment subi le supplice du Crucifiement, et a rendu le dernier soupir. Nous sommes donc, authentiquement, sur le lieu de la scène du grand divin drame : à quelques mètres près, en plus ou en moins, nous nous trouvons, réellement, là où s'en est accompli le dénouement ; et nous ne saurions pas plus nous embarrasser de la mesure variable de quelques mètres de terrain que de l'authenticité discutée de quelques pierres, pour hésiter à affirmer que le Saint Sépulcre est pour nous, tout ensemble, le lieu à jamais béni et consacré du supplice du Sauveur, de sa mort, de son ensevelissement, et de son ineffable résurrection ! Nous allons nous acheminer à ce lieu des divines souffrances par une route dont le choix s'impose, celle-là même que l'auteur de l'Imitation, au terme de son IIe livre, a éloquemment appelée la « route royale de la Sainte Croix », la « Voie douloureuse » !

A l'angle nord-ouest du Temple, sur l'emplacement du palais de Bireh, ou de Baris, élevé par les Machabées, à l'endroit où se trouvaient les anciennes fortifications de David, le premier Hérode avait fait construire, au Ier siècle avant notre ère, une Citadelle formidable, formant un quadrilatère de cent mètres de côté, et flanquée, aux quatre angles, de tours massives reliées par des courtines. Dédiée à Marc-Antoine, cette forteresse avait reçu le nom de *Tour Antonia*, « Turris Antonia », qui se retrouve en effet au Ve livre des « Histoires » de Tacite. Mais, tout en pourvoyant à la sûreté de sa personne, Hérode n'avait pas négligé de rendre agréable le séjour de ce camp : au pied des tours, reliées par des galeries et peuplées de sentinelles qui faisaient le guet sur le chemin de ronde, s'élevait un Palais enrichi de tout ce que le génie grec avait pu y ajouter aux raffinements du luxe oriental, riches mosaïques, bosquets d'arbres rares, et fontaines aux eaux jaillissantes ; puis, en avant du Palais, s'ouvrait, sous une triple arcade de portiques, l'atrium, c'est-à-dire, une vaste cour pavée de dalles rougeâtres. Lorsque, après la disgrâce d'Archélaüs (7 ap. J.-C.), la Palestine fut réduite en province romaine, les procurateurs de César prirent possession de la forteresse et s'y installèrent dans le Palais, pendant que les cohortes de la garnison se casernaient dans les tours.

Or, c'est là que, au matin du vendredi de la Passion, vers sept heures, nous voyons les Sanhédrites amener leur victime à Pilate. Lorsque, après le triple interrogatoire consigné dans les Evangiles, le lâche magistrat eut prononcé la fatale sentence, par l'arc central de l'Antonia, Jésus sortit de l'atrium, où s'étaient déroulées les scènes lugubres du prétoire, et, sa croix sur l'épaule, il s'achemina vers le Calvaire. Aujourd'hui, sur l'emplacement du prétoire, s'élève une caserne turque, avec ses corps d'habitation et ses cours. Toutefois, avant de gravir le plan incliné qui, sur le

Fig. 57.
Voie douloureuse, v^e et vi^e stations.

côté droit de la rue, y accède, on passe sous un arceau qui porte, et peut bien porter en effet, le nom d' « Arc de l'*Antonia* » (Fig. 56), puisque nous sommes ici sur le lieu où s'élevait la célèbre tour ; mais qu'on ne saurait, sans inexactitude, nommer « l'Arc de l'*Eccehomo* », comme on le répète encore quelquefois. Cet Arc, en effet, est une simple construction romaine, et les archéologues hésitent sur la date précise qu'il convient de lui attribuer : les uns le font remonter jusqu'à Titus, et rattachent sa construction au triomphe de l'empereur, en 70 ; les autres, plus voisins peut-être de la vérité, y voient simplement les restes d'un portique triomphal que sainte Hélène aurait fait élever, tout à l'entrée de la Voie douloureuse. D'une ou d'autre façon, rien n'autorise à affirmer que nous avons ici le balcon du haut duquel, au témoignage de saint Jean (1), Pilate aurait montré Jésus à la foule : tout au plus pourrait-on se risquer à soutenir que c'en est à peu près l' « emplacement ». Il faut, ce semble, tenir le même langage et garder la même prudente réserve, à propos des cintres secondaires dont le solide appareil domine et encadre l'autel de la chapelle, dite de l' « Ecce homo », dans la Maison voisine (2) des Religieuses de Notre-Dame de Sion. Mais, par contre, voici, dans la même Maison, un précieux dédommagement : c'est, en une pièce basse, voisine du réfectoire des orphelines, l'exhumation authentique d'une section de la Voie douloureuse. On touche, là, de ses doigts, que dis-je ? de ses lèvres, et l'on baise avec vénération la vraie route royale de la Croix : sur ces larges dalles de granit (3), rayées de petits sillons longitudinaux où la dent du ciseau a laissé l'empreinte de sa morsure pour les rendre moins glissantes au sabot des chevaux, le Sauveur a posé ses pieds et laissé peut-être tomber quelques gouttes de son sang. Car, si le tracé exact de la Voie douloureuse n'a pas été sensiblement modifié dans son ensemble, la voie elle-même, l'antique voie primitive, a disparu à peu près totalement sous l'accumulation séculaire des décombres et des exhaussements successifs du sol ; on est donc d'autant plus ravi de pouvoir, dans le sous-sol du monastère, en contempler, de ses yeux, un fragment authentique.

(1) S. JOAN., C. XIX, v. 4-5 : « Exivit ergo iterum Pilatus foras, et dicit eis : Ecce adduco vobis eum foras, ut cognoscatis quia nullam invenio in eo causam. Exivit ergo Jesus, portans coronam spineam, et purpureum vestimentum. Et dicit eis : *Ecce homo !* »
(2) Fondée par le R. P. Marie-Alphonse de Ratisbonne, le juif converti de l'église S. André delle Fratre, de Roma, cette maison se trouve en face de la caserne, et reliée à elle par l'Arc de l'Antonia. Les Religieuses de Sion s'y dévouent, dans un orphelinat, à élever une centaine de pauvres indigènes de toutes religions, et, dans un pensionnat annexe, à donner une éducation distinguée à l'élite des jeunes filles de Jérusalem. Le Français est accueilli, à Notre-Dame de Sion, avec toutes sortes d'égards.
(3) C'est exactement ce que le texte grec de l'Evangile désigne sous le nom de Λιθόστροτος.

Entre des murs, piqués çà et là d'une maison fermée ou d'une chapelle, la voie dévale, de l'est à l'ouest, jusqu'à sa jonction avec la rue qui, du nord, descend de la Porte de Damas, et traverse la Ville Sainte jusqu'aux remparts du midi. C'est là, à un ressaut de terrain (1) assez élevé pour devenir un obstacle à qui montait et un danger à qui descendait, surtout si l'on n'avait pas la liberté de ses mouvements, c'est là, dis-je, que, chargé de sa Croix, pour la première fois, le Sauveur s'affaissa sur le sol. Un homme, un bienheureux homme qui, à cette heure, revenait des champs, Simon de Cyrène, sentit la main des soldats se poser sur ses épaules, et fut requis d'aider la victime à porter le bois de son supplice. Sur un terrain plus égal, le cortège reprit alors sa marche. Or, quelques pas plus loin, par une ruelle latérale qui aboutit aujourd'hui à la prison d'Etat, débouchait, entre l'Apôtre saint Jean et un groupe de femmes compatissantes, la Mère désolée du Sauveur (2). Jésus la vit, comme elle le vit elle-même : avec une force de tendresse dont la mesure nous échappe, ils échangèrent un regard où passa toute leur âme ; et Marie tomba, défaillante, aux mains de Madeleine et de l'Apôtre bien-aimé...

Fig. 58. — Escalier, pour descendre, de l'ouest, au parvis du Saint-Sépulcre.

Quand la Vierge revint à elle, Jésus avait passé : le cor-

---

(1) Cet accident de terrain existait encore, au même endroit, il y a une quinzaine d'années. Depuis, le sol a été à peu près aplani, et la jonction des deux routes mieux ménagée.

(2) Les Evangélistes se sont tus sur cette rencontre. Mais, outre que le fait repose sur la tradition la plus constante, il est trop dans la nature des choses, trop dans l'ordre humain et divin tout ensemble, pour qu'on puisse raisonnablement le révoquer en doute.

tège avait tourné, à droite, à quelques pas de la maison du mauvais riche; et, maintenant, il gravissait la rue montante, à moitié ouverte et ponctuée d'arceaux, à moitié voûtée, qui conduisait à la Porte Judiciaire. C'est dans cette rue, orientée, comme le premier tronçon de la Voie douloureuse, de l'est à l'ouest (Fig. 57), que Jésus, soudain, reçut un nouveau témoignage de sympathie empressée et touchante. Du fond de sa demeure, une femme accourut, tenant dans ses mains un linge trempé d'eau fraîche, qu'elle porta respectueusement au visage du Maître couvert d'une couche de poussière délayée dans le sang et les larmes. Ranimé par cette marque de compatissance, Jésus appliqua lui-même à son front le suaire qu'on lui tendait; puis, il le rendit, avec un regard de divine gratitude. Tout cela s'était fait avec la rapidité de la pensée. Les soldats écartèrent la femme pieuse, tandis que les bourreaux relevaient la Victime et que la porte de la maison se refermait pour soustraire aux injures celle qui osait, à l'encontre des prescriptions pharisaïques, montrer de la sympathie au « séducteur ». Mais, quelle était cette femme? Les Evangélistes, qui ont passé ce fait sous silence, ne nous disent point son nom. L'évènement cependant ne paraît ni douteux, ni invraisemblable. Les négations de la critique rationaliste ne sauraient prévaloir contre la tradition et la croyance séculaires de l'Orient, affirmées, dès le IVᵉ siècle par Eusèbe; ni contre ce fait que l'Eglise romaine se prétend, de temps immémorial, en possession du « suaire » qui servit à rafraîchir le front du divin Maître, et qu'elle présente à la vénération des fidèles. La même tradition est unanime à reconnaître, dans la femme de cœur qui accomplit cet acte de courageuse pitié, une gallo-romaine, Véronique, épouse de Zachée le publicain (1). Quelle fut l'incomparable récompense de sa

---

(1) Quand on se rappelle la visite que le Maître avait daigné faire, un jour, à Zachée, dans sa maison de Jéricho, avant que le publicain ne vînt habiter Jérusalem, on est d'autant plus touché de la pitié compatissante de Véronique pour le Sauveur, au jour des grandes tribulations. Cette apparition soudaine de la femme du publi-

générosité, on le sait. Lorsque, rentrée dans sa demeure, tremblante encore d'émotion et de crainte, Véronique déploya le linge où elle s'attendait à trouver des traces de sang, elle y aperçut, ô prodige ! la face du Sauveur nettement dessinée. Le front pâle, les paupières closes, les joues meurtries, les lèvres tuméfiées, la barbe souillée semblaient peintes, sur la toile, par une main puissante qui les y avait indiquées, à grands traits, préoccupée surtout de l'effet général, auquel ajoutait la teinte sombre de l'ensemble.

Véronique se hâta d'enfermer son trésor dans un coffre de bois de cèdre ; et, protégée visiblement par la Providence, la « Sainte Face » a pu traverser, sans dommage, la longue suite des siècles : on vénère aujourd'hui, à Roma, dans la Basilique Vaticane, cette relique insigne. Quant à la maison de Véronique, elle a été transformée en Chapelle. A cause de l'exhaussement du sol, on descend, par plusieurs degrés, dans le Sanctuaire de la Sainte Face, que desservent les Grecs-Unis ; mais, tandis qu'on y prie, comme on prie là-bas, on remercie tout particulièrement Dieu d'avoir mis, autrefois, au cœur d'une Gauloise, cette généreuse pensée de compatissance (1) !

Fig. 59.
Façade latérale du Saint-Sépulcre.

Par la partie voûtée de la ruelle tortueuse, on arrive enfin à l'ancienne Porte Judiciaire, qui, en ce temps-là, marquait ici la limite extrême des murailles de la ville, à l'ouest. Le mont Gareb, dont le Calvaire forme un des

---

cain au milieu des soldats et des gardes, sur la Voie douloureuse, n'a-t-elle pas en effet la saveur délicate d'un « rendu de visite » au divin Prophète qui avait, le premier, pris en pitié Zachée, à Jéricho ?.

(1) Cf. R. P. OLLIVIER : *La Passion*, Essai historique, Liv. IV, ch. 2°.

premiers plans, se trouvait en dehors de l'enceinte de Jérusalem, qui s'étendait alors beaucoup plus vers le sud. Aujourd'hui, au contraire, et depuis des siècles, le Calvaire et les hauteurs de Gareb, à l'ouest et au nord, se trouvent enclavés dans la cité. Devant la Porte, le cortège fit halte, et les soldats attachèrent, à l'une des colonnes du portique, la sentence fulminée par le procurateur Ponce Pilate contre le « Roi des Juifs ». Mais, pendant cet arrêt, la Victime défaillit, une fois encore, la seconde : souvenir éloquent, dont on a gardé la mémoire en élevant, à cette place, un édicule, où se voit la colonne de pierre grise à laquelle fut fixée l'abominable sentence. Au-delà, c'est-à-dire, hors de la Porte et des palissades du camp (1), tout près du Calvaire, Jésus rencontra le groupe des pieuses filles de Jérusalem, dont les larmes et les soupirs disaient assez leur tendre participation aux souffrances du condamné : rompant, pour elles, le silence qu'il avait gardé depuis sa sortie du prétoire de l'Antonia, il laissa tomber de ses lèvres, contre la ville déicide, les paroles terribles que le prophète Osée avait déjà, quoique inutilement, cherché à faire entendre aux Juifs. Puis, de plus en plus affaiblie, dans la chaleur étouffante du milieu du jour, péniblement, la Victime monta la pente du Golgotha et en atteignit la plate-forme : mais, une troisième fois, ses forces la trahirent, et, abattue par une dernière défaillance, lourdement, elle roula sur le sol, avec sa Croix (2).

Ce n'étaient cependant encore jusqu'ici que les préludes du drame : le drame lui-même, l'horrible drame, allait, trois heures durant, se dérouler sur le Calvaire. Pénétrons donc maintenant dans la Basilique du Saint Sépulcre, où

(1) Au-delà, sans doute, mais assez près des murailles de l'enceinte, car, selon la remarque de l'Evangéliste S. Jean (c. XIX, v. 24), les Juifs lisaient nettement, des remparts, l'inscription du « titulus » de la croix : « Hunc ergo *titulum*, dit-il, multi Judaeorum *legerunt*, quia *prope civitatem erat locus*, ubi crucifixus est Jesus : et erat scriptum hebraice, graece, et latine ».
(2) L'emplacement de cette station de la Voie douloureuse, la IXe, se trouve dans le Couvent Cophte, mitoyen au Saint-Sépulcre. La scène des cinq dernières stations du Chemin de la Croix se passe au Saint-Sépulcre lui-même.

nous allons retrouver, divinement vivants, tous les immortels souvenirs de la fin de la Passion, de la Mort, et de la Résurrection du Sauveur.

Nous sommes arrivés au Saint Sépulcre, en partant de la Tour Antonia, à l'est, et en suivant la Voie douloureuse, qui se confond d'ailleurs avec la voie publique. Quand on s'y achemine, au contraire de l'ouest, par la Porte de Jaffa et les quartiers de la ville haute bâtie aux flancs du Mont Sion et du Mont Gareb, on aboutit, après maints détours, à une porte surbaissée et étroite, où il faut faire queue pour passer : l'écluse franchie, on se trouve au haut d'une sorte d'escalier inégal de plus de vingt marches, qui, entre des murs tapissés à perpétuité de mendiants, rejoint, au bas, la Voie douloureuse et débouche, à gauche, sur la cour, ou parvis, du Saint Sépulcre (Fig. 58). En face, est l'entrée de la Basilique ; à l'arrière, un peu à droite, le Moûristan, c'est-à-dire, l'ancien établissement des Chevaliers de S. Jean de Jérusalem, où s'élève aujourd'hui, avec son clocher disgracieux et dépaysé parmi toutes ces coupoles, le fameux « temple » du Rédempteur, temple luthérien (1), dont l'empereur d'Allemagne est venu, à sons de

(1) L'église du Rédempteur ne répond, à Jérusalem, à aucun besoin du culte, car il n'existe pas, dans la Ville Sainte, de besoins du culte protestant. Il y avait déjà un temple protestant, qui jamais ne s'est rempli, car la population allemande de Jérusalem ne dépasse guère cinq cents âmes. Or, la colonie du temple en prend, à elle seule, quatre cents. Que va-t-il donc rester vraiment pour «peupler» l'église nouvelle?.. Mais ces considérations, quelque élémentaires qu'elles puissent paraître, ne sont point faites pour ralentir l'ardeur du prosélytisme schismatique. A Jérusalem, comme partout, se dresse aujourd'hui le « péril protestant ». Si l'on en veut une preuve éclatante, la voici. L'église du Rédempteur, cette église dont le besoin ne se faisait nullement sentir, n'était pas encore consacrée, que Guillaume II recevait une offre de 30.000 marks, soit, en chiffres ronds, 36.500 francs, de l'Association Gustave-Adolphe, pour la construction d'un *autre* temple allemand, à Jérusalem. Cela surprendra peu, si l'on se rappelle que le programme de ladite Association pivote sur ces deux principes : germaniser par le protestantisme, et protestantiser par le germanisme. Chacun sait combien fidèlement, hélas! ce programme endiablé a été suivi, en Alsace-Lorraine, depuis 1871.

trompe, présider la solennelle dédicace, à l'automne de 1898 (1).

Par deux ou trois marches, on descend, en se découvrant avec respect, sur la « place » de la Basilique. Le parvis sacré de cette cour, où surgissent encore çà et là,

(1) Pendant trois mois, c'est-à-dire, avant, pendant, et après, il n'a été question plus rebattue, dans tous les journaux, que celle du voyage de l'empereur Guillaume et de l'impératrice, en Orient (oct.-nov. 1898). En Syrie, depuis le commencement de septembre, on poussait activement les préparatifs pour la réception des hôtes couronnés du Sultan : l'on chargeait les routes, on blanchissait les casernes, et l'on dressait fiévreusement le programme des fêtes prochaines, au risque de grever démesurément le budget des finances ottomanes, en général, et de réduire, en particulier, à la misère, les pauvres habitants de la Palestine conviés à l'honneur inespéré de recevoir le Kaiser. Les résultats auront-ils répondu à l'attente? Il est permis d'en douter. Annoncé aux sonneries des fanfares, le voyage impérial s'est trouvé réduit, pratiquement, à la consécration de l'église du Rédempteur, et à l'acquisition du terrain de la « Dormition de la Sainte Vierge ». Toute cette démonstration bruyante, entreprise peut-être avec l'arrière-pensée secrète de battre en brèche l'influence française en Orient et d'y substituer, si possible, l'influence allemande, n'a donc eu, à ce point de vue, que d'insignifiantes conséquences. Sans doute, plus que jamais, la France doit avoir l'œil ouvert, en Syrie, et s'y tenir en garde contre la propagande allemande; mais, en réalité, l'on n'a point vu, comme il l'escomptait peut être, les populations se livrer, de confiance, pieds et poings liés, à l'empereur. Ce qu'il y a en somme de plus intéressant à retenir de cette tapageuse chevauchée maritime, ce sont les discours et télégrammes, prononcés et échangés, à l'occasion des cérémonies. Ces pièces sont documentaires : il est donc utile d'en consigner ici le texte.

Or voici, d'abord, un fragment de l'allocution que l'empereur lut, le 1ᵉʳ novembre 1898, dans l'église luthérienne, après la consécration de l'édifice : « ... C'est de Jérusalem, dit-il, qu'est venue la lumière à la clarté de laquelle le peuple allemand est devenu grand et glorieux, et qui a inspiré à la nation germanique *un amour du prochain allant jusqu'au sacrifice de soi-même*. Aujourd'hui, comme il y a près de deux mille ans, c'est à Jérusalem que doit retentir le cri exprimant le plus ardent espoir de tous les hommes : *Paix sur la terre.* »

Cela ne laisse pas d'être piquant. On ne voit pas en effet très-bien comment la lumière *luthérienne* est « venue de Jérusalem »; ni, si elle n'en est point venue, comment un Prince, disciple d'un moine révolté contre l'Eglise, Epouse de Jésus-Christ, peut se réclamer d'un passé de « deux mille ans », alors que Luther date seulement du XVIᵉ siècle. Mais, passons !

La veille, 31 octobre, l'empereur avait été reçu, à l'entrée de la Basilique du S. Sépulcre, par les trois Patriarches latin, grec, et armé-

parmi les pavés, quelques débris enracinés des colonnes qui supportaient, au iv⁰ siècle, la superbe église constantinienne, est encombré d'une étrange clientèle de pauvres et de loqueteux, de vendeurs ambulants d'objets de piété et de cicerones, à travers les rangs desquels le visiteur peut à

nien, qui, à tour de rôle, l'avaient harangué, avant de recevoir, de Sa Majesté, les plus hautes distinctions honorifiques. Or, l'allocution de S. B. Mgr. Piavi, patriarche latin, est particulièrement curieuse. On se demande, non sans quelque surprise, en la lisant, ce que Sa Béatitude aurait bien pu dire si, au lieu d'avoir en face d'elle un prince *huguenot*, venu à Jérusalem pour la consécration d'un temple protestant, elle s'était adressée à un roi *catholique* :

« Le pieux hommage que Vos hautes Majestés sont venues apporter à notre Sauveur est *un si grand acte de dévotion qu'il éveille l'admiration*. Il montre qu'un profond sentiment religieux anime les cœurs de Vos Majestés. Dans un temps d'indifférence religieuse, l'exemple que donnent ainsi Vos Majestés est véritablement de l'ordre le plus élevé, et ne manquera pas d'avoir les conséquences les plus fortunées pour la considération du nom chrétien.

« Nous sommes assurés que le Dieu tout clément répandra sur Vos hautes Majestés les bénédictions les plus fructueuses et accédera à nos vœux et à nos prières, formés de tout cœur pour la prospérité de Vos Majestés impériales et royales, pour votre bonheur, pour qu'il vous soit accordé une longue vie à la plus grande gloire de Dieu, et pour le plus heureux sort du peuple que la Providence a confié à la sage et équitable direction de Vos Majestés. »

Enfin, le 2 novembre, après avoir acquis, de son « ami » le Sultan, le terrain de la Dormition, l'empereur adressait au Souverain Pontife Léon XIII ce télégramme :

« Je suis heureux de pouvoir porter à la connaissance de Votre Sainteté que, grâce à l'entremise bienveillante de Sa Majesté le Sultan qui n'a pas hésité à me donner cette preuve d'amitié personnelle, j'ai pu acquérir à Jérusalem le terrain dit de la Dormition de la Sainte Vierge. Et j'ai décidé de mettre ce territoire, consacré par tant de pieux souvenirs, à la disposition de mes sujets catholiques, notamment de l'Association allemande catholique de la Terre Sainte. Il a été doux à mon cœur de prouver, en cette circonstance, combien me sont chers les intérêts religieux que la divine Providence m'a confiés. Je prie Votre Sainteté d'agréer l'assurance de mon sincère attachement. »

Par la même voie, le Pape répondit à l'empereur :

« Nous sommes touché de la dépêche courtoise que Votre Majesté a bien voulu Nous adresser pour porter à notre connaissance sa décision de donner à ses sujets catholiques le territoire de la Dormition de la Sainte Vierge qu'elle a acquis à Jérusalem. En témoignant notre vive satisfaction, Nous sommes sûr que les catholiques seront très reconnaissants à Votre Majesté ; et nous aimons à joindre à ceux des autres nos remerciements les plus sincères. »

peine, à certaines heures, se frayer un chemin. Tout cela sent terriblement la vétusté, la misère, l'abandon, et jette dans l'âme une impression d'indéfinissable mélancolie. Eh quoi ! est-ce donc là le tombeau *glorieux* prédit par le prophète, « erit sepulcrum ejus gloriosum » (1), ce tombeau dont on a rêvé depuis son enfance ? Cette triste cour, cette vieille église délabrée, ces hautes murailles sombres qui surplombent la place, cette masse effritée enfin qui forme la façade de l'édifice, tout cela est-ce bien réellement « le Saint-Sépulcre » ?... On se le demande, avec une sorte d'angoisse, quand, pour la première fois, se dresse, devant les yeux, la silhouette de l'édifice sacré. C'est que en effet, sans parler des ravages du temps et de la main des hommes, qui ont ici marqué cruellement leur empreinte, il n'est rien moins qu'aisé, lorsqu'on la regarde par le dehors, de se faire quelque idée exacte de la Basilique, sous le rapport architectural. Vous vous attendiez à trouver une église majestueuse, aux grandes lignes hardies et aux proportions gigantesques, que l'œil aurait embrassées d'un seul regard ; et vous avez devant vous un sanctuaire, immense sans doute, mais enclavé, enserré, et comme étouffé, dans les ramifications fantaisistes et désorientantes d'une foule de chapelles, dans l'enceinte triple d'un monde de couvents, et dans le dédale d'une foule de dépendances : pas de proportions ; partant, pas d'unité. Mais la surprise ne dure qu'un instant, l'espace d'un éclair : à défaut de la foi, la mémoire intervient bien vite pour rappeler au visiteur les singulières vicissitudes subies, depuis dix-neuf cents ans, par la royale Basilique. C'est, dans la première moitié du IIe siècle, l'empereur Adrien, qui, dans ce lieu béni que la vénération des premiers évêques de Jérusalem désignait assez exactement à sa haine de païen, a l'impudeur de faire élever, sur le Golgotha, des temples à Jupiter et à Vénus. C'est ensuite, au temps de Constantin, l'impératrice Hélène, qui fait raser les constructions impies et jette, à la même place, les arceaux aériens et superbes de sa basilique.

---

(1) Isaïe, c. xi, v, 10.

C'est le moine Bethléhémite, Modestus, qui répare, au VIIe siècle, les ruines accumulées par le passage des Perses de Chosroès. C'est ensuite, après les désastres de l'invasion mahométane, le monument élevé par les Croisés qui groupent, en un seul édifice, les différents sanctuaires bâtis jusque-là. Et c'est enfin, depuis le XIIe siècle, la série ininterrompue des chapelles, sacristies, cellules, etc. qui peu-à-peu, sont venues s'adjoindre, et comme se greffer, sur l'œuvre primitive. Qu'importent donc, quelle qu'en soit d'ailleurs la réelle valeur intrinsèque au point de vue de la perfection architecturale, qu'importent ici, et la pureté des lignes, et l'élégance des proportions, et la richesse des matériaux ? Tout ne pâlit-il pas devant cette donnée, unique et écrasante, que, si irréguliers, effrités et miséreux soient-ils, les murs s'élèvent

Fig. 60. — Emplacement du Calvaire.
(Chapelle des Grecs orthodoxes).

sur l'emplacement du Calvaire et abritent les plus ineffables souvenirs de notre sainte Religion ?..

L'âme rassérénée, après un premier moment de surprise, on franchit donc l'énorme porte romane du XIIe siècle, à l'encadrement archaïque, et, avec une émotion bien facile à comprendre, on se glisse dans le saint lieu (1). L'espèce

---

(1) L'entrée du Saint-Sépulcre est gardée, à l'intérieur, par des mahométans. Ce ne sont point des soldats, mais des laïques, sans aucun appareil militaire : étendus, à gauche, sur un divan, le nargileh à la bouche et le collier aux perles d'ambre dans la main, ils président, drapés en des robes multicolores, au bon ordre des entrées et des sorties ; polis et très-débonnaires, ils sont même susceptibles de devenir courtois, au moindre backchich. Le soir venu, ils ferment, non pas avec des clefs, mais avec une primitive traverse de fer, la

de désillusion éprouvée, tout-à-l'heure, en débouchant à l'entrée du parvis, a eu du moins cela de salutaire qu'elle a préparé le visiteur aux surprises nouvelles que tient en réserve la vision intérieure : déjà, il ne s'attend plus autant à trouver un monument symétrique, où tout relèverait d'un plan primordial ; et ce n'est pas un médiocre bénéfice que de pénétrer en effet dans la Basilique, avec une telle disposition d'esprit. Avouons-le néanmoins sans détour, et en toute sincérité : la réalité dépasse, comme imprévu et fantaisie, tout ce que l'on aurait pu concevoir, y eût-on mis la plus large indulgence.

Imaginez un dédale de coupoles, de chapelles, de couloirs et de cryptes ; une juxtaposition inouïe de sanctuaires, où l'on accède tantôt par vingt marches d'un raide escalier, tantôt par des inclinaisons tortueuses et glissantes ; une série d'enfoncements obscurs et de coins mystérieux, où sont accumulés les vieux argents éteints et les mosaïques délabrées ; une forêt de portiques et de colonnades, avec des reculs imprécis où l'on croit apercevoir comme des entrées de labyrinthes ; une quantité de petites portes étroites et de soupiraux conduisant à des souterrains, ou encore, des rampes invisibles par lesquelles on s'élève jusqu'aux combles. Jetez à travers l'assemblage des chapelles, dans ces profondeurs insoupçonnées, le tremblottement de mille cierges et le scintillement d'innombrables lampes, dont les feux arrachent, aux ors des murs et aux mosaïques, des myriades d'étincelles. Sous ces voûtes, à travers l'espace, mettez tous les parfums d'Orient, qui s'exhalent des vieux encensoirs ; faites-y planer, délicieusement douce dans le tamisage du lointain, l'harmonie ininterrompue des chants et des prières : et, peut-être, vous aurez quelque idée de l'impression étrange, indéfinissable, qu'éprouve le pèlerin, lorsqu'il entre pour la première fois sous la cou-

---

lourde porte ; et en voilà jusqu'au lendemain. Les prêtres qui veulent dire la messe, à une heure matinale, sont donc obligés de se plier à la consigne, c'est-à-dire, de se laisser enfermer au Saint-Sépulcre, pour y attendre, dans les cellules des hautes galeries, l'heure qui leur a été assignée par les Religieux de leur rite.

pole du Saint-Sépulcre. Etonné, presque ahuri, il se frotte les yeux pour s'assurer qu'il n'est point le jouet d'un songe, et se convaincre que la vision qu'il a sous les yeux est bien quelque chose de réel. Elle est réelle, en effet, et tout-à-fait concrète, la vision incroyable ; et, à elle seule, elle fournit la plus magnifique preuve de la vénération et de l'amour que ces lieux ont provoqués, depuis vingt siècles, dans l'humanité. Car enfin, si l'on peut regretter, si même l'on doit regretter amèrement, que le Tombeau du Christ ne soit pas la propriété exclusive, et comme le trésor réservé, du Catholicisme, il me plaît de voir, dans la présence des Grecs et autres frères égarés, qui ont ici, à côté des nôtres, leurs autels et leurs rites, des témoins vivants de l'amour passionné que le Sauveur ressuscité a su divinement inspirer aux âmes : le soin jaloux avec lequel ils revendiquent leur place, auprès du Tombeau glorieux, est une marque solennelle de la place que le Christ occupe dans les cœurs. Parcourez d'ailleurs cet immense dédale : prêtez l'oreille à ces psalmodies suppliantes ; suivez ces longues processions, où l'or et la soie des tuniques sacrées se mêlent aux haillons des mendiants ; assistez aux offices qui se succèdent, devant les autels ; observez ces hommes, ces femmes, qui dévotement s'agenouillent pour baiser les pierres ; contemplez ces groupes pieux, qu'on croirait détachés d'un tableau des peintres primitifs ; surprenez, dans les angles mystérieux, ces pauvresses qui pleurent, en joignant les mains : et dites s'il existe quelque part, dans le monde, un lieu où la foi s'affirme plus totale, où la prière soit plus perpétuelle, où l'amour monte vers le ciel avec des supplications plus touchantes !

Ah ! si ce n'est point là la Basilique de nos rêves, c'est indiscutablement, quand on l'a vue, la Basilique par excellence, où la présence du Saint Sépulcre explique tout. La première impression d'étonnement dissipée, on ne la conçoit plus sous une autre forme ; on l'aime, telle quelle, avec sa disposition étrange et ses ramifications indéfinies ; et l'on s'y attache, jusqu'à ne plus pouvoir la quitter.

C'est que, abstraction faite des souvenirs qu'éveillent chacun de ses moindres angles, elle abrite trois monuments, — trois perles, devant lesquelles, tour-à-tour, nous allons maintenant, avec bonheur, nous arrêter, en continuant, ici, pour ainsi dire, les « stations » de la Voie douloureuse.

A quinze ou vingt mètres du grand portail qui donne accès dans la Basilique, au fond du vestibule, au-delà et à gauche de la « Pierre de l'Onction », deux rampes d'escaliers, raides comme des échelles, conduisent dans la chapelle haute, élevée en partie (1) sur la plate-forme du Calvaire, et fermée à l'avant par un péristyle d'où la vue embrasse la masse confuse des chapelles inférieures. En prenant, à droite, sous la grande coupole de la rotonde, le premier escalier qu'on rencontre, on monte directement dans le sanctuaire vénéré où la tradition, d'accord avec l'histoire, a placé le lieu des xe et xie stations du Chemin de la Croix. Ce sanctuaire, qui forme comme une « tranche » latérale de toute la Chapelle haute (2), appartient aux Latins : la seconde tranche adjacente est au contraire la propriété des Grecs ; elle ne se trouve d'ailleurs séparée de la précédente que par deux piliers. Or, autant le sanctuaire des Grecs est rutilant de feux et de dorures archaïques, autant celui des Latins, dans le délabrement de ses piliers et de ses murailles, affecte une simplicité sévère, dont l'harmonie est parfaite avec le souvenir des sombres événements qui se sont accomplis en ce lieu. Des incrustations de marbre indiquent, dans le pavé, l'endroit où Jésus, dépouillé de ses vêtements, fut cloué à la Croix. Au fond, un autel ; puis, mitoyen aux deux sanctuaires et enchassé entr'eux, l'autel du « Stabat », auquel succède,

---

(1) Je dis : « en partie », parce que la chapelle ne repose, en fait, que du côté septentrional sur le rocher du Golgotha : des voûtes artificielles, nécessitées par le nivellement du sol, la soutiennent par ailleurs.

(2) Cette chapelle, qui est de forme rectangulaire, a, au total, 13 mètres de long, sur 8 mètres de large. Le sanctuaire des Latins se nomme « Chapelle du Crucifiement »; celui des Grecs, « Chapelle de l'Elévation de la Croix ».

dans le sanctuaire des Grecs (Fig. 60), inondé de la clarté des lampes et des cierges, l'autel de l'« Élévation de la Croix ». Sous cet autel précieux, que domine dans un nimbe d'argent un beau Christ byzantin, accosté des deux larrons et de deux icones grandioses, et entouré de scènes en mosaïques, se trouve le trou où l'arbre du salut fut planté. A droite du même autel, sous le revêtement de marbre entr'ouvert, s'offre, béante, protégée par un treillis d'argent, la « fente du rocher », c'est-à-dire, la crevasse ondulée qui, au moment de la mort de l'Homme-Dieu, divisa la masse granitique et y pratiqua une fissure de 1m70 de long sur 0m25 de large, brisant le roc en tous sens, compliquant comme à plaisir les saillies, négligeant de suivre les veines naturelles de la pierre, et bouleversant, avec un mépris affecté des données de la stratification, les lois de la physique, en pareille circonstance. Ah! il n'a rien d'ordinaire, ce brisement du rocher. Quand, avec émotion et respect, on plonge la main dans la fissure mystérieuse; ou encore, lorsque, de la chapelle inférieure (Fig. 61), on contemple les flancs de sa masse énorme, on sent bien que l'action surnaturelle s'est donnée en ce lieu librement carrière; le doigt même de Dieu a marqué ici sa touche; et les textes inspirés des Saints Livres, d'affluer alors, par essaims, à la mémoire (1)!

Fig. 61. — Porte donnant accès au rocher du Golgotha.

Après avoir vénéré ces divins et impérissables souvenirs, nous redescendons, par l'escalier qui dessert le

---

(1) Digitus Dei est hic (*Exod.*, viii, 19); — A Domino factum est istud, et est mirabile in oculis nostris (*Ps.* cxvii, 23), etc.

Sanctuaire des Grecs, sous la coupole du Saint Sépulcre, et nous trouvons, à gauche, à quelques pas, la seconde « perle » de l'immortelle Basilique, la « Pierre de l'Onction ». C'est sur cette Pierre sacrée que, après avoir été détaché de la Croix et remis aux bras de sa Sainte Mère, le corps inanimé de Jésus subit, selon la coutume usitée chez les Juifs, les préparatifs de la sépulture. St Marc et St Jean, qui en ont fait la remarque, n'ont pas moins soigneusement noté les détails de la pieuse opération. Joseph d'Arimathie, disent-ils, avait acheté et apporté un suaire ; et Nicodème était venu, au sépulcre, chargé de cent livres d'un mélange parfumé, composé de myrrhe et d'aloès. Avec Jean et les saintes femmes, en pleurant, ils procédèrent, sur une pierre aplatie, à un embaumement sommaire : le temps pressait, en effet, car le jour était à son déclin ; déjà le soleil avait disparu derrière les collines ; et les sonneries des trompettes du Temple allaient bientôt annoncer le commencement du grand Sabbat. Le corps du divin Crucifié fut donc étendu sur la table funéraire, puis entouré de longues bandelettes superposées qu'on imprégnait, à mesure qu'elles s'enroulaient, de la mixture aromatique indiquée par l'Evangéliste. Peu à peu, les plis des suaires montèrent des pieds vers les épaules. Et, quand il ne resta plus de visible que la face, plus pâle encore dans cette blancheur, tous les témoins de cette scène navrante et inoubliable vinrent, selon la tradition juive, mettre un baiser sur le front du Maître. Enfin, la dernière, Marie s'approcha, et, d'une main tremblante, recouvrit le visage du dernier voile, et noua la dernière bandelette. Tout était consommé ! L'on comprend donc quel flux de pensées se fait au fond de l'âme, quand, à deux genoux, on s'incline sur la « Pierre de l'Onction » pour la couvrir de ses baisers. C'est, encastrée dans un bloc de pierre rouge, une longue dalle rectangulaire de marbre, légèrement jaunâtre ; aux angles, se dressent des chandeliers géants ; et, tout autour, pendent des lampes précieuses, ponctuées respectivement des lettres A, G, ou L, pour marquer qu'elles appartiennent aux Arméniens, aux Grecs, ou aux Latins. Les embrassements des fidèles, plus que la main du sculpteur, ont poli cette pierre : à toutes les heures du jour, elle en est couverte ; et telle est, ici, l'ardeur de la foi, qu'on y va de tout son cœur, sans la moindre préoccupation du danger qui résulte de la promiscuité de tous ces contacts, sans le moindre souci des plus rudimentaires précautions de l'hygiène (1). Il s'agit de la Pierre de l'Onction : et c'est assez !

Mais voici maintenant, pour finir, la perle des perles, la merveille des merveilles, le Saint Sépulcre lui-même, l'incomparable joyau de la Basilique et le cœur du sanctuaire immense ! Sous la haute coupole de la rotonde (2), s'élève, dans son architecture massive, le Sanctuaire de marbre qui renferme la relique sacrée, le « Sépulcre », tout court (Fig. 61). L'édicule du xvɪe siècle, détruit par l'effondrement de la voûte dans l'incendie de 1808, a été reconstruit, par les Grecs, sous la forme où l'on le voit aujourd'hui. Ce n'est pas un chef-d'œuvre ; et l'on trouverait, par exemple, infiniment plus d'art dans le gracieux revêtement marmoréen qui enserre, à Loreto, les parois

---

(1) De cet élan, si touchant, les fidèles, les rationalistes sourient, en prenant des airs de pitié. Ils crient bien haut que la Pierre qu'on vénère aujourd'hui est postérieure à 1808, époque où, à la suite d'un incendie, s'effondra la coupole de la Basilique. Mais cette savante « découverte » — dont on avait, aussi bien qu'eux, le secret — ne porte qu'une atteinte insignifiante, *telum imbelle sine ictu*, aux faits eux-mêmes, et laisse aux divins souvenirs tout leur charme pénétrant. Que la pierre actuelle soit, ou ne soit pas, celle qui servit de table funéraire à Joseph d'Arimathie, peu importe. Ce que les âmes pieuses vénèrent, en ce lieu, c'est *la place* où s'accomplirent les saintes onctions : en posant leurs lèvres sur la pierre, c'est cette place sacrée qu'elles veulent baiser ; et, tandis qu'elles fixent leurs lèvres sur la pierre de 1808, leur pensée va, par-delà le marbre moderne, à la roche primitive, dont ce marbre est la copie et leur représente l'image. Ce n'est pas plus malin que cela ; et la raison se trouve ici assez bien d'accord avec la foi !

(2) Reconstruite par les Grecs, après l'incendie de 1808, cette coupole le fut si maladroitement, qu'elle menaçait ruine, un demi-siècle plus tard. La France alors, de concert avec la Turquie et la Russie, la releva, d'après les plans d'un architecte français, Mauss ; et ce fut un peintre français, Salzman, qui en fit la décoration (1863). Mais si l'œuvre est solide, et même élégante, elle est malheureusement dépourvue de caractère religieux.

extérieures de la « Santa-Casa ». Mais, encore un coup, il s'agit ici surtout de souvenirs ; et le souvenir auquel nous nous heurtons en ce lieu vénéré est tellement surhumain, tellement complexe de toutes manières, que toute autre considération s'efface. Sous la tombée des lustres et des lampes, entre une rangée de chandeliers gigantesques, dont les feux innombrables font miroiter le vernis d'une toile de la Résurrection placée au-dessus de la porte, on pénètre dans la « Chambre de l'Ange », sorte de vestibule carré d'environ neuf mètres de superficie, où brûlent encore à perpétuité mille lampes, et où, sur un piédestal, au centre, se trouve encastré un fragment de la pierre énorme (1) qui fermait l'entrée du tombeau. Mais ce n'est là, en quelque sorte, que l' « antichambre » du divin Sépulcre. Glissez-vous maintenant, en courbant la tête, presque en rampant, par la porte basse et étroite qui s'ouvre devant vous ; pénétrez dans cette deuxième chambre du sanctuaire de marbre, où le jour n'a pas d'accès, comme il convient pour un tombeau, et où l'espace est si restreint qu'à grand peine trois visiteurs peuvent tenir ensemble ; et contemplez la divine Chambre sépulcrale, car « c'est ici le lieu où a été déposé le Seigneur ! » Si l'Ange de la Résurrection n'est plus là pour le dire, comme il l'annonça aux pieuses femmes, au matin du troisième jour, le saint Rocher y est toujours pour le crier ! Et le voici en effet, à droite, le Roc auguste, dans les flancs vierges duquel Joseph d'Arimathie avait préparé sa propre sépulture ; mais qui reçut et enserra le Corps adoré du Rédempteur, après les touchantes cérémonies accomplies sur la Pierre de l'Onction. Il est là, enchâssé, ainsi qu'un bijou inappréciable, dans un revêtement de marbre blanc, allant d'une paroi à l'autre de l'édicule, et s'offrant aux lèvres avides des fidèles, folles de baisers. Car cette Tombe n'est point une tombe ordinaire. Sur la pierre sépulcrale des hommes, on inscrit invariablement, eussent-ils conquis vingt royaumes, ces deux mots, toujours les mêmes :

---

(1) S. MARC. (XVI, 4) : « Erat quippe (lapis) *magnus valde.* »

« Hic jacet ! » Ici, au contraire, un Ange est descendu
pour en graver trois, d'une stupéfiante nouveauté : « Non
est hic ! » Le Prophète qu'on avait étendu là, dans la
mort, et dont on avait soigneusement scellé la tombe, en
croyant l'y bien tenir à jamais, ce Prophète tout-puissant,
après trois jours, *il n'était plus là !...* Et tandis qu'on
s'agenouille, la tête appuyée et les mains jointes sur la
sainte banquette mortuaire, les lèvres collées sur ses
parois, s'éveille dans l'âme et s'y presse tout le complexe
souvenir des scènes du ven-
dredi de la mort et du dimanche de l'apothéose triom-
phale : la précipitation
nécessaire de l'ensevelissement, avant que ne sonnas-
sent les trompettes sacrées
annonçant le Sabbat de la
Pâque ; la venue des Saintes
femmes empressées, et leur
effroi à la vue de la pierre
renversée, du sépulcre peut-
être profané ; la radieuse
vision des Anges ; l'arrivée
précipitée de Pierre et de
Jean, qu'avait couru prévenir Madeleine ; les larmes

Fig. 62. — Sanctuaire vénéré du
Saint-Sépulcre : entrée du
tombeau.

désolées de celle-ci, divinement séchées à l'appel mystérieux
du Maître ressuscité... Oh ! quels souvenirs ; et combien
bénies sont les secondes que l'on passe sous ces voûtes
étroites ! L'édicule n'a pas cinq mètres carrés de surface ;
et il est grand comme le monde, plus que le monde : il est
ample comme l'infini ! Aussi, est-ce là, contre cette Pierre
adorée, qu'on revient, sans se lasser, toujours ! A Jérusalem, tout pâlit et tout s'efface devant le Saint Sépulcre.
Chaque jour, plusieurs fois par jour, on s'y achemine, et
l'on y pénètre ; et l'on n'en sort que pour se ménager à
nouveau la consolation d'y rentrer. C'est là qu'on a, dans
sa plénitude concrète, l'intelligence de l'ineffable mystère

de la Rédemption ; là qu'on prie, comme on ne prie nulle part ailleurs, en union avec le Christ enseveli dans le trépas, et vainqueur de la mort comme du péché ; là qu'on pleure délicieusement ses fautes, aux pieds de la tombe où voulut séjourner le divin Rédempteur endormi ; là qu'on aime, de toutes les tendresses les plus ardentes de son cœur ; là que l'on comprend la suprême douceur de l'oubli des injures, et qu'on savoure la joie céleste qu'il y a à pardonner ingrats et méchants ; là enfin qu'on veut faire, avant de s'éloigner de Jérusalem, sa toute dernière visite. Et quand, après avoir arrosé de ses larmes et couvert de ses embrassements la Pierre du Sépulcre, on a, peut-être sans même prononcer un mot, dit à Jésus tout ce qu'on veut Lui dire, tout ce dont le cœur déborde, alors, on se relève plus fort ; et il semble qu'on est prêt à porter courageusement, s'il plaisait à Dieu d'envoyer cette grâce, la croix des tribulations prochaines.....

CHAPITRE IV

AU TEMPLE DE SALOMON

E n'est point, hélas! du « Temple » lui-même qu'il peut être question, mais de ses grandioses souvenirs, et, puisqu'il s'agit ici d'une description de la Ville Sainte, de l'emplacement qu'il occupait, et de ce qu'on y voit aujourd'hui. Ce qu'avait été l'œuvre monumentale du successeur de David, on le sait par l'histoire. Avec l'aide matérielle d'Hiram, roi de Tyr, Salomon éleva le Temple magnifique : trente mille charpentiers coupaient les cèdres du Liban; quatre-vingt mille ouvriers taillaient les pierres; et il ne fallut pas moins de huit années et demie de travaux assidus, avant de pouvoir en faire, sur la colline de Moriah, la dédicace solennelle. C'était une merveille, auprès de laquelle pâlissait, malgré ses vastes proportions et son luxe princier, le royal Palais que le même Salomon avait fait bâtir, à côté de la Maison du Seigneur. L'œuvre gigantesque eût duré des siècles, si Israël n'avait point prévariqué. Mais ce peuple aveugle, et au cœur incirconcis, accumula crimes sur crimes. Dieu le châtia. Le roi d'Assyrie, Nabuchodonosor, assiégea Jérusalem, en 587, s'en empara, et emmena les Juifs en captivité, « super flumina Babylonis », après avoir détruit

le Temple. Au retour des rives lointaines, Zorobabel releva la ville de ses ruines et reconstruisit l'édifice sacré : mais le nouveau Temple n'avait ni les vastes proportions de l'ancien, ni sa magnificence. Au surplus, comme la capitale elle-même, il eut à souffrir du passage des conquérants qui, de siècle en siècle, firent sentir aux Juifs l'oppression de leur joug : Alexandre, les Ptolémées, les Séleucides, Pompée, Crassus, etc. Maître de Jérusalem, en 37 av. J.-C., après des luttes sanglantes, Hérode fit pourtant, dès l'an 20, une nouvelle restauration du monument, restauration grandiose et d'ailleurs inachevée, dont il reste encore, au midi de la ville, d'importantes substructions, tandis qu'on ne retrouve guère qu'à une grande profondeur quelques débris des constructions Salomoniennes, portant encore des inscriptions, ou indications, en caractères phéniciens.

C'est donc dans le Temple bâti par Hérode, dans le *troisième* Temple, que se sont déroulées les scènes innombrables de la vie de Jésus, depuis le jour où, à douze ans, ses parents l'y amenèrent, et l'y perdirent, jusqu'à l'avant-veille de sa mort. Il s'élevait, à l'est de la ville, sur le Moriah, où Abraham, jadis, était venu docilement immoler son fils unique : avec ses portiques, ses parvis, ses galeries, ses sanctuaires et sa forteresse, il se développait sur un espace immense, et parlait éloquemment aux yeux comme aux cœurs. Mais, un jour, une prophétie terrible tomba des lèvres du Maître, pendant que, de la colline voisine des Oliviers, il contemplait la ville et le Temple, en pleurant. « Vous voyez tout cela, dit Jésus à ses disciples ; eh bien ! je vous l'affirme, en vérité : il n'en restera pas pierre sur pierre, qui ne soit détruite ! » Le jour de la mort de l'Homme-Dieu sur le Golgotha, et tandis qu'il rendait le dernier soupir, les bases du Moriah furent soudain ébranlées ; la porte de Nicanor, dont vingt hommes pouvaient à peine mouvoir les vantaux de bronze, s'ouvrit toute seule ; l'immense linteau de marbre, qui couronnait l'entrée du sanctuaire, se fendit ; le voile d'hyacinthe, de pourpre et d'écarlate, qui cachait le Saint des

Saints se fendit de haut en bas; et, sous les voûtes, des voix mystérieuses se firent entendre, qui criaient : « Sortons d'ici! » pendant que des pas pressés semblaient s'éloigner des sacrés parvis. Le siècle n'avait pas encore achevé le troisième quart de sa course, qu'un conquérant farouche, Titus, commençait le siège horrible qui se termina par le pillage et l'incendie du Temple. Vinrent ensuite tour à tour Adrien, et Julien l'Apostat : l'un fit promener la charrue sur l'emplacement du Temple ; l'autre fit arracher du sol les dernières assises des constructions hérodiennes. Et, vers le milieu du IV siècle, la désolante prophétie était réalisée, à la lettre : du Temple, d'aucun Temple, il ne restait plus vraiment pierre sur pierre!

On ne voit donc plus aujourd'hui, à Jérusalem, que l'*emplacement* du Temple, « le lieu où il fut »! (Fig.

Fig. 63. — Vue générale de l'emplacement du Temple de Salomon. — Mosquée d'Omar.

63). La Providence, dont la mystérieuse sagesse enferme une leçon en toutes choses, a permis que, sur le Temple profané et détruit, les infidèles élevassent une mosquée, qui est un pur chef-d'œuvre de l'art humain. Lorsqu'Omar entra, en conquérant, dans Jérusalem, au VII° siècle, un de ses premiers soins fut d'employer ses troupes victorieuses à déblayer le sol, pour y construire un somptueux édifice au faux prophète. S'il ne le bâtit point lui-même, il n'en porte pas moins son nom, dans l'histoire; car ce fut lui qui consacra cette enceinte à l'islam; et la « Mosquée d'Omar » [1], construite par Abd-el-Mélik, en 692, outre

[1] Les Croisés la prirent aux musulmans; mais elle retomba ensuite aux mains des infidèles, qui ne l'ont plus abandonnée.

qu'elle rivalise de splendeur et d'importance avec la Kaaba de La Mecque, est, aujourd'hui encore, l'un des monuments les plus parfaits, les plus « achevés », qui se puissent voir (Fig. 63). Longtemps, l'accès en fut rigoureusement interdit aux chrétiens : heureusement, le gouvernement turc s'est relâché, depuis quelques années, de ce formalisme draconien; les portes maintenant en sont relativement ouvertes; et c'est affaire seulement, pour y pénétrer, d'une autorisation du Consul, d'une paire de sandales, et de quelques backchichs.

Accompagné d'un Cawa du Consul, on arrive, par un long couloir voûté, au bas de l' « enceinte sacrée », appelée en arabe *Haram ech-Chérif*. On gravit l'un des quatre escaliers qui amènent, de plain-pied, sur la vaste esplanade; et, aussitôt, un panorama féérique se déroule sous le regard ravi du visiteur. Devant lui, essaimées un peu partout, des arcades en ogives, fragments mutilés de portiques disparus (1); à droite, la « Coupole du rocher » (*Koubbet es Sakhra*), ou Mosquée d'Omar; plus loin, à l'angle méridional, une autre mosquée, celle d'El-Aksa; et, jetés à profusion et dans un beau désordre, sur toute la surface du rectangle qui n'occupe guère moins d'un hectare et demi, des édicules de toutes formes, des fontaines, des cyprès, des oliviers, avec, à l'arrière, pour encadrer la scène, les murs brunis des remparts. Déconcerté d'abord, l'œil se promène, indécis, des mihrabs aux mastabas, des pierres dorées aux arbres sombres et immobiles, des vasques aux arceaux, des coupoles aux minarets, à travers les espaces vides de terre battue, où, sur la poussière des débris, le soleil plaque de larges taches blanches qui éblouissent; puis, l'attention, un moment surprise et éparpillée, se ressaisit; et l'on ne voit plus alors qu'une chose, l'admirable coupole byzantine de la Mosquée bleue, qui s'enlève, plombée et noirâtre, sur le tambour svelte

(1) En face de tous ces arcs de triomphe, le souvenir des vers d'*Athalie* revient aussitôt, et obstinément, à la mémoire; dans le lointain d'un rêve, on revoit, immédiatement le Temple, dont
Le peuple saint, en foule, inondait *les portiques.*

émaillé d'azur et les hautes arcades de l'idéal édifice, aux assises de marbre blanc. La vision est enchanteresse et le plaisir d'art sans mélange, dans la solitude brûlante et le solennel silence de l'immense quadrilatère qui flamboie. Sous les feux ardents du soleil qui l'étreint, l'octogone régulier découpe ses lignes pures, dessine ses fines arêtes, et fait miroiter, dans un indescriptible chatoiement de couleurs habilement harmonisées, ses mosaïques et ses faïences, entre la dentelle de ses fenêtres à treillis (Fig. 64).

Et, malgré la chaleur accablante et les reverbérations qui aveuglent, on reste là, immobile, enthousiaste, sans pouvoir s'arracher au charme séducteur du palais enchanté : l'on se demande, inquiet à demi, quel genre merveilleux de beauté l'intérieur

Fig. 64. — Mosaïques, faïences, et treillis extérieurs de la mosquée d'Omar.

de l'édifice peut bien encore tenir en réserve, pour répondre dignement à une telle splendeur.

Les pieds dûment emprisonnés dans les babouches réglementaires, au hasard, par l'une des huit portes, on se glisse alors dans la mosquée mystérieuse (Fig. 65), où l'œil, ébloui par la vision extérieure, ne perçoit d'abord que vaguement les lignes et les contours. Il faut quelques minutes pour retrouver, dans la demi-obscurité qui flotte sous les profondeurs de la coupole, l'exacte notion des lieux et des choses. Mais, la transition une fois ménagée, l'on sent vite que c'est bien le même rêve berceur qui continue, au dedans comme au dehors. Sur une rangée circulaire de colonnes, repose la coupole aérienne ; autour de ces colonnes, court une seconde rangée de piliers, ceux-ci octogonaux, comme l'édifice : entre les deux, serpente, sur les dalles de marbre, le chemin de ronde que limite, tout au centre, sous le dôme magnifique, la palissade de planches qui enserre le rocher de Moriah (1). Porphyre, jaspe, marbre, etc., toutes les matières les plus rares ont été employées à l'envi pour construire ces colonnes, aux chapiteaux dorés et précieux.

Mais voici où l'art s'est surpassé lui-même : c'est dans les broderies des murailles, et, plus encore peut-être, dans les verrières incomparables, qui, des hauteurs, laissent glisser partout comme des rayonnements mystiques. Sur un placage marmoréen formé de fragments symétriques qui développent leurs dessins à la base des murs, les maîtres-architectes de la mosquée ont jeté, à mi-hauteur, et en les prolongeant jusqu'aux arceaux et aux voûtes, d'admirables mosaïques où toutes les teintes des marbres exquis se marient à l'or et à la nacre. Les nuances en sont si délicates et les reflets si soyeux, qu'on s'y trompe, au premier coup-d'œil : on croit avoir devant soi des étoffes prodigieuses, des brocarts à grands sujets, ou encore des soieries à arabesques, brodées à Damas, au temps des fabuleux tissages. On s'approche; et l'on demeure stupéfait, en constatant que tout ce merveilleux travail est fait de miettes d'or, de porphyre et de nacre, qui ont gardé intacts, à travers les siècles, leurs diaprures et leur éclat. Que si, des mosaïques, l'œil s'élève jusqu'aux verrières, l'admiration grandit encore, car l'art n'a rien produit de plus achevé. Ici, point de plomb, comme dans nos vitraux de cathédrales, pour soutenir le verre : rien que des trous, de formes diverses, pratiqués, en nombre infini, dans une plaque en stuc qui fait charpente; et, dans ces « jours », une foule de morceaux de verres multicolores, qui s'enchâssent, forment de capricieux dessins, et laissent passer, tamisés, mêlés d'ombre, les feux du soleil. En les traversant, la lumière prend des teintes si douces, s'enveloppe

---

(1) C'est donc, en réalité, pour garder le rocher de Moriah, célèbre par le sacrifice d'Isaac, que la mosquée somptueuse a été construite. Mais, on le devine : sur cette donnée vénérable, la fantaisie musulmane a greffé une foule de légendes absurdes.

de nuances si fondues, se colore de reflets si extraordinaires, que l'on reste ébahi, l'œil délicieusement fixé aux petites fenêtres merveilleuses qui avoisinent la voûte. La fantaisie du coloriste n'a eu d'égale ici en effet que l'invention du dessinateur : à eux deux, ils ont magnifiquement résolu le problème de l'harmonie dans la richesse, et de la délicatesse dans la splendeur.

Aussi, quand on sort de là, grisé par la contemplation de tant de chefs-d'œuvre, on ne peut jeter qu'un regard distrait, presque indifférent, sur la mosquée El Aska, la mosquée « éloignée », qui a remplacé, depuis Omar, la basilique à sept nefs, de Justinien. Ici encore, il y a de belles rangées de colonnes, et, pour décorer la coupole, d'anciennes mosaïques. Mais tout cela est si loin de la mosquée bleue, si loin, qu'on s'en trouve, en effet, totalement » éloigné »! On donne donc rapidement un souvenir aux Chevaliers du Temple, qui l'occupèrent momentanément, au moyen-âge(1); et l'on passe outre. A travers les édicules et les cyprès noirs, on s'achemine alors vers une dernière « curiosité » du Haram ech-Chérif, la « Porte Dorée » (Fig. 66), dont l'histoire est assez curieuse. Son nom, qui semble impliquer ici la présence de décorations et de dorures, lui vient simplement du mot grec ὡραία (Porta pulchra, Porte spécieuse), dont les Actes des Apôtres se servent, pour la désigner. C'est par elle que, au temps des Croisés, le Patriarche entrait solennellement à Jéru-

Fig. 65. — Vue intérieure de la Mosquée d'Omar.

---

(1) On voit, sous l'ancienne basilique, un long souterrain voûté qui servait d'écurie pour les chevaux des Templiers.

salem, monté sur un ânon, le jour des Rameaux : le reste de l'année, elle restait fermée. Or, elle l'est, aujourd'hui, plus que jamais ; elle l'est même, depuis des siècles. Il existe en effet, chez les musulmans, une tradition persistante, d'après laquelle un conquérant chrétien doit, un vendredi, entrer dans la ville, par cette porte, et s'emparer de Jérusalem : c'est pourquoi ils l'ont fait mûrer, et la gardent d'un œil vigilant.

La seule Porte qui donne accès dans la Ville Sainte, à l'orient, se trouve, un peu plus au nord, et se nomme « Porte Saint-Étienne » (Fig. 67) : c'est par cette Porte que nous descendrons bientôt au Cédron et au Jardin de Gethsémani. En attendant, faisons halte, tout auprès, quelques instants, chez les Pères Blancs, à l'Établissement Sainte-Anne : ici, d'ailleurs, nous sommes sur la terre française !

Dans la cour d'honneur, au milieu d'un jardinet, se dresse une belle statue du Cardinal Lavigerie, l'éminent fondateur des vaillants pionniers de l'Afrique équatoriale et de nombre d'autres œuvres gigantesques, car cet homme extraordinaire voyait « grand », et exécutait de même. Au socle, se détache cette simple inscription, éloquente dans son laconisme :

AU CARDINAL

LAVIGERIE

L'ÉPISCOPAT
ET LE CLERGÉ
GRECS-CATHOLIQUES

Le R. P. Supérieur, un Religieux dont l'affabilité égale la distinction et la science, veut bien me faire les honneurs de la Maison. Il m'en montre tour-à-tour le Petit Séminaire, le Grand Séminaire, le Musée, et la Chapelle. Il me raconte que, après la guerre de Crimée, en 1856, le sultan Abdul-Medjid Khan, père du sultan actuel Abdul-Hamid, pour montrer sa reconnaissance à Napoléon III et à la France, au lendemain de la campagne contre Sébastopol, céda à l'empereur l'emplacement de l'église Sainte-Anne, et les terrains qui l'avoisinent. Installés là, en 1878, les Missionnaires du grand Cardinal y fondèrent, quatre ans plus tard, pour les Grecs Melchites, si nombreux en Syrie, un petit Séminaire (1), où se font, jusqu'à la philosophie inclusivement, toutes les études classiques : l'enseignement est donné, par des maîtres habiles et dévoués, en grec moderne; mais, parmi les jeunes gens, le français est la seule langue usuelle. Sur le Collège proprement dit, les Pères ont greffé un Grand Séminaire, où ils façonnent aux sciences sacrées et aux cérémonies du culte ceux des adolescents qui se préparent au sacerdoce. Les deux œuvres ainsi se complètent : l'une et l'autre ont rendu déjà de grands services, et sont appelées à en rendre, avec les années, de plus signalés encore. On me montre ensuite, au Musée du premier étage, deux plans en relief, fort curieux, de Jérusalem et de Roma, de la Ville Sainte et de la Ville Éternelle; un vieux plan en mosaïques, très rare, de Jérusalem ; des monnaies anciennes, dont quelques types remontent à l'époque de Jésus-Christ; des vases, des poteries, des terres cuites, etc.; et, entr'autres souvenirs saillants, un « talent », c'est-à-dire, une pierre énorme, ponctuée d'inscriptions, que l'on croit être contemporaine du roi David, et qui est, en tout cas, extrêmement pré-

Fig. 66. — La *Porte dorée*.

---

(1) Au mois de septembre 1898, le Collège Ste Anne comptait 105 élèves, et, le Grand Séminaire, 25 étudiants ecclésiastiques. Il est superflu d'ajouter que ces derniers sont formés d'après les prescriptions du rite oriental : langue, liturgie, respect des traditions, tout se réunit donc ici pour assurer le succès futur du ministère du jeune clergé indigène.

cieuse (1). Enfin, nous arrivons à la Chapelle, où la miséricordieuse Providence semble avoir accumulé à plaisir les rapprochements et les leçons. Voilà, en effet, une église (2) qui, construite sur l'emplacement de la maison de Ste Anne et de St Joachim, rappelle et consacre par conséquent, avec la plus parfaite exactitude topographique, le lieu de la naissance de la Très-Sainte Vierge, l'endroit béni où s'est opérée la merveille de sa Conception Immaculée. Or, c'est dans le voisinage immédiat de l'humble habitation des parents de Marie, que se trouvait la célèbre piscine appelée, en hébreu, « Bethsaïda » (en grec, Βέθεσδα), très proche, dit le même texte grec, de la piscine probatique, Ἐπὶ τῇ προβατικῇ : elle avait, raconte S. Jean, cinq portiques ; et, quand l'Ange du Seigneur y venait et en agitait les eaux, le premier malade qui pouvait s'y plonger, après le passage de l'Ange, était immédiatement guéri, quelle que fût d'ailleurs la maladie dont il était atteint. Aussi, ajoute l'Evangéliste, voyait-on, stationnant sous les portiques, une grande multitude d'infirmes, aveugles, boiteux, gens frappés de langueur ou minés par la consomption, etc.; tous escomptaient la descente du Messager céleste, pour tâcher, en arrivant « bon premier », de profiter du bienfait des eaux remuées à son contact. Un seul d'entr'eux, hélas ! pouvait avoir ce bonheur; et ils étaient nombreux, ceux qui attendaient indéfiniment leur tour. Parmi ces déshérités, le Maître, un jour, avisa un malheureux qui, depuis trente-huit ans,

---

(1) Ce « talent » pèse, brut, 42 kilogs. Il servait à évaluer les matières précieuses, or ou argent, dont on mettait le poids égal dans le plateau parallèle d'une balance

(2) L'œuvre, d'un beau style ogival, date, dans son ensemble, du XIIe siècle; mais quelques-unes de ses parties, quelques colonnes notamment, semblent remonter à une époque antérieure, peut-être à la seconde moitié du IXe siècle; les piliers qui encadrent l'abside portent la double représentation des généalogistes du Sauveur, un bœuf et un homme, symboles de S. Mathieu et S. Luc. Ce qui est sûr, c'est que, avant cette église, il y en avait une autre plus ancienne, à cette même place, et que ce vieux sanctuaire était désigné, dès le VIe siècle, par cette appellation caractéristique : *Sancta Maria ubi nata est*, c'est-à-dire, l'église du lieu « où Sainte Marie est née ! »

traînait là périodiquement sa misère. Jésus le prit tendrement en pitié : « Veux-tu, lui dit-il, veux-tu être guéri ? » — « Si je le veux ! » répliqua le malade, pâle de langueur, « si je le veux !.. Mais, Seigneur, je n'ai personne pour me jeter dans la piscine, après que les eaux en ont été remuées ; et, tandis que j'y fais effort, un autre survient, qui y plonge avant moi. » — « Eh bien ! » lui dit Jésus, « lève-toi, prends ton lit, et marche ! » Et, guéri sur-le-champ, le malheureux infirme emporta en effet son grabat, et marcha ! Voilà ce qui se passait, au temps du Sauveur, à quelques pas de la maison de l'Immaculée Conception. Depuis, dans le cours des siècles, cette piscine deux fois sanctifiée par le passage de l'Ange et par la visite du Maître, qui avait fait un miracle sous ses portiques, a conservé sa vertu bienfaisante : Foucher de Chartres en a consigné le souvenir dans un passage célèbre (1);

Fig. 67. — *Porte Saint-Etienne*, à l'est des murs d'enceinte.

et nombre de textes médiévaux, relevés par les Pères Blancs, relatent des guérisons éclatantes et confirment le témoignage du pieux chroniqueur Chartrain. Aujourd'hui, en ce même lieu, l'on voit, déblayée en partie, par les soins intelligents des Religieux, des décombres qui la comblaient, la piscine Bethsaïda. A la place de la demeure de Ste Anne, s'élève une église, placée sous le vocable de la Nativité et de l'Immaculée Conception : entre l'église et la crypte souterraine, se trouve le tombeau de la mère de la Ste Vierge ; dans la crypte, sourit

---

(1) *Ad quam nunc per porticum unam acceditur; et reperitur acqua ibi, gustu amara, quae plerumque aegrotantibus confert medelam.* » Scribebat, anno 1106, Foucher de Chartres.

la douce image de la « Santa Bambina »; enfin, dominant l'escalier qui conduit à la crypte, se dresse, radieuse, la statue de Notre-Dame de Lourdes. Qui ne sent, en effet, combien sont frappants, ici, les rapprochements? A Jérusalem, la maison de Ste Anne, où naît la Vierge Immaculée, a, dans ses dépendances, la piscine Bethsaïda : à Lourdes, la Basilique de l'Immaculée Conception a aussi, dans son voisinage, une piscine. A Jérusalem, tout infirme qui se jetait dans les eaux bienfaisantes, après le passage de l'Ange, était immédiatement guéri : à Lourdes, le contact des eaux de la piscine, plus fécondement salutaire encore, rend la santé, non pas à *un* malade, mais à *des milliers* de malheureux, quelle que soit d'ailleurs, comme à Bethsaïda, la souffrance qui les étreint. Et Dieu, qui a donné Lourdes à la France, a permis encore que la même France devînt, à Jérusalem, la gardienne officielle de la maison de Ste Anne — devenue la « Basilique *nationale* » Ste Anne (1) — et de sa piscine figurative; il a voulu même que ce cadeau insigne nous fût fait, en souvenir de la prise de Sébastopol, glorieusement conquise par nos preux, un 8 septembre, le jour de la Nativité de la Ste Vierge!.. On ne peut, sans en être frappé, évoquer ces souvenirs, ni noter ces similitudes; on ne peut le faire surtout, sans reconnaissance. Instinctivement, monte alors, du cœur aux lèvres, notre vieux cri chrétien de la Loi salique : « Vive le Christ, qui aime les Francs ! »

Au surplus, les Francs, qui aiment le Christ, ne sont-ils pas encore partout, dans la Ville Sainte, comme aux temps héroïques d'Urbain II, de Godefroy de Bouillon et de Pierre l'Ermite ; n'y mènent-ils donc pas, aujourd'hui, sans épée ni cotte de mailles, la croisade la plus entraînante et la plus féconde ? Ici, ce sont les groupes compacts

---

(1) C'est dans cette Basilique, sous la garde maternelle de Sainte Anne et de la Vierge Immaculée, en terre française, que reposent les restes mortels de notre ancien Consul, à Jérusalem, M. Ledoulx. Reconnaissant des inappréciables services qu'il avait rendus à la France, le Gouvernement venait de l'élever, sur place, à la dignité de Ministre plénipotentiaire. Hélas! sa nomination arriva, en Palestine, le jour même où l'on le clouait dans son cercueil.....

des prêtres et des Religieux : Pères Blancs, Assomptionnistes, Dominicains, Lazaristes, Carmes, Prêtres du S. Cœur de Bétharam, Frères des Ecoles chrétiennes, etc. Là, ce sont les couvents de femmes : Clarisses, venues de Paray-le-Monial, en 1888; Sœurs de St Joseph de l'Apparition, fixées à Jérusalem depuis 1847; Religieuses de Notre-Dame de Sion; Filles de la Charité; Sœurs de Marie Réparatrice; Dames de Nazareth; Carmélites du « Pater noster », etc. Quel faisceau d'énergies pour le bien ne forment pas toutes ces âmes d'élite? Quel zèle ne déploient-elles pas, à l'envi, pour faire aimer, en Palestine, Dieu et la France? Car, ce double amour, est inséparable, pour elles : plus vivement que personne, elles sentent le bienfait de l'influence française, et elles se dépensent à le faire rayonner. Notre pays ne saura jamais assez tout ce qu'il doit à ces humbles et infatigables pionniers de Terre-Sainte : s'il le savait seulement *un peu*, et s'il voulait quelque jour le comprendre, il ne leur marchanderait pas, comme il le fait trop souvent dans son ignorance, les secours de sa générosité : il les leur jetterait à pleines mains, à plein cœur !

CHAPITRE V

DU CÉDRON AU MONT DES OLIVIERS

L faut descendre maintenant à la vallée lugubre où serpente la courbe pierreuse du Cédron desséché, où foisonnent les tombes dispersées, et où la nature elle-même clame la plus poignante désolation. Des éboulis de pierres, des ronces malingres, des sépulcres blanchis, des cavernes confuses, voilà en effet tout ce que l'œil désenchanté aperçoit d'abord, d'un premier et rapide regard, lorsque, sortant de Jérusalem, par la Porte féodale St Etienne, brèche béante de l'enceinte qui étreint la ville à l'orient, on voit soudain s'étendre, à ses pieds, les étroits vallons mortuaires de la célèbre Vallée de Josaphat (Fig. 68). Toute la douleur de la Passion semble s'être enfoncée dans cette campagne morne, et s'y montrer à jamais : ce coin-là, lui aussi, est « triste jusqu'à la mort ». Plus on le fouille, plus on se convainct que la nature y a pris des aspects de deuil inconsolable, d'incurable désespoir. Otez, à la base du talus, la végétation vague de quelques oliviers qui s'accrochent à la pierre et confondent leur grisaille avec elle; faites abstraction des trois ou quatre édifices qui émergent aux

flancs de la colline, et vous n'apercevez, dans ce paysage biblique, qu'une terre tourmentée où surgissent, ainsi que des vagues pétrifiées, les innombrables tombes du cimetière immense, d'où l'ordre et la symétrie sont aussi absents que le culte pieux et tendre des trépassés.

Sur un vieux pont, en descendant au bas du ravin, l'on franchit le Cédron, qui n'a, en septembre, pas une goutte d'eau, et qu'on peut, de même, pendant plusieurs mois de l'année, passer à pied sec. Mais en mars, au contraire, à la fonte des neiges sous les premiers effluves du printemps, il coule à pleins bords. A défaut de l'Evangile, une tradition rapporte que, dans la nuit sinistre de son arrestation par Judas, le Maître, en le traversant, s'arrêta pour boire de son eau. Cette tradition pieuse est d'autant plus respectable qu'elle nous offre la réalisation concrète de la prophétie du Roi David : *de torrente, in via, bibet* ; *propterea, exaltabit caput* ; « sur son chemin, il boira l'eau du torrent, et c'est pourquoi il relèvera la tête ! » Combien fièrement, combien divinement, il la releva, en effet, trois jours plus tard, au matin de la Résurrection triomphale ! Et quelle leçon encore, dans ces simples mots du Psalmiste !...

Car, comment l'oublier ? Cette admirable prophétie, qui visait le Messie, ne s'est pas moins parfaitement réalisée pour ses disciples, depuis dix-neuf siècles. L'histoire en est de tous les temps, et de toutes les heures. Quiconque s'est résolu à suivre le Sauveur et à faire profession de l'aimer, peut, et doit même, s'attendre à être convié, un jour où l'autre, à traverser le lit caillouteux du torrent, et invité à s'abreuver aux grandes eaux de la tribulation. Heureux, mille fois, ceux à qui échoit cette royale part ! Tandis qu'ils ensanglantent leurs pieds aux ronces et aux rochers, et qu'ils se courbent humblement pour boire à même l'onde amère, le monde, qui les juge « finis », se rit d'eux, et volontiers les accable. Mais non ! Ils ne sont point finis, puisqu'ils ont goûté l'eau bienfaisante de la souffrance. Après l'heure de l'épreuve, sonne invariablement pour eux l'heure de la miséricordieuse compensation. Au détour du chemin, ces hommes finis relèvent la tête, comme le Maître ; et, le front haut, avec ce je ne sais quoi d'achevé que leur a imprimé la visite de la douleur, vaillamment, comme lui, simplement, ils continuent leur route, portant, au fond de leur cœur, un trésor agrandi, une provision inépuisable, de mansuétude et de pitié...

Le long du sentier sinistre, pâles et exsangues, se tiennent, accroupis, et plus semblables à des ombres qu'à des êtres, les misèreux de toutes formes qu'attire ici l'espoir caressé d'un backchisch, aveugles, manchots, sourds-muets, lépreux, et autres navrantes variétés des innombrables infirmités humaines : les lépreux surtout abondent; ils tendent, avec angoisse, au passant, deux grands bras suppliants dont le fléau impitoyable a peu-à-peu dévoré les mains; et, d'une voix à fendre l'âme, ils implorent sa compatissance.

Fig. 68. — Vallée de Josaphat : côté sud.

Oh ! comme on les trouve à plaindre, ces pauvres deux fois pauvres, à qui manquent et le pain quotidien et le libre usage de leurs membres ! Et comme on comprend que le Maître ait fait d'eux ses clients préférés !

Jadis, sur ce même chemin, les ancêtres de ces malheureux déshérités accouraient en foule, quand Jésus passait. Avec des yeux où brillait une foi intense — la foi que Jésus aimait, et cherchait —, ils regardaient, confiants, le sublime Prophète ; et celui-ci, d'un geste de sa main divine, les touchait au front, et les envoyait se baigner aux eaux de la piscine de Siloé. Et ils en revenaient guéris ! Les Apôtres seuls, et les Thaumaturges, ont eu, depuis, ce merveilleux secret de consoler ineffablement la misère.

On ne peut donc, hélas! laisser à ces malheureux que son obole. Mais, en vérité, l'on regrette, en les rencontrant en un tel lieu, de n'être pas le roi de France et de ne point pouvoir leur dire : « Le Roi te touche ; Dieu te guérisse ! »

Le torrent une fois dépassé, le sentier se redresse et achemine au Jardin de Gethsémani (Fig. 69), qu'enclôt un petit mur tout éblouissant de blancheur avec son crépissage à la chaux, et que soigne « con amore » un moine italien coiffé d'un large chapeau de paille et affublé d'un long tablier de jardinage. Là-dedans, protégés prudemment par un solide treillis, poussent, entre des plates-bandes proprettes, de vieux oliviers, rejetons probables des oliviers contemporains du Christ, et qui ont pris leur place.

Fig. 69. — Jardin de Gethsémani, et colline acheminant au mont des Oliviers.

Au fond de niches minuscules pratiquées dans le mur, se dessinent les quatorze stations du Chemin de la Croix. Et l'on est soudain repris par les souvenirs de la Voie douloureuse, dont ce fut, ici la toute première étape ; et, à la vue de ces oliviers millénaires (Fig. 70), on se rappelle, non sans un frémissement intime, que c'est ici que Jésus aimait de préférence à se retirer avec les Douze, et que c'est ici encore qu'il fut arrêté ! N'a-t-on pas aperçu, d'ailleurs, à gauche, avant de pénétrer dans le Jardin, le rocher où sommeillaient les Apôtres ; et, tout au fond du couloir formé par le talus et les murailles, n'a-t-on pas remarqué la colonne encastrée qui indique l'endroit précis où s'accomplit l'infâme trahison (Fig. 71)? On suit donc, une à une, toutes les péripéties du drame, et l'on en recompose les scènes dans leur entier. Pour les revivre dans toute leur intensité, il n'y a plus à voir que la Grotte de l'Agonie. Elle est là, du reste, la sainte Caverne, à un jet de pierre du rocher des Apôtres ; là, avec sa voûte, son obscurité, et son silence, pieusement gardée par les fils de Saint François. Sans grand effort d'imagination, l'on y évoque le souvenir adoré de l'Homme-Dieu se débattant dans les angoisses de l'agonie, et inondant le sol d'une sueur de sang ; on l'entend crier aux siens, après la bienheureuse acceptation du Calice : « Levez-vous, et marchons » ! l'on croit voir s'agiter, tout autour, les policiers du Temple et la tourbe que Judas a entraînés à sa suite ; on aperçoit Malchus, l'homme à l'oreille coupée, et le traître, surtout le traître, qui n'a pas seulement abandonné lâchement son Maître, mais qui l'a odieusement « vendu » ! Et, au souvenir poignant de toutes ces horreurs, instinctivement, on fait un retour sur soi-même, et l'on se prend à pleurer...

Fig. 70. — Olivier du jardin de Gethsémani.

Là-haut, au flanc de la colline qui surplombe presque perpendiculairement le Jardin, se dresse, comme une menace, le colosse du couvent russe, aux coupoles miroitantes (Fig. 69), forteresse encore plus que couvent, d'où le schisme semble guetter sa proie. Encore une enjambée, en effet, une de ces enjambées moscovites, qui comptent double, comme les campagnes, et les « orthodoxes » auront fait « leurs » la sainte Caverne et le Jardin des Oliviers : la tache d'huile, la redoutable tache schismatique, aura gagné les Lieux vénérés que garde et défend encore la seule légitime Epouse de Jésus-Christ ; elle s'y sera étendue, débordante ! Ah ! qu'ils sont aveugles, et coupables, ceux qui nous entraînent, les mains liées, à la remorque du Tsar ! Qui donc aura, avec assez d'autorité pour s'en faire entendre, assez d'éloquence pour dénoncer enfin le « péril russe », et ouvrir les yeux de la Fille aînée de l'Eglise ?...

Près de la Grotte de l'Agonie, un souvenir plus doux, celui du Tombeau de la Ste Vierge, succède aux souvenirs de trahison et d'angoisse. Ste Hélène n'avait eu qu'à consulter son cœur pour faire élever là une vaste église, sous le vocable de l'Assomption. Les Croisés, qui trouvèrent le monument presque en ruines, le relevèrent, en partie, tel qu'on le voit de nos jours, avec son mélange de cintres et d'ogives, son large escalier qui accède à la crypte,

FIG. 71. — Rocher des Apôtres, et colonne de la trahison de Judas.

et ses chapelles isolées, reliées par d'étroits couloirs sinueux pratiqués dans le roc. Dans le roc, pareillement, au bras droit du transept, est creusé le saint Tombeau (FIG. 72). Et il est vide, car la mort n'a pu retenir dans ses liens Celle qui avait enfanté le Sauveur! Ce jour-là, comme l'a si magnifiquement chanté l'Apôtre bien-aimé dans une de ses visions de l'*Apocalypse* (1), ce jour-là, « le temple de Dieu fut ouvert, dans le ciel, et l'on y vit l'Arche de son alliance ; et il se fit des éclairs, de grands bruits, des tonnerres, un tremblement de terre, et une grêle effroyable. Il parut encore un grand prodige dans le ciel : c'était une Femme revêtue du soleil, qui avait la lune sous ses pieds, et, sur sa tête, une couronne de douze étoiles ! » La Vierge de l'Assomption n'avait fait que passer, dans la prison de

(1) S. JOAN, *Apocal.*, XI, 19; XII, 1.

pierre (1) : transporté par les mains des Anges, au chant des joyeux cantiques de l'au-delà, son Corps virginal était entré, transfiguré et glorieux, dans le paradis !

Elle est bien touchante, et bien belle, la légende qui raconte que les Apôtres, avant de se séparer pour porter à travers le monde la lumière de la foi et la semence de la bonne nouvelle, voulurent, dans leur vénération filiale, se ménager la consolation de contempler, une dernière fois, les traits aimés de la Mère de Dieu, couchée en son Tombeau. Ils se rendirent donc au sépulcre où, naguère, de leurs mains pieuses, en pleurant, ils l'avaient déposée ; et, doucement, avec des précautions infinies, comme pour ne point troubler son dernier sommeil, ils soulevèrent le couvercle granitique de la châsse tombale. O surprise ! de délicieux parfums, dont les senteurs n'ont rien des arômes d'ici bas, s'en exhalent aussitôt, et embaument l'atmosphère. D'un regard rapide et scrutateur, vite, ils fouillent alors toutes les profondeurs du sépulcre. Et ils n'en peuvent croire leurs yeux ! Là, tout au bas, à la place même où

Fig. 72.
Intérieur du tombeau de la Sainte Vierge.

(1) Chacun sait que les savants ne sont pas d'accord sur le *véritable* emplacement du Tombeau de la Ste Vierge. Est-il à Ephèse, où il est fort probable que Marie a vécu, avec S. Jean ; ou bien, se trouve-t-il à Jérusalem ? — On ne saurait affirmer, ni dans un sens, ni dans l'autre, d'une manière précise. La seconde opinion paraît toutefois de beaucoup la plus probable. Outre qu'elle cadre trop bien avec les sentiments intimes de la Ste Vierge, que les souvenirs de son divin Fils devaient puissamment attirer à Jérusalem, et y faire revenir, après un séjour à Ephèse, elle repose sur une tradition constante qu'aucun document sérieux, qu'aucune découverte certaine, n'a encore pu réellement ébranler.

jadis ils avaient étendu leur Mère, il n'y a plus maintenant que des fleurs, de célestes et incomparables fleurs, des lys plus beaux que ceux qui se dressent dans leur blancheur d'argent au passage des eaux, des roses plus suaves que celles qui jettent leurs enivrantes odeurs à l'haleine des vents du soir, dans les plantations de Jéricho (1). Silencieux, ravis, ils admirent le prodige ; et, tandis que, d'instinct, les uns relèvent la tête vers le ciel, comme pour chercher à découvrir, à travers l'espace, quelques traces fugitives de Celle qui s'y est envolée, les autres, en joignant les mains, tombent à genoux et s'abîment dans la contemplation du mystère... Tous les maîtres de la peinture, à l'envi, se sont essayés, depuis des siècles, à traduire, sur la toile, cette scène exquise, et à l'y faire revivre. Ceux qui y ont le mieux réussi sont ceux qui l'ont peinte avec leur foi, avec leur cœur. Jules Romain (Giulio Pippi, 1492-1547), l'un des disciples préférés du grand Raphaël, est peut-être, de tous les artistes, celui qui l'a rendue avec le plus de vérité et de charme, et de la façon la plus saisissante : sa toile, qu'on admire en Italie, est un pur chef-d'œuvre.

Fig. 73.
Torrent de Cédron, et tombeau d'Absalon.

Avant de gravir, par de pierreux sentiers de chèvres, les roides ondulations qui, à l'orient, conduisent au Mont des oliviers, jetons un dernier regard sur le lit du Cédron et la vallée de Josaphat.

Parmi les milliers de points blancs qui, à travers

---

(1) Eccli., xxiv, 18 ; l., 8.

l'espace piquent l'immense ossuaire (1), voici, presque en face de la Porte Dorée (2) qui se dresse, là-haut, dans la muraille, à près de cent mètres d'élévation, un monument cubique assez étrange, qui se différencie singulièrement, par ses proportions (14 à 15 mètres de haut sur 6 m. de face) et par la recherche de son style, des humbles tombes voisines : on le nomme le « Tombeau d'Absalon » (Fig. 73). Les colonnes et l'architrave, d'ordre ionique, sont une preuve tangible que la construction actuelle, bien que taillée dans le rocher vif, n'est plus celle qu'Absalon, au témoignage du IIᵉ Livre des Rois, se fit élever, de son vivant, « pour garder son nom », après lui. Mais tout porte à croire qu'elle se trouve à la même place. Ce qui semble mieux démontré encore, c'est que nous sommes ici en face d'un simple cénotaphe. Absalon n'eut pas même, en effet, la gloire précaire, qu'il avait ambitionnée,

Fig. 74. — Piscine de Siloé, dans la vallée du Cédron.

(1) L'aspect laiteux des pierres tombales est dû à la chaux, dont presque toutes sont blanchies. Cet usage remonte à une haute antiquité, chez les Juifs, où le contact d'un tombeau suffisait à produire une souillure légale. Ils blanchissaient donc leurs sépulcres. Et comme, même blanchis, les sépulcres restaient des sépulcres, c'est-à-dire des lieux de mort et de corruption, l'on comprend très bien que le Maître, un jour, ait, par-delà les belles apparences dont ils s'entourent, atteint les hypocrites et stigmatisé leur corruption, en les traitant de « sépulcres *blanchis* ». L'image était vivante, pour l'imagination du peuple : elle évoquait le souvenir d'usages nationaux et quotidiens ; et, pour l'employer, Jésus n'eut, en quelque sorte, qu'à étendre la main, et à la cueillir.

(2) C'est par la Porte Dorée, *Porta speciosa*, à l'artistique travail hérodien, que Jésus, au matin joyeux du dimanche des palmes, fit son entrée triomphale à Jérusalem, tandis qu'éclataient, autour de lui, les acclamations spontanées de l'Hosannah et du Hallel Messia-

de reposer dans « son » tombeau. Révolté contre David, et percé de trois dards, par Joab, tandis que, fugitif, il restait suspendu à un arbre, il fut, sinon, comme on l'a affirmé, aux pieds de ce même arbre, du moins, dans la forêt, « in saltu », inhumé, par les hommes d'armes de Joab, en une fosse profonde, qu'ils comblèrent avec un tas énorme de pierres (1). Quelques autres tombeaux, de formes saillantes, font cortège, dans la vallée du Cédron, à celui d'Absalon ; celui de Josaphat, par exemple, qui en est tout proche, et celui de S. Jacques : ce sont, ici, les *pyramides* « juives » de cette plaine désolée.

FIG. 75. — Cloître de la chapelle de *Pater Noster*.

Un peu plus loin, au sud, on arrive bientôt au bas du village de Siloé, à la célèbre Piscine de même nom (FIG. 74), qui, maintenant — ô prosaïque réalisme des choses humaines ! — sert de « lavoir » public. Au temps du divin et bienfaisant Prophète, elle servit à l'aveugle-né, dont il venait de frotter les yeux avec un peu de la poussière du chemin délayée de salive, pour « se laver », et recouvrer la vue. Mais l'expression, employée par S. Jean : « Vade ad *natatoria* Siloe, et lava », semble bien

nique, que les prêtres avaient enseignés aux enfants, pour saluer le Fils de David, le jour où il apparaîtrait. C'est par cette même Porte que Pierre et Jean, quelques semaines plus tard, passaient encore pour monter au Temple, l'après-midi, vers trois heures, « circa horam nonam », lorsqu'ils guérirent le pauvre perclus de naissance, « claudus ex utero matris suae », qu'on déposait là, chaque jour, près de la Porte, pour y demander l'aumône, « quem ponebant quotidie ad portam templi, quae dicitur Speciosa, ut peteret eleemosynam ab introeuntibus in Templum » (*Act. Apost.*, III, 2).

(1) « Et *tulerunt* Absalom, et projecerunt eum *in saltu*, in foveam grandem, et comportaverunt super eum acervum lapidum magnum nimis. » II REG., XVIII, 17.

indiquer qu'il y avait là des « bains », et faire supposer par conséquent, que ses proportions étaient assez considérables : la nappe d'eau, où, par bandes, les femmes du peuple, viennent, aujourd'hui, plonger leurs pauvres hardes malpropres, n'a d'ailleurs guère moins de cinq à six mètres de large, sur quinze à seize de long. Quoi qu'il en soit, on s'arrête volontiers près de l'antique fontaine : assis sur la margelle, on aime à repasser, dans sa mémoire, tous les incidents du miracle, tels que l'Evangéliste en a consigné fidèlement le souvenir (*S. Jean*, ch. ix); et l'on s'extasie, à l'évocation de cette scène biblique, dont l'Apôtre a laissé un tableau si poussé, comme vérité dans la psychologie, et perfection dans le naturel !

Fig. 76. — Coupole de l'Ascension : rocher de l'empreinte du pied du Sauveur.

Laissons derrière nous, maintenant, « Haceldama », le lugubre champ du potier, le « champ du sang », dont les trente deniers d'argent (1) du traître servirent à payer l'achat; et, tournant le dos aux ravins du Hinnom, regagnons Gethsémani, pour faire l'ascension du Mont des Oliviers. A mi-côte, à peu près à la hauteur où, de l'autre côté du Cédron, s'étage la Ville sainte, s'ouvre, en un modeste enclos, la petite Chapelle, élevée à l'endroit où Jésus « pleura » sur la Cité coupable et impénitente. C'était quelques instants avant de monter à Jérusalem, par la « Porte *Spécieuse* », au matin des acclamations enthousiastes des enfants et du peuple. Suivi des Douze, le Maître

---

(1) C'est-à-dire le « prix » d'un esclave; environ *cent francs* de notre monnaie !...

arrivait de Béthanie ; et il venait de franchir l'arête de la montagne, quand, devant ses yeux, se déroula tout-à-coup le panorama de la grande ville. Aussitôt, il s'arrête ; il se trouble ; et il sanglote : et ces larmes, outre que c'est une des rares circonstances où Jésus ait pleuré, et ces larmes, quelques minutes avant la triomphale entrée des rameaux, ont une tristesse particulièrement poignante : « O Jérusalem », s'écrie-t-il, « si toi aussi, au moins en ce jour qui t'est donné encore, tu connaissais ce qui ferait ta paix ! Mais, maintenant, ces choses sont cachées à tes yeux. Des jours viendront sur toi, où tes ennemis t'environneront de tranchées, t'enfermeront, et te serreront, de toutes parts : ils te jetteront à terre, toi et tes enfants ; et ils ne laisseront pas en toi pierre sur pierre, parce que tu n'as pas connu le temps où tu as été visitée (1) ! » Des larmes versées par le Maître, en ce lieu, une brève inscription a fixé le souvenir, à l'entrée de l'enclos.

Plus haut, presque sur la plate-forme de la montagne, et très-voisins l'un de l'autre, une humble Chapelle basse et un plus grand Sanctuaire, tous deux relevés, dans le dernier tiers de ce siècle, grâce à la munificence de Mme la Princesse de la Tour d'Auvergne, née Amélie de Bossi, occupent respectivement la grotte où les Apôtres composèrent leur « Symbole » et d'où sortit le « Credo » (2), et le lieu où Notre-Seigneur enseigna le « Pater noster » à ses disciples, qui lui demandaient de leur « apprendre à prier ». La « Chapelle du *Pater noster* » s'ouvre, sur le

---

(1) S. Luc., xix, 37 sq.
(2) Sur les panneaux de la boiserie du retable, on a inscrit, dans douze cartouches distincts, le texte de chacun des douze articles du Symbole, avec, au-dessous de chaque article, le nom respectif de l'Apôtre qui l'a composé. C'est, à savoir, pour le 1er article, S. Pierre; pour le 2e, S. Jean; pour le 3e, S. Jacques le Majeur ; pour le 4e, S. André; pour le 5e, S. Philippe ; pour le 6e, S. Thomas ; pour le 7e, S. Barthélemy; pour le 8e, S. Mathieu ; pour le 9e, S. Jacques le Mineur; pour le 10e, S. Simon; pour le 11e, S. Jude; pour le 12e, S. Mathias. — S'il faut en croire le témoignage de quelques vieillards de Jérusalem, il y avait, « autrefois », dans cette chapelle, douze sièges de pierre, taillés dans le roc. Mais on n'en voit plus trace, aujourd'hui.

couloir septentrional du cloître rectangulaire (Fig, 75), qui entoure le jardin extérieur du Monastère des Carmélites. Dans trente-trois panneaux, formés par la juxtaposition de plaques de porcelaine, se détache, tout autour des murs du cloître, la transcription, en trente-trois langues (1), du « Notre Père ». Au midi, faisant face à la porte par laquelle les visiteurs accèdent dans le cloître, s'ouvre une autre porte qui met l'intérieur du cloître en communication avec une chambre faisant saillie : c'est là, dans un beau mausolée de marbre blanc, que repose la dépouille mortelle de la Princesse, si chrétiennement généreuse. La Chapelle est d'une propreté et d'une tenue admirables, mais très-simple : une chapelle de Carmélites (2). Mais, dans ce modeste sanctuaire, retentit, sans trêve, la suppliante et féconde « Oraison dominicale », la prière, sublime et naïve tout ensemble, où Jésus a appris aux hommes que, dans le Ciel, ils ont le bonheur d'avoir un Père qui est leur commun Père à tous, et où il a condensé tout ce que nous devons lui dire, et tout ce que nous pouvons avoir d'essentiel à lui demander !

Et voici, maintenant, au terme d'une route sanctifiée par tant de précieux souvenirs, voici, couronnant le sommet de la montagne, la place où le Sauveur ressuscité prit congé de ses Apôtres, le jour de son Ascension glo-

(1) Dans ces trente-trois idiômes, la France occupe trois places, presque quatre, car il y a un panneau du *Pater*, en français; un autre, en breton; un troisième, en provençal; et un quatrième, en flamand. Or, on sait que, si le flamand est surtout répandu en Belgique, il se parle déjà, couramment, dans nos provinces du nord.

(2) C'est le Carmel de Carpentras qui a eu l'honneur envié d'essaimer, à Jérusalem, en 1873. On trouvera, dans un livre excellent, mais malheureusement trop peu connu : JÉRUSALEM MODERNE, *Histoire du mouvement catholique actuel dans la Ville Sainte*, par l'Abbé F. Conil, les renseignements les plus détaillés et les plus exacts sur toutes les Œuvres catholiques de la Palestine, et, en particulier, de Jérusalem. L'auteur, un vaillant, un loyal, et un modeste — cruellement emporté, avant l'âge, hélas ! par une mort prématurée (août 1895), aurait été très surpris, si l'on lui eût dit qu'il avait écrit un « chef-d'œuvre ». C'est pourtant la seule expression qui vienne aux lèvres, quand, après un séjour en Palestine, on relit, au retour, en connaissance de cause, les pages si parfaitement informées, si nettes, et si suggestives, de son gros livre. (Paris, Maison de la Bonne Presse).

rieuse. Aux temps heureux où le grand Constantin travaillait, avec les successeurs de Pierre, à faire rayonner dans le monde la divine lumière de la foi, sa pieuse mère, Ste Hélène, toujours empressée à perpétuer la mémoire de tout ce qui touche au Christ, fit élever, en ce lieu, une superbe basilique, dont S. Jérôme a laissé une curieuse description. De nos jours, plus de basilique ; plus même une simple chapelle : mais, ô douleur, sur cet emplacement saint et vénérable, une *mosquée*, où, une fois l'an, les Francs peuvent obtenir du Pacha la permission de célébrer la messe !... Elle est nue, la mosquée impie ; et rien n'y rappellerait le doux souvenir de Jésus retournant à son Père, n'était, au centre, sur un rocher, l'empreinte des pieds que le Maître y laissa, en partant (Fig. 76). On s'agenouille, et on la baise, cette mémorable empreinte ; et, au rocher béni, pieusement, on fait toucher son rosaire, et les autres objets de dévotion qu'on peut avoir sur soi. Car, en dépit des musulmans qui l'occupent, c'est ici un lieu qui appartient aux enfants du Christ, et où ils sont chez eux ! C'est ici que, dans ses suprêmes recommandations aux siens, qui nous les ont transmises, le Maître a promis de ne point nous laisser orphelins, d'envoyer, à brève échéance, son « Esprit Consolateur », de songer, là-haut, à nous préparer une place ; ici que, après avoir épuisé la série des encouragements, une dernière fois, il a béni ses disciples, en leur donnant sa paix ; ici enfin que, enveloppé par une nuée, il s'est envolé, par sa propre vertu, vers sa Patrie, devenue la nôtre, tandis que, à travers les espaces infinis, les hommes de Galilée, immobiles dans leur surprise et leur amour, continuaient à suivre du regard la nuée merveilleuse qui venait de ravir à leurs yeux le Maître bien-aimé ! Toutes ces divines choses, tous ces soulevants espoirs, toutes ces ineffables promesses, on ne peut pas ne point se les rappeler, là-haut, au mont des Oliviers ; on en a l'âme remplie, et l'imagination obsédée ; et il n'y a ni turcs, ni mahométans, qui tiennent : là-haut, les catholiques sont chez eux !

CHAPITRE VI

JÉRICHO, LE JOURDAIN, ET LA MER MORTE

L y a quinze ans à peine, aller, de Jérusalem au Jourdain, équivalait, à peu près, à faire un voyage au long cours : on mettait environ trois jours à franchir les trente-cinq à quarante kilomètres qui s'échelonnent entre la Ville Sainte et l'embouchure du fleuve, dans la Mer Morte; on racontait, en donnant ici à l'expression toute sa valeur concrète, des histoires de brigands, arrivées à des caravanes, surprises, dévalisées, et rançonnées par les Bédouins, exactement comme au temps où, sur la même route, descendait à Jéricho le Samaritain de la parabole évangélique; et l'on ne s'aventurait à risquer l'expédition qu'après s'être assuré une escorte de soldats et avoir mis, par-devers soi, au moyen de précautions préventives, toutes les chances possibles de sécurité. Peut-être, en réalité, exagérait-on quelque peu les difficultés matérielles de l'entreprise : dans le fond, cependant, il semblait ressortir, assez clairement, d'exemples nombreux, que le chemin n'était pas tout-à-fait aussi sûr qu'une de nos grandes routes nationales ; et qu'il était prudent de se faire, à tout hasard, officiellement recommander aux cheiks des villages ou des

tribus nomades par son Consul, et de ne pas oublier, au besoin, d'emporter quelques cartouches. Grâce à Dieu, les choses ont marché, depuis, et la situation s'est considérablement améliorée. Il suffit, aujourd'hui, pour se rendre au Jourdain, d'emmener avec soi son drogman ; celui-ci, connu des cheiks et respecté par eux, « commande » un arabe armé, qui tantôt caracole autour des voyageurs, et tantôt marche en éclaireur sur la route : moyennant quoi, l'on va de Jérusalem au Jourdain, aussi tranquillement que, de Paris à Chantilly, sinon aussi rapidement, ni aussi commodément.

C'était un rude gars que Saleh Arkat, le cavalier « engagé » par Jean Yasmineh, pour nous faire escorte : vingt-deux ans ; une physionomie extrêmement mobile, où l'expression de la bonté n'était pas exclusive de la décision et du courage ; de grands yeux noirs, d'une douceur infinie, qui ordinairement semblaient sourire, mais qui, parfois, lançaient aussi des éclairs ; une pratique du cheval, une dextérité, et une souplesse, à faire pamer d'envie nos plus habiles écuyers de cirque ; et, pour compléter tant de dons heureux, une probité et un dévouement à toute épreuve. Il nous prit, en sortant de Béthanie, au repli de terrain où le sentier, qui descend du petit village d'Abudis — *son* village —, se raccorde à la grande route : le fusil en bandouillère, il nous salua, d'un joli geste gracieux, avec son long sabre de mameluk ; et, pour nous donner, sans plus, une haute idée des aptitudes de l'émérite monteur qu'il était, incontinent, il piqua des deux et partit, ventre à terre, exécutant, sur la route, dans les terres, en haut, en bas, un peu partout, la plus vertigineuse, la plus brillante fantasia, qui se puisse imaginer. Du premier coup, il avait fait notre conquête. Et Jean, de se rengorger, et de sembler nous dire : « Vous voyez si je m'entends à choisir mes hommes ! »

Nous avions quitté Jérusalem, vers deux heures et demie, après la première tombée de la forte chaleur du milieu du jour. Notre véhicule, quelque peu mérovingien, avait, remorqué par trois forts chevaux, suivi l'arête des remparts, au nord, traversé le pont du Cédron, et contourné, à mi-côte, le mont des Oliviers. Parvenus à Béthanie — après avoir dépassé les ruines de Bethphagé, où le Maître, exécuteur fidèle des prophéties (1), avait dépêché Pierre et Jean pour lui amener l'ânesse et son ânon, nécessaires à son entrée dans Jérusalem, — nous avions fait halte pour visiter le tranquille village, dont le nom sonne à toute oreille comme synonyme de paix, d'harmonie et de douce cordialité. Nous avions recherché l'emplacement de la maison hospitalière de Marthe et de Marie ; et, par un escalier obscur et glissant, nous étions descendus dans l'antichambre souterraine, dans la grotte, « spelunca », où la tradition a localisé le tombeau de Lazare. Et maintenant, nous trottions sur la route blanche, aux courbes rentrantes, aux angles aigus, aux innombrables ornières, dévalant, dans la solitude, vers Jéricho et le lac Asphaltite (FIG. 77). Le chemin en effet est assez peu fréquenté : l'isolement presque continuel du site, ses gorges, ses précipices, tout en fait une zône à souhait pour un repaire de brigands. Après deux à trois heures de marche, on s'arrête, à mi-côte, en un caravansérail, dont l'enseigne caractéristique porte ces mots : *Auberge du Bon Samaritain* (2). Maigre auberge, en vérité, et où, si

FIG. 77.
Route de Béthanie à Jéricho.

---

(1) On n'en saurait désirer de plus explicite, ni de plus formelle, que la suivante, qui se trouve dans Zacharie (IX, 9) : « Exsulta satis, filia Sion ; jubila, filia Jerusalem : ECCE REX TUUS veniet tibi justus, et salvator ; ipse pauper, et ascendens super *asinam* et super *pullum filium asinae.* »

(2) Plus on voit la Palestine, mieux on comprend et plus l'on admire la fidélité expressive des descriptions de l'Évangile : cela est graphiquement vrai, comme une photographie. Relisez, par exemple, la

l'on voulait dormir, il faudrait se résoudre à coucher à la belle étoile ! Tout s'y réduit en effet à une cour, enserrée entre quatre murs ; à une microscopique cuisine, creusée dans le roc, où un Arabe prépare le café et tient en réserve quelques rafraîchissements ; et à une douzaine de chaises boiteuses, espacées le long des parois du rocher. Mais, tel quel, et malgré son dénûment, le pauvre caravansérail est encore le bienvenu : l'on s'y repose, un instant, avec délices, de la fatigue de la route et de sa poussière ; on y donne, aux chevaux, le temps de souffler ; on y calme les ardeurs de sa soif ; et l'on remonte, réconforté dans le primitif véhicule, pour achever l'étape, dont la fin est extraordinairement pittoresque. A mesure qu'on descend, l'air, tout-à-l'heure humide, comme à Jérusalem, devient plus sec ; la lumière rayonne plus vive ; et, tandis que, à l'horizon, les montagnes de Moab, entrevues dans le lointain depuis les hauteurs des Oliviers, semblent fuir et se perdre en des espaces imprécis, à gauche, s'ouvrent des crevasses béantes, dans les profondeurs dénudées des-

---

parabole du bon Samaritain, racontée par S. Luc (x, 30-37) : « Homo quidam *descendebat* ab Jerusalem in Jericho, et *incidit in latrones*, qui etiam despoliaverunt eum ; et, plagis impositis, abierunt, semivivo relicto ». Voilà bien la route *descendante*, telle qu'on la voit aujourd'hui, et infestée de détrousseurs, désolée par la présence d'assassins, comme il s'y en rencontrait, il y a quelques années. Ouvrez S. Mathieu, et, au chapitre xxᵐᵒ (v. 18), vous lisez ceci : « Ecce *ascendimus* Jerosolyman, et filius hominis tradetur... » Or, quand, et où, se passe la scène ? A l'avant-veille de la grande semaine de la dernière Pâque, lorsque, pour la dernière fois, Jésus revient à Jérusalem ; et c'est aux portes de Jéricho, où il se trouve alors, et où il va guérir, en passant, des aveugles, qu'il tient ce langage. *Ascendimus* peint donc admirablement la route *ascendante* que le Maître va suivre, pour regagner la Ville Sainte. — Feuilletez S. Marc, et au chapitre xvɪᵉ (v. 3), vous entendrez les saintes femmes se demander anxieuses, les unes aux autres, tandis que, au moment de la Résurrection, elles montent au Sépulcre, avec les aromates, « qui donc leur fera glisser, *revolvet*, la pierre de l'entrée du tombeau ». Or, ce « revolvet » est encore d'une exactitude admirable, puisque ç'avait été à force de bras vigoureux que Joseph d'Arimathie, Nicodème, et leurs serviteurs, avaient *roulé*, dans *la rainure du rocher* du tombeau, le bloc énorme de pierre qui en fermait l'entrée. Tout est à l'avenant, dans les peintures de l'Evangile ; et le Livre sacré, relu en Palestine, s'y illumine de clartés merveilleuses.

quelles un affluent du Cédron, maintenant, roule, vers la
Mer morte, un mince filet d'eau. L'on n'imagine rien de
plus grandiosement sauvage que ces éboulis de montagnes,
descendant à pic vers le ravin, et s'espaçant juste assez
pour laisser passage au torrent. La route elle-même serpente maintenant dans une vallée profonde, entre des
parois verticales, parallèles aux monts géants qui étrei-
gnent le ruisseau. Par une échappée soudaine, l'œil plonge
dans les abîmes et aperçoit, accroché aux flancs latéraux
de l'énorme masse rocheuse, le développement d'une construction hardie, où
la main des hom-
mes a rivalisé d'au-
dace avec la nature :
c'est un couvent de
moines orthodo-
xes, moins impor-
tant que celui de
Mar-Saba, qu'on va
voir, au retour de
l'excursion à la Mer
morte, mais plus

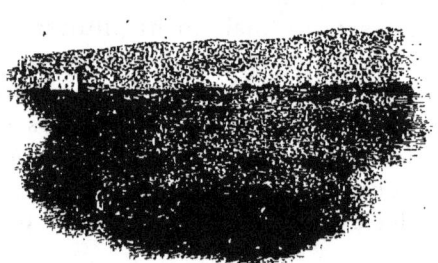

Fig. 78. — La plaine de Jéricho.

pittoresque, plus noyé de solitude et de silence. Puis, lentement, insensiblement, les ondulations s'abaissent ; la
plaine, une plaine grise et désolée, qui va s'enfonçant au-
dessous du niveau des mers, se découvre, comme un
gouffre où bientôt ira tomber la route ; et, là-bas, très loin,
miroitent, au soleil couchant, les eaux ardoisées du grand
lac. Et l'on descend encore ; on descend toujours, jusqu'à
ce que se détachent, comme de soudaines apparitions de
spectres dans le premier crépuscule du soir, quelques
blanches silhouettes de maisons, émergeant de la verdure
d'une oasis (Fig. 78). Au grincement des essieux, façonnés
de longue date à ce genre d'épreuve, la voiture tressaute,
en traversant le lit caillouteux d'un torrent à sec ; entre
des haies vives, elle s'engage dans un sentier qui ressemble à une avenue ; et elle s'arrête enfin à la porte d'un
hôtel, qui n'est ni l'hôtel du Jourdain, ni l'hôtel Russe,

mais le « New-Hôtel » du pays, dont l'installation, à peine achevée, nous ménagerait, partout ailleurs que sous ce ciel de feu, la peu souriante perspective d'être condamnés à « sécher les plâtres ».

Il est sept heures du soir; et, tandis que, à l'hôtel, on improvise, à notre intention, une « table d'hôte », vite, pour nous déroidir les jambes et prendre une idée sommaire du lieu, nous partons en reconnaissance dans *Jéricho*. Des trois villes qui, en portant le même nom, se sont succédées, à cette place, il ne reste plus que le souvenir : pas une pierre n'est là pour rappeler les célèbres murailles qui, autrefois, croulaient, au son des trompettes de Josué; c'est plus que la destruction ; c'est l'anéantissement absolu, comme pour Sodome et Gomorrhe, à cette nuance près que des eaux vengeresses n'ont point surgi pour recouvrir les cités fameuses, en les ensevelissant. Une citadelle, occupée par les Turcs ; une tour du moyen-âge, démantelée aux trois quarts, et peuplée de vipères ; une demi-douzaine de constructions modernes, bâties à l'européenne; quelques tentes, et une quarantaine de gourbis arabes, aux toitures de feuillage ou de branches épineuses, voilà, aujourd'hui, tout Jéricho. Mais, la toile ici est secondaire ; elle s'efface totalement dans l'admirable beauté du cadre. C'est dans un incomparable nid de verdure que se trouvent en effet plantées toutes ces habitations chétives ; c'est à l'ombre des arbres rares, et dans la senteur parfumée des plantes aromatiques et des fleurs exquises, que vivent ici arabes, turcs et étrangers : Jéricho, en somme, est donc moins un village qu'un

Fig. 79. — Bords du Jourdain.

jardin enchanteur. Je devrais ajouter : un « jardin des tropiques », ce qui, sans rien retrancher de sa beauté, laisserait entendre du moins qu'on y « jouit » d'une température de serre chaude. Sur la table de ma chambre d'hôtel, à minuit, en septembre, mon thermomètre de voyage marquait 40° centigrades ! Le moyen de dormir, s'il vous plaît, avec cette chaleur, quand, de surcroît, le calme de la nuit est constamment troublé par le cri plaintif des chouettes et le grognement lugubre des chacals rôdeurs ! Décidément, ce n'est pas à Jéricho qu'il faut venir pour sommeiller paisiblement (1)...

De grand matin, avant cinq heures, nous nous acheminons vers le Jourdain (Fig. 79) et la Mer morte (Fig. 80) : il s'agit d'utiliser, le plus promptement possible, les pre-

Fig. 80. — Bords de la Mer morte.

mières heures de fraîcheur relative de la journée ; car, dans ce désert, l'excursion devient impraticable, dès que le soleil est monté un peu à l'horizon. Le ciel, d'un bleu très pur, s'éclaire à peine, sur les monts de Moab, des lueurs caressantes de l'aube matinale ; et, déjà, nous roulons, comme sur de la ouate, sur l'indécise route de sable fin qui, à travers l'esqace, se dirige au grand Lac. De temps à autre, par une éclaircie qui s'ouvre entre les

---

(1) Malgré les grands silences de la Ville Sainte, j'en dirais presque autant de Jérusalem, dans la zône de la Porte de Jaffa. Toute la nuit, sous mes fenêtres du Grand New Hôtel, caracolaient, dans l'obscurité, Bédouins et bêtes de somme ; lorsque les âniers daignaient, un moment, faire relâche, c'était le sabbat, l'horrible sabbat, des chiens, qui commençait ; enfin, dès le lever du jour, c'était la cohue des marchands, l'assaut des étalages, l'indescriptible brouhaha des conversations, qui jetaient, de plus belle, en ce coin mouvementé, tous les murmures et tous les bruits.....

plateaux effrités, les cônes de soufre, et les assises marneuses pailletées de sel, ou encore entre l'épais feuillage des cèdres du désert, on aperçoit la nappe basse et aplatie de ses eaux huileuses. Il semble que la Mer est là, à quelques pas, et qu'il suffira de quelques tours de roues pour l'atteindre. Mais, plus on avance, plus elle semble fuir, et se dérober. Et, pendant ce temps, le disque radieux et tiède du soleil s'est levé, derrière les hautes montagnes qu'il commence, maintenant, à teindre de rose et d'or : une heure et demie s'est écoulée déjà, depuis le départ de Jéricho ; et l'on se sent peu à peu enveloppé par la chaleur engourdissante des rayons ardents, quand, enfin, l'on met pied à terre, aux bords du rivage de la Mer Morte. Bien « morte », en effet, et de toutes manières, la mer maudite ! Pas une vague, pour rider la face de ses eaux, ponctuées de taches de bitume ; pas une barque qui les sillonne, pour y promener au moins un simulacre de vie ; pas une apparition d'être animé, sur la plage morne ; pas de végétation (1), rien d'organique, pour embellir, ou égayer, le profil de ses longues lignes de sable ; pas même, ici ou là, une algue rejetée, ou quelques débris de coraux, ou quelques fragments de coquillages ; point de bruit enfin ; rien que l'éternel silence. Oui, elle est bien *morte* ; et, *mortelle*, autant que morte, en ce sens qu'elle a vite fait d'ôter la vie aux poissons qu'y entraîne le Jourdain, en s'y déversant, et de les momifier dans les sels ! Ses eaux plombées, naphteuses, et alourdies ne sont pas seulement insipides : elles ont encore une saveur détestable ; et, précipitamment, on rejette, avec des nausées, les quelques gouttes qu'on avait, curieusement, portées à ses lèvres. La Mer morte (Fig. 80) justifie donc bien le triste nom qu'elle porte : elle donne, bien totalement, une impression de mort (2) ; et l'on s'en

---

(1) On n'aperçoit que quelques branches dénudées, épaves rejetées sur la grève, ou tronçons encore flottants, dont l'écorce a été corrodée par les eaux maudites, comme par un acide : on les dirait pétrifiées ; et elles ont pris en effet la teinte grise du granit.
(2) La Mer Morte, qui a, à peu près, la longueur du Lac Léman,

JÉRICHO, LE JOURDAIN, ET LA MER MORTE

éloigne, presque joyeux, pour remonter vers le nord-est, aux rives du Jourdain, qui est, lui du moins, un fleuve de vie.

Sous le ciel de feu, à travers les marnes et les sables, et presque toujours au hasard, tant la route se confond ici avec le désert, nos chevaux galopent, pendant une heure, avant d'atteindre les bords du fleuve sacré (Fig. 79). Le voici, à nos pieds, maintenant, dans le cadre délicieux que lui font les saules et les tamaris, les roseaux et les coudriers, dont les branches s'enchevêtrent à plaisir, comme en une jungle des vallées de l'Indus. A cette époque de l'année, il n'a d'hôtes que les moucherons noirs et les moustiques qui s'ébattent, en vols serrés, dans les feuillages : pour réveiller ses échos endormis, il faudra attendre le retour de la Pâque, et la venue des pieuses

Fig. 81. — Ruth, au champ de Booz.

n'a pas seize kilomètres, dans sa plus grande largeur, et sa profondeur moyenne ne dépasse guère 300 mètres ; son niveau moyen (car il varie, avec les saisons), est d'environ 400 mètres, *au-dessous* du niveau de la mer : l'altitude de la Ville Sainte étant de 760 mètres, on se trouve donc, sur les bords de la Mer Morte, à environ 1.160 mètres en-dessous de Jérusalem. C'est ce qui explique la température tropicale de cette région. Il faut en effet qu'il y fasse terriblement chaud pour que puissent s'évaporer les 6.000.000 de tonnes que le Jourdain déverse, journellement, dans le Lac, sans en modifier le niveau : c'est grâce à l'air chaud et sec qui règne ici, dans cette dépression de terrain unique en son genre, que d'énormes quantités de vapeur d'eau se trouvent en effet absorbées. L'analyse chimique des eaux de la Mer Morte a démontré qu'elles renferment, en quantité, du chlorure de sodium, du chlorure de magnésium, et de l'asphalte ; puis, dans de moindres proportions, quelques autres substances minérales. Aussi, les eaux sont-elles très denses : le nageur, qui veut y plonger, ne le fait qu'à grand peine, tandis qu'il se maintient, au contraire, très facilement, à leur surface.

caravanes. Mais il coule toujours, impassible, presque solennel, vers la mer voisine à laquelle il apporte, fidèle, le tribut quotidien de ses eaux limoneuses et rapides. Ses flots, autrefois, rebroussèrent chemin, pour laisser un libre passage à l'Arche d'Alliance ; et ce fut assurément, pour le peuple d'Israël, une scène solennelle et grandiose. Mais le Jourdain devait connaître, dans la suite, des gloires plus insignes. Quand le Précurseur prêchait, sur ses rives, la venue prochaine de l'Agneau de Dieu ; quand, dans son lit, il donnait le baptême au Fils de l'Homme ; quand, sur ses eaux, glissait, des lointains infinis du ciel, la voix du Père qui disait : « Celui-ci est mon Fils bien-aimé, en qui j'ai mis toutes mes complaisances ! » oh ! alors, dans les pages d'or de l'Histoire, le nom du Jourdain se gravait en relief, et pour toujours !

Et, là-bas, à l'orient, par delà le cours du fleuve sacré et la nappe grise de la Mer morte, flamboient maintenant les monts de Moab, qu'inondent les rayons du soleil, à la neuvième heure du matin. Dans la courbe légère de leurs gracieuses ondulations, ils descendent, doucement, vers la mer, où ils semblent baigner leurs pieds. Et, comme dans un rêve, vaguement, on cherche alors à revoir Ruth, l'idéale Moabite que Dieu prédestinait à figurer parmi les ancêtres de l'Homme-Dieu. Aux flancs des collines boisées, on croit bientôt l'apercevoir. Près d'elle, se tient Noémi, sa belle-mère. Et, par la pensée, l'on suit les deux femmes s'en retournant, après les grandes tristesses de la mort de leurs proches, au pays des ancêtres, en la tribu de Juda, où il devait être plus doux en effet d'achever de vivre, plus doux surtout de dormir son dernier sommeil. Là, au champ de Booz, on reconstitue de toutes pièces, comme se sont complus à le faire les peintres (Fig. 81), la scène de Ruth la Glaneuse. Et l'imagination hantée par cette aimable vision biblique, on regagne Jéricho, pour remonter soi-même à la Ville Sainte.

CHAPITRE VII

BETHLÉHEM

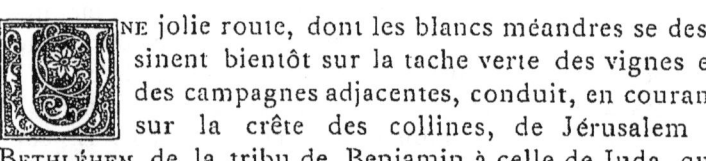NE jolie route, dont les blancs méandres se dessinent bientôt sur la tache verte des vignes et des campagnes adjacentes, conduit, en courant sur la crête des collines, de Jérusalem à Bethléhem, de la tribu de Benjamin à celle de Juda, qui avaient, au temps de Josué, leur limite respective à Rephaïm (Fig. 82). Après la vision désolée de la vallée de Josaphat et du désert voisin de la Mer morte, l'aspect de ces plateaux, où la culture de la terre est en honneur et où renaît la fertilité des champs, produit une sorte d'épanouissement joyeux, au contact du gazon, des pampres, et des olivettes : sans perdre tout-à-fait le caractère grave et mélancolique qui fait le cachet particulier de la campagne, aux alentours de la Ville Sainte, le paysage, ici, s'essaie à sourire ; il s'anime ; et il s'empreint d'une douce poésie, à laquelle se surajoute, d'ailleurs, toute la délicieuse poésie des vieux souvenirs. Et l'on monte (1) à

---

(1) Au sortir de Jérusalem, par la Porte de Jaffa, la route a une descente rapide, avant de se redresser, sur le versant opposé de la colline. Bethléhem est à 777 mètres d'altitude, au midi de la Ville Sainte, qui se trouve elle-même, on s'en souvient, à 760 m.

pente très-douce, pendant près de deux heures, jusqu'à Bethléhem-Ephrata (1), c'est-à-dire, tout ensemble, d'après le sens étymologique de chacun des deux noms, jusqu'à « la maison de pain », et « la féconde ».

Avant d'arriver à mi-chemin, une humble citerne, encastrée sur la gauche de la route, attire l'attention : c'est le célèbre « puits des Mages ». Ils avaient fait halte, en ce lieu, au sortir de Jérusalem, les Rois des pays lointains, et ils y abreuvaient leurs chameaux, quand, ô bonheur ! l'étoile mystérieuse, qu'ils avaient vue se lever au fond de l'orient et qui les avait guidés en marchant devant eux jusqu'à la grande ville, soudain reparut, brillante, au-dessus de leurs têtes, et leur causa une joie infinie : « Videntes autem stellam, gavisi sunt gaudio *magno valde* » (S. Matth., ii, 10). Depuis, la citerne est restée en vénération ; et, maintenant encore, chaque jour, les pâtres du voisinage viennent, vers midi, y désaltérer leurs troupeaux, en versant ses eaux fraîches dans le creux d'un bloc granitique, qui se trouve à côté, et dont le sommet est évasé en forme de vasque. Au-delà, à droite, se détache, sur l'arête de la colline, la coupole, blanchie à la chaux, du « tombeau de Rachel » (Fig. 83). L'intérieur n'en est accessible qu'en août et septembre. Mais pendant ces deux mois, il est constamment assailli de pèlerins. En jouant des coudes, je me glisse à travers la cohue juive des visiteurs, qui, une main appuyée sur la masse rectangulaire d'un sépulcre massif arrondi au sommet, une Bible hébraïque dans l'autre, lisent, à mi-voix, des versets du xxxvème chapitre de la Genèse, et emplissent l'enceinte d'un murmure de prières. Plus loin, enfin, sur la gauche, en dessous et à l'est de Bethléhem, s'étagent, au milieu des champs et des plantations, les maisons de Beit Sahour, le poétique « village des Pasteurs » qui eurent la primeur de la bienheureuse annonce de la bonne nouvelle : la « grotte » fameuse, où ils veillaient, en gardant

---

(1) On lit, dans la *Genèse* (xxxv, 19) : « Ephratam, *haec est* Bethléhem ».

leurs troupeaux, et où ils entendirent, pendant la nuit de Noël, le « Gloria » (1) et les joyeux cantiques des Anges, s'aperçoit, à un kilomètre environ en dehors du village, dans un enclos d'oliviers (Fig. 84).

Et la route, maintenant, après s'être séparée en deux tronçons, dont l'un, sur la droite, court vers Hébron, monte, à gauche, à la petite ville de Juda, « et tu, Bethlehem, *terra Juda!* », qui développe, gracieuse, ses riantes constructions aux flancs de la colline prochaine. Par une rue sinueuse, bordée d'avenantes maisons ouvertes, qui, tantôt s'élargit à plaisir, et, tantôt, se resserre en un étroit couloir où une voiture a peine à passer, on arrive bientôt à la grande place, que domine, de sa masse sombre percée d'étroites fenê-

Fig. 82.— Route de Bethléhem.

tres, l'Eglise de la Nativité. Le panorama qui se déroule, de la place, est enchanteur : au bas, par-delà le petit cimetière, d'innombrables jardins en terrasse, jusqu'à la vallée des Carroubiers ; sur la gauche, une série de collines cultivées, qui se succèdent, comme en bondissant, jusqu'aux approches de Jérusalem ; à droite, les dépressions de terrain, qui aboutissent à l'entonnoir de la Mer morte ; partout, un horizon largement ouvert. Une fois l'an, le jour de Noël, les rues et la place s'animent d'une vie extraordinaire : c'est l'envahissement des caravanes, l'encombrement des mules, des ânons, et des chameaux, et le kaléidoscope des costumes d'une foule pressée de pèlerins,

(1) « Subito facta est cum angelo multitudo militiae caelestis laudantium Deum et dicentium : *Gloria in altissimis Deo*, et in terra pax hominibus bonae voluntatis » (S. Luc., ii, 14).

qui viennent pieusement visiter la « Grotte » du Sauveur, et faire leurs dévotions, à Bethléhem (Fig. 85).

Un monde, ce Sanctuaire de la Nativité, avec ses trois églises latine, grecque, et arménienne, qui rèstent distinctes, bien qu'en communication immédiate ! Et un monument précieux, comme spécimen architectural des plus anciennes basiliques chrétiennes. Tout porte à croire en effet qu'on a encore, à Bethléhem, en dépit des restaurations qu'y fit Justinien, au vi^e siècle, et des embellissements qu'elle reçut, au temps des Croisés et plus tard, la basilique même construite par Constantin, vers 330, sur l'emplacement de la Crèche du Sauveur, encadrée dans la crypte. Le monument est donc vénérable, à une foule de titres. Lorsqu'on pénètre, par la porte basse de l'entrée centrale, dans l'immense vaisseau à cinq nefs, on est frappé de sa majestueuse simplicité et de l'admirable pureté de ses lignes : sur les grandes dalles du pavé s'élèvent deux rangées de colonnes en calcaire rougeâtre veiné de blanc, couronnées de chapiteaux corinthiens, et supportant des architraves qui soutiennent elles-mêmes les élégantes boiseries du plafond. Au xiie siècle, l'empereur Manuel Comnène avait fait couvrir les murs de riches mosaïques dorées. Le temps les a malheureusement fort endommagées ; mais il a été pourtant moins aveuglément cruel que la main des hommes. Ce que les chanoines de Cordoue avaient eu la barbarie de faire, en 1523, dans la mosquée d'Abdérame (1), les Grecs l'ont accompli, à leur manière, en 1842, dans la basilique constantinienne : à l'entrée du transept, brutalement, ils ont élevé un mur disgracieux qui sépare odieusement la nef du chœur, et qui rompt toute l'harmonie de l'édifice (Fig. 86). Maîtres de l'église et de ses dépendances, depuis 1672, ces mêmes Grecs ont dû cependant, en 1852, céder aux Latins, sur l'intervention de Napoléon III, une part de leur jouissance de la Basilique. Depuis un demi-siècle, Latins,

---

(1) Cf. notre opuscule : LE CIRCULAIRE 33 : *Du nord au midi de l'Espagne*, pages 124 sq.

Grecs et Arméniens, vivent donc là côte-à-côte, ce qui ne veut pas dire, hélas ! qu'ils y vivent en paix (1) : arrogants, querelleurs, et toujours prompts aux empiétements, les Grecs ne cessent de susciter des tracasseries aux moines Latins, qui sont obligés, pour se défendre, de recourir souvent à des arguments un peu plus « tangibles » que ceux de la simple persuasion (2).

Si l'on passe vite, et pour cause, dans l'église grecque et l'église arménienne, on ne stationne pas non plus très longtemps dans l'église latine des Franciscains (3), où les chants, accompagnés par un organiste exécrable, sur un abominable instrument, sont eux-mêmes détestables : cela est *italien* dans les moelles, et a la saveur particulière qu'on retrouve, à peu près partout, dans les églises de faubourg des grandes villes d'outre-mont, de Milano à Venezia, et de Napoli à Palermo. L'on a hâte de descendre, par l'escalier réservé aux Latins, dans la Grotte

Fig. 83. — Tombeau de Rachel.

(1) Le même triste état de choses existe, malheureusement, au Saint Sépulcre lui-même, où, nombre de Chapelles étant indivises entre les différents rites, il se produit, journellement, de regrettables conflits de pouvoir, et des discussions, dont les ennemis de l'Eglise s'empressent de se faire une arme contre la Religion...

(2) C'est ce qui explique la présence, en permanence, à la Basilique, de deux soldats turcs, chargés spécialement de prévenir les conflits, ou, tout au moins, de les faire cesser. Et cela encore est très triste !

(3) Cette église, érigée sous le vocable de Ste Catherine, sur une ancienne chapelle dédiée à S. Nicolas, a été reconstruite, en 1881, par les Pères Franciscains, dans le goût italien moderne : à chaque arceau, pendent des lustres de Venezia. Le couvent des Pères est adjacent à l'église, à l'est.

merveilleuse, où sont, en somme, les plus grands et les plus précieux souvenirs.

Un boyau étroit et obscur, dont les parois maculées sont usées par le frôlement des milliers de visiteurs qui ont passé là, aboutit à la Crèche de paille où s'étaient réfugés Marie et Joseph, faute de trouver place à l'hôtellerie. Une étoile d'argent, avec une inscription latine, est fixée près du sol, comme pour rappeler qu'en ce lieu s'arrêta l'étoile mystérieuse qui, du fond de l'Orient, y amenait les Rois Mages (1). Le rocher de la voûte disparaît, en partie, sous des tentures vieillotes qui conservent au sanctuaire un caractère de pauvreté en harmonie avec l'étable primitive. Entre des colonnes grêles, se profile la table de l'autel, à l'arrière duquel, à l'abri d'un grillage où brûlent des lampes, se trouve la place où naquit Jésus (FIG. 87). Au-dessus, éclairée par une lampe, miroite une peinture, où des Anges développent une banderolle sur laquelle se lisent les paroles qu'ils chantèrent aux Pasteurs, dans la bienheureuse nuit de la Nativité. Et l'on revoit, dans ces quelques mètres carrées de surface, la scène auguste et ineffable qui se déroula autour de la Crèche. Près du bœuf et de l'âne, qui mangeaient, inconscients, au « praesepe » voisin, l'on aperçoit Marie et Joseph en extase, devant le Divin Enfant; l'on entend se glisser près d'eux, dans un empressement docile, les bergers qui sont accourus, de Beit Sahour, à l'appel des Anges, et qui, agenouillés maintenant, déposent, aux pieds du Dieu dont ils bénissent la venue en ce monde, l'hommage de leurs adorations naïves, avec les humbles présents de leur pauvreté ; l'on voit enfin défiler, avec leurs riches offrandes, les Rois mystérieux qui, de l'Orient lointain, apportaient l'or, l'encens et la myrrhe. Et, en

---

(1) Cette étoile, sans doute à cause de son inscription *latine*, est le cauchemar des Grecs, et semble leur être particulièrement désagréable. Ils la frottent donc, et l' « astiquent », sans désemparer, peut-être avec le secret espoir de l'user, à force de la polir. Comme si ce n'était pas la chose la plus simple du monde, pour les bons Franciscains, de remplacer une étoile usée par une étoile neuve !

silence, avec ces premiers et heureux adorateurs du Messie enfin venu, l'on adore l'Enfant-Dieu qui se cache, maintenant, sous les langes blancs du pain Eucharistique, dans le tabernacle de la Basilique supérieure ; et l'on bénit Dieu d'avoir, dans sa paternelle miséricorde pour l'humanité coupable, opéré de semblables merveilles : *Gloria in altissimis Deo !*

D'autres grottes succèdent à celle de la Crèche, qui ont, chacune, leur histoire et leurs souvenirs. Voici celle où reposait S. Joseph, la nuit où l'Ange lui apparut, après le départ des Rois Mages : « Lève-toi, lui dit-il, prends l'Enfant et sa Mère; et, avec eux, fuis en Egypte, et restes-y jusqu'à ce que je t'avertisse d'en revenir, car Hérode va faire rechercher l'Enfant pour le perdre ! (1) » Et,

Fig. 84. — Village des Pasteurs.

tout près, voici la grotte (2) où les sicaires du roi barbare firent en effet couler le sang de quelques pauvres petits êtres, cachés là par leurs mères, pendant que, dans tout Bethléhem, se poursuivait sans pitié le massacre des Innocents, et que, des champs de Rama, montait vers le ciel, désolée et navrante, la plainte de Rachel, qui ne veut point être consolée !... Au jour de l'octave de la fête

---

(2) S. Matth., ii, 13.
(3) Quand on sort de Bethléem par le chemin qui, à l'est, conduit aux campagnes voisines, on trouve, à droite, après avoir franchi un paysage voûté, une Grotte encore célèbre sous le nom de « *Grotte du Lait* ». C'est en ce lieu, d'après la tradition, que la Ste Vierge, lors du départ pour l'Egypte, se serait arrêtée pour allaiter l'Enfant Jésus. Or, une pieuse légende ajoute qu'une goutte de lait tomba sur la pierre de la caverne. De là, un double souvenir qui rend cette Grotte chère à toutes les mères qui nourrissent leur enfant, et qui, de temps immémorial, les y attire.

de tous ces petits anges, qui eurent l'honneur d'être les tout premiers « témoins » du Christ, *flores martyrum*, l'Eglise fait relire par ses prêtres, à l'office divin, un sermon (1) d'une beauté achevée, où se trouve merveilleusement décrite la scène saisissante de l'impitoyable massacre. « Avec la naissance du Seigneur, dit l'auteur sacré, le deuil commence, non pour le Ciel, mais pour le monde. Elle apporte la désolation aux mères, aux Anges l'allégresse, aux enfants le changement de demeure. Celui qui vient de naître est Dieu : des victimes sans tache sont dûes à Celui qui vient condamner la malice du monde ; on doit immoler des agneaux à l'Agneau qui sera crucifié pour effacer les péchés de la terre. Mais les brebis, les mères, jettent de longs cris de douleur, en perdant leurs agneaux qui ne poussent encore que d'inintelligibles vagissements. Miracle insigne, et désolant spectacle ! Le glaive est levé, sans aucun motif, dirigé par la seule envie, puisque Celui qui est né ne fait violence à personne. Et nous voyons les mères se lamenter sur leurs agneaux immolés. « Une voix a été entendue sur les hauteurs, voix de lamentation, de deuil et de larmes ! » Les enfants ne sont pas confiés au sein de leurs mères, ils y sont créés; ils n'y sont pas déposés, mais exposés. Témoin, la nature elle-même, qui combattait contre les Martyrs, pendant que le tyran persécutait ces enfants. La mère, qui perdait l'ornement de son front, arrachait sa chevelure flottante. De combien de manières ne cherchait-elle pas à cacher son fils ? Et le petit enfant se dévoilait lui-même ; il ne savait pas se taire, parce qu'il n'avait pas encore appris à connaître le danger. La mère le disputait au bourreau, le retenant, quand il cherchait à le lui ravir. « Pourquoi, lui criait-elle, pourquoi sépares-tu de moi celui que j'ai

---

(1) Le Bréviaire romain porte cette mention : « Sancti Augustini Episcopi, Serm. I de Innocentibus »; et l'un des derniers éditeurs des *Œuvres complètes de Saint Augustin* fait en effet figurer le texte dans le corps des sermons de l'illustre docteur (Edition Vivès, Tome XX, p. 377-378). Mais il ne paraît pas démontré que S. Augustin en soit l'auteur : des critiques sérieux l'attribuent, les uns, à S. Jean Chrysostôme; les autres, au Vénérable Bède.

engendré de ma propre substance ? Il est le fruit de mes entrailles, et il ne demandait pas à vivre : est-ce en vain que mon sein s'est gonflé de lait ? Je le portais avec tant de précautions, et ta main cruelle le déchire sans pitié ; mes entrailles viennent de le mettre au jour, et tu l'écrases contre terre ! » Pressée par les sicaires d'Hérode, une autre mère s'écriait : « Immole la mère, avec l'enfant ; car pourquoi me renvoyer dépouillée ? S'il y a une faute, c'est moi qui l'ai commise ; s'il n'en existe pas, fais notre mort commune, et délivre sa mère ! » Une autre disait : « Que cherchez - vous ? Vous cherchez un enfant ; et vous en tuez un grand nombre : mais, Celui que vous cherchez, vous ne pouvez l'attein‑ dre, parce qu'il est le seul qui est uni‑ que. » — « Viens enfin, poursuivait une quatrième ,

Fig. 85.— L'arrivée des pèlerins, à Bethléhem, le jour de Noël.

viens, Sauveur du monde, depuis si longtemps attendu. Tu n'as, toi, personne à redouter. Que ces soldats te voient, et qu'ils ne massacrent plus nos enfants ! » Et les mères mêlaient leurs lamentations ; et l'offrande des Saints Innocents montait jusques au ciel ! »

Dans la partie septentrionale de la Crèche, au bout du couloir étroit creusé dans le rocher, se trouvent, en des grottes distinctes, deux autels élevés respectivement à S. Jérôme, et à son disciple S. Eusèbe de Crémone : puis, tout à l'extrémité nord, la Chapelle, ou Oratoire, du même S. Jérôme, où sont enfermées, près des restes de Ste Paule et de Ste Eustochium, ses précieuses reliques. Le nom du grand docteur s'identifie dans une trop large mesure avec celui de Bethléhem, et la petite ville de Juda est trop pleine encore de son pieux et savant souvenir, pour qu'on ne me

permette pas de m'y attarder un peu. Dans ce grand
IVe siècle, où brillèrent tant de gloires de l'Eglise,
S. Jérôme apparaît, entre S. Ambroise, S. Augustin,
S. Paulin, S. Hilaire, etc., comme la figure la plus originale, peut-être la plus touchante, en tout cas la plus moderne, parmi ces hommes antiques. Ecrivain éloquent, docteur, polémiste, il fut, de surcroît, un merveilleux éveilleur d'intelligences, un puissant entraîneur de volontés, en un mot, un admirable directeur d'âmes. La Providence l'achemina, par des étapes successives, et, pour ainsi dire, par une série de degrés ascendants, à remplir, dans le monde d'alors, ce rôle d'élite. C'est à Rome, d'abord, que se fit sa préparation : sous la discipline des plus habiles rhéteurs et grammairiens du temps, il acheva, en compagnie des jeunes patriciens, son éducation, commencée à Stridon, au pays natal de Dalmatie. Puis, à Aquilée, sous la paternelle direction du pieux évêque de l'Illyrie, Valérien, il se façonna à la vie intérieure et aux fortes vertus chrétiennes. Enfin, le désert sauvage de Chalcis, où, à l'exemple des grands solitaires, il mata sa chair dans la contemplation, la pénitence et les larmes, acheva la formation de son âme et orienta définitivement, vers les études sacrées, son esprit resté jusque-là assez enthousiaste des écrivains profanes. Dieu, qui avait sur lui de grands desseins, prit soin alors de le ramener à Rome, où un grand Pape, S. Damase, occupait, à cette époque, le siège de Pierre ; mais il l'y ramena par une voie détournée, car tout chemin mène à Rome. Il l'y fit venir, par un long détour dans l'Asie-Mineure, la Judée, et la Grèce, ici, pour lui ménager l'occasion de bénéficier des leçons des maîtres dans la science sacrée ; là, pour lui permettre de recevoir, des mains de l'évêque Paulin, la consécration sacerdotale ; plus loin, pour lui faciliter la rencontre d'amis, tels que S. Basile et S. Grégoire de Nazianze.

Investi, dès son arrivée à Rome, de toute la confiance du Souverain Pontife, il ne tarda pas à y prendre une place considérable. Or, il y avait, en ce temps-là, dans la capitale de l'Occident, de pieuses et nobles Romaines, qui avaient arboré hautement la bannière des grandes vertus et transporté, dans leurs demeures patriciennes de l'Aventin, quelque chose des saintes traditions du désert : à leur tête, brillaient Marcella, et Paula, l'héritière des Scipion. Devinant, dans Jérôme, un maître incomparable pour la science de la vie chrétienne, elles eurent le désir très-vif de profiter de ses leçons, et, avec instances, elles les lui demandèrent. Jerôme, d'abord, s'y refusa longtemps. Mais leurs instances réitérées, auxquelles se joignirent probablement celles de S. Damase, eurent enfin raison de sa résistance. Il parut donc, à l'Aventin, et il y commença des lectures et des explications des Saints Livres. Le grand

Fig. 86. — Eglise de la Nativité.

exégète, chez qui le *respect* des Ecritures allait de pair avec la *connaissance* des Livres sacrés, s'attacha surtout à *rapprocher* les deux Testaments, et à montrer Jésus-Christ *partout* caché sous la lettre (1). Habile à dégager les vérités pratiques enveloppées sous les figures, il en tirait les applications les plus ingénieuses et les plus solides, et fai-

---

(1) Quelle leçon, et combien instructive, partant de si haut, pour une certaine *Ecole* d'exégètes modernes, qui, marchant à la remorque des « savants » d'outre-Rhin, se réclament très haut de la « science » pour ébranler, d'une main téméraire, les colonnes qui soutiennent l'édifice de l'Ancien Testament, porter le fer et la flamme dans des traditions tellement vénérables qu'elles équivalaient jusqu'ici presque à des croyances, et jeter ainsi, dans les âmes jeunes, des semences de scepticisme qui, un jour ou l'autre, hélas ! porteront des fruits désastreux ! Ces docteurs émérites, dont quelques-uns n'ont pas encore atteint leur trentième année, ignorent donc, eux qui savent tout, que jamais une conclusion catholique n'a pu sortir de prémisses rationalistes ?...

sait jaillir du texte des richesses inattendues. Son docte auditoire était ravi, et le succès de ces « cours » fut immense : des prêtres de Rome, des sénateurs, des jeunes gens, briguèrent l'honneur d'y assister. Aussi, le maître des intelligences devint-il bientôt, par la logique naturelle des choses, le maître des âmes : on n'eut de trêve, qu'après avoir obtenu la faveur de se placer sous sa direction. N'est-ce pas lui qui écrivait, un jour, dans une de ses lettres : « Le devoir du prêtre est d'aimer les âmes, toutes les âmes, d'un amour paternel ; et sa gloire, c'est de les faire avancer dans la vertu ? » Il fut un directeur incomparable ; et sa joie, comme sa couronne, fut de rencontrer, dans le nombre des âmes d'élite à qui il prodigua ses soins, des Paula et des Eustochium. Mais tandis que Dieu trouvait son compte à ce fructueux apostolat, Satan, l'éternel adversaire, ne restait point inactif. Le saint protecteur de Jérôme, le pape Damase, eut à peine fermé les yeux, qu'une conjuration de haines féroces éclata soudain, avec violence, contre le maître que ne protégeait plus la puissante amitié du Pontife. Eh quoi ! Jérôme avait mené jusque-là une vie d'incroyables labeurs ; son enseignement, à l'Aventin, avait obtenu un succès extraordinaire ; enfin, si discrète et voilée qu'elle eût été, sa bienfaisante influence, peu à peu, avait rayonné dans la haute société romaine, et, comme malgré lui, l'y avait mis en vedette. Quels crimes abominables ! Toute la tourbe, l'éternelle tourbe, des envieux, des jaloux, des gens querelleurs ; toute la triste cohue de ceux qu'indispose le spectacle du bien qu'on cherche à accomplir ; toute la foule, l'immense foule, de ceux qui croient voir, dans la passion du travail chez autrui, une stigmatisation tacite de leur tendre amour du farniente ; en un mot, car il serait bien regrettable de ne pas mentionner encore ceux-ci, tous les « amis » perfides qui, au témoignage même de Jérôme, s'empressaient à le flatter par-devant, sauf à se dédommager, à la façon des reptiles, en le mordant par derrière, *osculabantur mihi manus quidam, et ore vipereo detrahebant* (1), tous, à

(1) B. Hieron., Epist. 28, *Ad Asellam*.

l'envi, sonnèrent triomphalement la curée et s'acharnèrent sur leur victime : grossièretés de bas étage, injures, médisances, insinuations calomnieuses, toutes les armes semblèrent bonnes, aux mains de ces « honnêtes gens ». Ce fut, dans Rome, une épouvantable tempête, et, durant quelques semaines, un vrai scandale ! Par bonheur, Jérôme était prêtre ; et il ne manquait pas de jugement. Le prêtre eut vite fait de comprendre quelle force ennemie dirigeait les coups, après avoir préparé dans l'ombre l'horrible levée de boucliers : désillusionné, mais non pas vaincu, il s'humilia donc sous la main de la Providence qui cachait probablement une grâce, sous l'accablement de l'épreuve; et, s'il crut, une fois, devoir ouvrir la bouche pour se défendre d'une calomnie plus atroce, il ne répondit, en somme, à toutes

Fig. 87.— Grotte de la Nativité : la Crèche.

ces viles attaques, que par le silence le plus complet. D'autre part, l'homme de bon sens qui était en lui se résolut, d'un prompt coup-d'œil, au seul parti que conseille, en l'occurrence, la sagesse la plus élémentaire : s'éloigner ; donner à l'orage, qui n'est jamais éternel, le temps de passer ; et laisser à l'iniquité l'occasion fatale de se mentir à elle-même, en s'embourbant dans sa honte !

Jérôme quitta donc Rome. Si, parmi ceux qu'il avait pu croire véritablement ses amis, la plupart, hélas ! s'étaient dérobés, pendant la tourmente, ou avaient observé une « prudente » réserve, quelques-uns cependant s'étaient comportés en gens de cœur, en *amis*, et s'étaient serrés courageusement autour du persécuté. L'histoire l'a dit déjà, à leur honneur : pas une seule des femmes vénérables, qui avaient suivi ses leçons, à l'Aventin, et dont Rome admirait les vertus, ne l'abandonna, dans sa détresse ; toutes, au contraire, lui restèrent fidèles ; mais, dans le nombre, aucune davantage que la patricienne Paula ! Dieu l'en récompensa d'une façon insigne, tout de même qu'il ménagea à Jérôme les plus précieux dédommagements. Au mois d'août de l'an 385, ce dernier avait pris la mer, à Ostie, pour se rendre en Palestine et chercher, aux lieux bénis consacrés par la vie et la mort de Jésus, le calme et la tranquillité que Rome ne pouvait plus lui donner. Trois mois plus tard, à l'automne de cette même année 385, Paula, que poursuivait de longue date l'ardent désir de visiter les Saints Lieux, s'embarquait, à son tour, avec ses enfants, visitait avec larmes toute la Judée, et, conduite à Bethléhem, comme autrefois les Mages, par quelque étoile mystérieuse, y trouvait enfin, près de la divine Crèche, le « lieu de son repos » : atteinte en effet par les deux plus profondes blessures qui puissent toucher une âme ici-bas, celle de la douleur et celle de l'amour de Dieu, elle eût trop souffert à rentrer de nouveau dans les agitations et le bruit dont elle ne pouvait se défendre, à Rome. La Crèche n'avait, d'ailleurs, pas moins éloquemment parlé au cœur de Jérôme : désenchanté, par l'expérience, des ambitions vaines, il tenait désormais la fortune, les honneurs et la gloire, pour de la fumée ; dévoré d'aspirations plus hautes, il ne désirait plus que se cacher à tous les yeux dans ce lieu, le plus vénéré de la terre, pour y nourrir son âme des pensées éternelles, et y vouer ce qui lui restait encore de vie à de saints et féconds travaux.

Cette double résolution prise, Paula fit immédiatement bâtir, près de la Crèche du Sauveur, deux monastères, un de femmes, où elle habiterait avec Eustochium et la colonie de vierges et de veuves qui l'avaient suivie, de Rome ; et un autre d'hommes, pour Jérôme et ses disciples. Ce que fut, dans les deux ruches, cette vie de prière, de sanctification, et de fortes études, le pénétrant historien de Ste Paule l'a trop admirablement montré, pour qu'il soit nécessaire de le redire. Qu'il suffise de rappeler que, pendant que Paula épanchait, au dedans et au dehors, tous les trésors de son ingénieuse charité, et montait, chaque jour davantage, par l'immolation d'elle-même et le culte passionné des saintes Lettres, dans les régions sereines où les âmes achèvent de se transfigurer, Jérôme, avec de nouvelles ardeurs, reprenait, de son côté, ses travaux momentanément interrompus; se perfectionnait dans la connaissance de l'hébreu; apprenait le chaldéen; composait des explications des Livres sacrés; entreprenait, sur l'hébreu, une traduction latine de la Bible; trouvait, dans la délicatesse de son zèle, le temps d'instruire les petits enfants; et entretenait, avec les plus grandes illustrations du siècle, qui le consultaient, une correspondance suivie. Les méchants s'étaient flattés de mettre sous le boisseau cette pure lumière! Et voici que Dieu la faisait rayonner, maintenant, sur le monde entier : grâce à Jérôme, — grâce surtout à la Bonté divine, qui avait tout permis, et tout dirigé, — quelques mois avaient suffi pour que Bethléhem devînt le sanctuaire même de la science !

De ce bien, encore, le démon fut jaloux : par ses soins, les amertumes et les épreuves ne manquèrent pas, sous des formes multiples, aux pieux solitaires. Mais c'est une loi providentielle de ce monde que, à chaque jour suffit sa peine. Cette peine, cette *malice* quotidienne, comme parle l'Ecriture, ils la portèrent vaillamment, noblement, avec le poids du jour et de la chaleur. Et quand, au soir de leur vie, sonna pour eux, à tour de rôle, l'heure du repos, simplement, l'âme totalement ouverte aux immortelles espérances de l'au-delà, ils allèrent rendre compte, au maître du champ, d'une journée si pleinement remplie. A tour de rôle, Paula, Jérôme, Eustochium furent ensevelis, par de pieuses mains, dans la grotte voisine de la Crèche, où, de toute leur âme, ils avaient, naguère, choisi le lieu de leur repos. Or, ils y dormaient, à peine depuis quelque temps, leur paisible sommeil de prédestinés, que l'Eglise, cette Mère toujours attentive à l'honneur de ses enfants, venait s'agenouiller, elle-même, respectueuse et émue, auprès de ces trois tombes, où s'accomplissaient de signalés prodiges : dans les plis de son manteau, soigneusement, elle recueillait la relique des merveilleux ossements pour l'exposer, sur ses autels, à la vénération des siècles présents et à venir ; et, de son infaillible main, autour de leur front, à tous trois, elle plaçait l'ineffaçable auréole des Bienheureux ! A Rome, peut-être, Jérôme ne fût devenu qu'un savant de marque, et il n'eût laissé, après lui, que le souvenir d'un grand nom : Bethléhem au contraire, fit de lui, un *Saint !* Et voilà pourquoi son souvenir, qu'y rappellent encore visiblement et la grotte, et l'oratoire, et ce vieil oranger qu'on voit au jardinet des Franciscains, est inséparable, là-haut, de celui-là même de la Crèche. Si je l'ai, peut-être, trop longuement évoqué, c'est que, à Bethléhem, il obsède, et que, à une telle fascinante obsession, il n'est rien moins que facile de se dérober...

CHAPITRE VIII

DE NAZARETH A BEYROUTH, PAR TIBÉRIADE ET CAÏFFA

La route en apparence la plus directe, de Jérusalem à Nazareth, est celle qui passe à El-Bireh — l'endroit où Marie et Joseph prirent conscience de l'absence de l'Enfant Jésus, laissé dans le Temple —, à Béthel, à Naplouse, à Samarie, à Béthulie et à Djennin. Mais, à moins de faire partie d'un pèlerinage, il est prudent de ne point s'y engager sans escorte. D'autre part, c'est un voyage qui demande quatre ou cinq jours d'étapes ; qui ne peut se faire commodément qu'à cheval, ou à dos de chameau ; et pendant lequel on a le « plaisir » de coucher, chaque soir, sous la tente, dans une maison de toile. Tant de difficultés réunies suffisent à refroidir le zèle de quiconque n'a pas, très accentué, un tempérament de nomade. Au lieu de chercher à les vaincre, j'aimai mieux les « tourner » ; et, bien que la ligne droite soit généralement regardée comme le plus court chemin d'un point à un autre, je lui préférai la ligne courbe, qui, en effet, m'amena plus rapidement au but désigné, et avec moins de fatigues. Il n'y a, décidément, pas de règle sans exception !

Par Jaffa, je gagnai donc Caïffa, en bateau : l'affaire d'une nuit, à peine, de traversée ; et, de Caïffa, je vins à Nazareth, par une belle route qui traverse une contrée ondulée, fertile et riante : une étape de trente-huit kilomètres, c'est-à-dire, comme distance, une réédition de l'excursion à la Mer morte, Assise, au sud du golfe d'Acre, dans sa baie tranquille, *Caïffa* développe ses quais et ses maisons blanches au pied du promontoire voisin, que domine, à trois quarts d'heure de là, le majestueux Couvent du Carmel, plein de la mémoire d'Elie et d'Elisée. Une colonie allemande de transfuges qui fuyaient, en 1870, le service obligatoire, s'est établie à Caïffa, et y a malheureusement pullulé, au préjudice de l'influence française en ce coin de l'Orient (1)...

Des maisons carrées, à toits plats, s'étageant capricieusement en amphithéâtre, aux flancs d'une colline qui les abrite contre le vent du nord ; au bas, une Basilique, où fut conservée, jusqu'au xiiie siècle, l'humble habitation de la Sainte Vierge, la « Santa Casa », avant sa prodigieuse translation, par les Anges, en Illyrie, puis en Italie; au-delà, une vallée enchanteresse, une véritable oasis, où les arbres mêlent leurs fruits savoureux aux parfums des fleurs, et la vigne ses pampres à l'or jaune des moissons ; enfin, un peu partout, à travers les constructions, des arbres, de la verdure, et des senteurs aromatiques : voilà NAZARETH, la « ville des fleurs », la ville, surtout, « de l'Annonciation » de l'Archange Gabriel à la Vierge Marie. Nathanaël s'étonnait, un jour, devant l'apôtre Philippe, qu'il « pût sortir de Nazareth quelque chose de bon ». En réalité, rien ne pouvait en sortir de meilleur, puisque TOUT est sorti de là, pour le salut de l'humanité ! Par les rues étroites de la ville proprette, on s'achemine, d'abord, à la Basilique, foyer et centre de tous les grands souvenirs. Elle est gardée par les Pères Franciscains de Terre Sainte, qui l'ont reconstruite, au siècle dernier, sur les ruines

---

(1) La France a pris sa revanche, à Caïffa, en 1891 ; un essaim du Carmel d'Ecully (Rhône) est venu y fonder une Maison. La revanche est modeste, sans doute ; mais, soutenue par la prière incessante des filles de Ste Térèse, elle sera féconde.

d'un plus ancien sanctuaire, qui avait succédé lui-même à l'opulente basilique de Constantin. L'emplacement de la Maison de la Ste Vierge, dont il ne reste que les fondations et la partie reculée creusée dans le roc (1), se trouve dans la crypte, au-dessous du maître-autel. C'est donc en ce *lieu*, sinon dans les mêmes murs, que s'échangea, entre le Messager céleste et la plus pure des Vierges, l'ineffable colloque, au terme duquel s'accomplit le divin mystère de l'Incarnation ! L'on comprend, par ce qu'on éprouve soi-même, ce que durent ressentir, à cette même place, des êtres d'élite comme Ste Hélène, S. Jérôme, Ste Paule, S. Louis (2), S. Antoine, S. François d'Assise. On veut prier ; et il n'y a qu'un mot qui revienne obstinément aux lèvres, tant il a, ici, une incomparable saveur : *Ave, Maria ! Ave Maria !*

Fig. 88. — Fontaine de la Vierge, à Nazareth.

Tout au nord-est de la ville, et presque à l'entrée, dans ce coin de banlieue où l'animation se localise, matin et soir, autour des fontaines, voici, en effet, une fontaine célèbre, la « Fontaine de la Vierge », comme on l'appelle à Nazareth (Fig. 88). C'est là que Marie venait puiser l'eau potable, dans la cruche dont le type est resté traditionnel,

---

(1) Cf. notre volume : DU VÉSUVE A L'ETNA, ET SUR LE LITTORAL DE L'ADRIATIQUE, IVme Partie ; Chap. 1 ; *Loreto* ; pages 572 sq.

(2) Voici en quels termes un vieil historien, Geoffroy de Beaulieu, raconte l'entrée de S. Louis à Nazareth : « La veille de l'Annonciation, le roi, revêtu d'un cilice, se dirigea vers Nazareth. Lorsqu'il l'aperçut de loin, il descendit de cheval, et, après avoir fléchi le genou, il s'avança, vers la cité sacrée. Il jeûna, ce jour-là, au pain et à l'eau, quoiqu'il eût fait une marche fatigante. Depuis que le Fils de Dieu s'était incarné, jamais Nazareth n'avait vu si grande dévotion. »

et laver, au déversoir de la fontaine, les « drapeaux » de l'Enfant Jésus. Et c'est là encore que s'acheminent, par bandes rieuses, femmes et jeunes filles, la gargoulette sur la tête, le front cerclé d'une ferronnière d'argent, sous les draperies flottantes du voile rejeté en arrière. Elles n'ont pas la démarche lente, le port austère, la discrète réserve des Bethléhémites, qui, avec leurs bonnets en cônes pailletés d'or ou d'argent, leurs vestes de couleur éclatante couvertes de broderies, leurs longues robes d'un vert sombre, et l'ample voile dans lequel elles se drapent, prennent, comme sans y songer, de graves attitudes de madone ; sur ces visages, dont le profil est très pur, il y a je ne sais quelle empreinte uniforme d'une mélancolie concentrée ; l'on dirait qu'elles portent toutes encore le deuil public des ancêtres, au lendemain de l'abominable massacre ordonné par Hérode, et que leur âme est à jamais fermée aux libres épanouissements de la joie. A Nazareth, au contraire, c'est la joie qui domine ; elle se traduit dans les gestes comme dans les poses, dans les paroles comme dans les fusées de rire cristallin qui s'envolent de toutes les bouches. C'est qu'il n'y a, à Nazareth, que de doux et consolants souvenirs ; c'est l'Ange de la vie, non celui de la mort, qui y a passé ; et, d'ailleurs, toutes les jeunes filles n'y sont-elles pas « cousines » de la Ste Vierge, comme les enfants y sont « cousins » de l'Enfant Jésus ? Et, les uns et les autres n'affichent-ils pas une sorte de point d'honneur à se réclamer très haut de ce glorieux « cousinage » ?

Entre la Fontaine et la Basilique de l'Annonciation, se trouve, protégé aujourd'hui par une humble chapelle qui a remplacé la belle église antique, l'Atelier de S. Joseph (Fig. 89). On remarque, d'abord, avec une certaine surprise, qu'il est à environ deux cents mètres de la Sainte Maison. Mais on s'explique cependant très bien, par la vue des coutumes locales, cette distance, et la séparation des deux édifices. En Orient, le travail manuel des hommes, et la vente des marchandises, n'ont pas pour théâtre l'habitation familiale. Les marchandises se négocient au bazar, et la confection des objets s'exécute dans les ateliers. Comme ses compatriotes, S. Joseph avait donc, distinct de sa maison, quoique assez rapproché d'elle, un atelier où il exerçait son art de charpentier. — Plus loin, près du marché, l'on s'arrête dans une autre chapelle d'aussi modeste apparence, où est conservé le long bloc de pierre qui servit de table à Jésus, pour manger, après la Résurrection, avec ses Apôtres, à qui il avait donné rendez-vous en Galilée: on le nomme « table du Christ », *mensa Christi;* et c'est encore un précieux souvenir.

L'étape, de Nazareth au lac de Tibériade, bien qu'elle se puisse faire commodément en quatre à cinq heures, est assez fatigante, si l'on veut, comme on le fait d'ailleurs presque toujours, y greffer l'ascension du Thabor. Elle semble si voisine, elle a un si grandiose aspect, et elle évoque une

Fig. 89.
Chapelle de l' « atelier de Saint-Joseph. »

si admirable vision, la célèbre montagne, qu'on n'hésite pas à s'engager vaillamment dans le sentier abrupt qui grimpe, entre ses flancs tapissés de térébinthes, de caroubiers et de chênes nains. A mesure qu'on monte, les difficultés de l'ascension augmentent : ce ne sont bientôt qu'amas de cailloux, rocs pointus, ravins béants, et dangereuses fondrières. Cependant, à force de patience, et de précautions, l'on arrive enfin sur le sommet dénudé de la montagne ; et, aussitôt, un panorama superbe se déroule sous les yeux ravis: au sud, le petit Hermon et les monts Gelboé, le groupe pittoresque de Sulem et d'Endor, les cimes lointaines des chaînes de Juda et d'Ephraïm ; vers le couchant, les belles lignes du Carmel, qui semble descendre dans la grande mer ; au nord, par-delà les plaines de la Galilée, les crêtes élevées et blanchies de l'Anti-Liban et du grand Hermon ; puis, vers l'est, les déserts de l'Hauran, le lac de Galilée, la vallée du Jourdain, et les hauts plateaux de Galaad ; enfin, au centre de ce féerique tableau, la vaste plaine d'Esdrélon, semée de villages célèbres, et coupée par le torrent de Cison, qui, après l'avoir divisée, court, avec de longs méandres, jusqu'à la mer. Sur ce fond neutre, et pourtant si intensément chaud, le soleil d'Orient jette et déploie toutes ses fantasmagories de lumière ; et l'on se dit alors que nul lieu, vraiment, ne pouvait être mieux choisi, pour cette Transfiguration du Fils de l'Homme, éblouissant reflet de sa divinité sur son humanité sainte, et image anticipée de la transfiguration prochaine de nos âmes en Dieu. Grâce aux fouilles savantes accomplies, en 1874, sur le sommet du Thabor, on connaît aujourd'hui exactement, par la découverte des substructions de l'église antique, le lieu où la tradition primitive plaçait l'accomplissement du miracle. Comme Pierre, on serait donc incliné à s'écrier : « Qu'il fait bon ici ! » et l'on demanderait à y « dresser sa tente ». Mais le Thabor n'a jamais été qu'une halte : là-bas, au bout de l'horizon, miroitent les eaux bleues de la mer de Tibériade, aux bords de laquelle il faut coucher, ce soir ; vite, on jette un coup d'œil au couvent latin (Fig. 90), qui conserve les ruines d'une curieuse église bâtie par les Croisés ; et l'on se hâte de redescendre, avant que les derniers reflets d'or du soleil ne s'effacent, aux pointes des hautes pierres.

Le Thabor est à 550 mètres environ d'altitude ; le lac de Tibériade se trouve, au contraire, à plus de 200 mètres *au-dessous* du niveau de la Méditerranée (1) : il y a donc à effectuer, du sommet de la montagne de la Transfiguration jusqu'à Tibériade, une « descente » de près de 800

---

(1) Dans une zône où l'on a facilement de 50° à 60° de chaleur, il n'est pas étonnant, vu la dépression du sol, que les eaux du lac aient elles-mêmes de 25° à 30° : même après les avoir fait refroidir dans des vases poreux, elles sont d'une boisson désagréable ; elles ont un goût saumâtre et nauséabond, qui en rend l'absorption pénible ; mais, comme au temps des Apôtres, elles donnent toujours des poissons excellents.

mètres. Les chemins étant atroces, l'étape est par conséquent très-dure. Mais on en oublie vite les difficultés et les fatigues, quand, après avoir franchi une dernière rampe pénible, on voit, soudain, se développer, devant soi, comme en une gracieuse féerie, le riant panorama formé par la mer de Galilée et les oasis qui l'encadrent, aux pieds des collines. Même en automne, après les chaleurs torrides qui semblaient devoir tout consumer, cela est beau, d'une beauté saisissante; par ce qu'on voit alors, on se fait une idée de ce que peut être l'aspect de ces lieux, quand, au printemps, s'y produit la poussée d'une végétation tropicale, et que tout disparaît dans un prodigieux fouillis de verdure. On s'explique donc très-bien l'extraordinaire faveur dont jouissaient, dans l'antiquité, ces rives enchanteresses; la présence des riches

Fig. 90. — Porte extérieure du Couvent latin, au Thabor.

villas qui en peuplaient les bords; l'importance des petites cités qui y avaient été fondées successivement, et qui rivalisaient de prospérité et d'éclat; la vie facile enfin qui était devenue traditionnelle dans cette zône privilégiée, où tout était comme une perpétuelle invite au plaisir. Capharnaum, Corozaïn, Génézareth, Magdala, voilà, avec Tibériade, les centres de villégiature les plus en faveur, autour du lac aux eaux azurées; des barques de pêche, des embarcations de plaisance, le sillonnaient en tous sens, d'une rive à l'autre; les fêtes s'y succédaient sans trêve : c'était l'épanouissement joyeux de la vie, dans le culte exclusif du bien-être et l'insouciance du lendemain. Aussi, aux temps évangéliques, les appels réitérés du divin Prophète frappèrent-ils vainement les oreilles de cette société affamée de jouissances : sourde à ses leçons, elle resta pareillement aveugle, en face de ses exemples et de ses miracles ; et elle s'attira, par son endurcissement coupable, des anathèmes dont le poids semble peser encore sur les ruines désolées des cités maudites.

Tibériade (Fig. 91), la moins profondément atteinte de toutes, n'a plus pourtant aujourd'hui aucunes traces de son antique splendeur : son enceinte de murailles croule, de toutes parts, d'une façon lamentable ; ses ruelles sont informes, et d'une malpropreté dégoûtante ; sa population, presque exclusivement juive, offre, comme réunis, tous les défauts de la race ; en un mot, Tibériade, malgré le charme de sa position, est moins une ville qu'un hideux ghetto. Elle ne vit donc, en réalité, que par le souvenir des événements qui se déroulèrent, dans ses murs et aux rives du lac, pendant les prédications du Sauveur. Mais c'est assez pour fixer à jamais son nom dans l'histoire ; car, s'il est un nom qui revienne, à chaque page, dans l'Evangile, et qui y revienne avec un incessant cortège de faits stupéfiants, c'est bien le sien : élection des premiers apôtres ; appel du péager Lévi, qui va devenir saint Mathieu ; pêches miraculeuses ; guérisons sans nombre, et de toutes formes ; prédications inouïes ; prophéties merveilleuses, etc., tout a été donné, à pleines mains, par le Maître, à ce coin exceptionnellement favorisé de la Galilée.

Pour regagner Nazareth, et Caïffa, où attend le paquebot de Beyrouth, on éveille encore, à chaque enjambée, les souvenirs de l'apostolat Evangélique. Presque au sortir de Tibériade, voici, sur la droite, la colline d'où Jésus fit entendre, aux affamés de sa parole, la merveilleuse annonce des huit Béatitudes, dont la doctrine a renouvelé la face du monde ; plus loin, c'est le Champ des épis qui, un jour, fournit aux disciples pressés par la faim la nourriture qu'ils cherchaient, et qui, béni par le Maître, a gardé, à travers les siècles, la plus étonnante fécondité ; un peu au-delà, c'est Cana, avec sa fontaine, où envoyèrent puiser autrefois les nouveaux mariés, avant le prodigieux changement de l'eau en vin, et où coula toujours, depuis le miracle, une eau pure et abondante qui entretient la fertilité dans le pays : dans cette zône Galiléenne de Nazareth et de Tibériade, où Jésus passa plus de trente années, tout le rappelle donc, et tout le chante ! L'impression qu'on y éprouve, pour n'être point de même sorte que celle qu'on ressent, en Judée, dans Jérusalem et aux alentours de la Ville Sainte, ne laisse pas d'être, elle aussi, singulièrement profonde et bienfaisante : toutes deux, d'ailleurs, elles se complètent, de même que les faits qui les provoquent sont inséparables dans l'histoire; les merveilles de la Galilée préparent celles de la Judée, et y acheminent ; et quand on en a, à peu près, parcouru le cycle, on reste sous le charme divinement pénétrant de toutes les leçons qui

Fig. 91. — Vue de Tibériade, prise du Lac, à l'ouest.

se dégagent de ces incomparables souvenirs, toujours vivants, efficaces toujours !

Et maintenant, nous voguons, sur les mers phéniciennes, au-delà de Tyr et de Sidon, vers BEYROUTH, qui sera notre dernière étape en Syrie. La « dernière », hélas ! car, de son impitoyable main de fer, le Temps me pressait, sans me permettre de poursuivre, à l'intérieur, jusqu'à Damas, Baalbek, et Palmyre : Damas, la riante oasis, où, sous les grands arbres, bruissent, en gazouillant, les sources fraîches; Baalbek, la Thèbes Syriaque, aux ruines gigantesques, de carrure presque cyclopéenne ; Palmyre, la perle du désert. C'est tout un voyage que cette exploration ; et, pour l'entreprendre, d'une manière agréable et utile, il faut d'heureux loisirs : encore un rêve joyeusement caressé, dont l'avenir, s'il plaît à Dieu, fera une réalité concrète. En attendant, admirons Beyrouth, dont on aperçoit, aux flancs de la colline, avant même la descente du paquebot, la magnifique Université (Fig. 93). La ville est placée dans un site superbe, et jouit d'un climat salubre et délicieux. Même, pendant l'hiver et la saison des pluies, la côte est tapissée de fleurs. L'agglomération locale qui s'étend aux bords de la mer, se relève, sur les collines environnantes, au milieu de jardins enchanteurs (Fig. 92) : la nature, ici, est perpétuellement en fête ; la proximité du Liban et le voisinage de la mer suffisent à y entretenir une fraîcheur bienfaisante, qui y rend la chaleur supportable. La population dépasse 100.000 habitants et se trouve très mêlée : musulmans, grecs, syriens, arméniens, druses, européens, s'y confondent à l'envi, et font, de Beyrouth, une nouvelle tour de Babel. Il y règne une très grande activité commerciale ; on dirait que quelque chose persiste, dans la race autochtone, des aptitudes et du génie des affaires des anciens Phéniciens : allez au port, et vous croirez, par moments, vous trouver près du bassin de la Joliette. Ces gens-là ont établi, dans toutes les parties du monde, des comptoirs et des succursales ; ils ont un sens très-affiné du négoce ; et ils tranchent, par leur activité fiévreuse, sur leurs voisins qui s'endorment dans l'inertie contemplative du bazar. Ils mettent ainsi une note européenne (1), dans une ville qui reste, en

Fig. 92. — Vue du Jardin de Rustein-Pacha, à Beyrouth.

(1) De nouveaux quartiers, ceux-ci tout-à-fait européens, avec des rues larges et de belles constructions, ont été ouverts, dans ces dernières années, sur le versant de la colline St-Dmitri, au milieu de plantations luxuriantes, où pullulent citronniers, orangers, palmiers et sycomores : c'est une nouvelle ville qui se greffe sur l'ancienne, et qui paraît appelée à prendre de plus en plus d'importance.

somme, par tradition comme par tendances, essentiellement orientale. Comme en Orient, tout le long de la rue, ce ne sont que cafés, avec le bariolage des divans alignés dehors, groupes compacts autour des petites tasses où fume le liquide savoureux, fumeurs endurcis qui semblent sommeiller dans la griserie très-douce des narguilehs. C'est aussi le cortège des caravanes, qui passent, en files lentes, et toujours solennelles ; et, dans la zône du bazar, ce sont, de même, les éternels couloirs, les rues voûtées, noyées d'ombre, les rayonnements soudains de lumière hors de l'oppression du labyrinthe. Tout cela, on l'a vu tant de fois, qu'on ne le regarde plus guère que d'un œil distrait.

Mais voici une création originale, et puissante, et foncièrement utile, qui attire, à Beyrouth, le Français, et qui l'y remplit d'admiration : c'est l'Université (Fig. 93). Elle n'a pas encore vingt ans d'existence ; et elle a rendu déjà d'immenses services. Au temps où Gambetta criait sur les toits que l'anticléricalisme n'est pas un article d'exportation, les P. Jésuites conçurent le hardi et généreux projet de soutenir efficacement, en Syrie, l'influence française, en ouvrant, à Beyrouth, une Ecole supérieure de médecine. Le projet sourit au dictateur de 1870, qui y donna les deux mains, sans avoir cependant le temps d'aider pleinement à sa réalisation : ce fut, après la mort de Gambetta, l'œuvre de J. Ferry, qui signa, en quelque sorte, la charte de fondation de l'Université nouvelle. La France s'engageait, par lettres ministérielles, à soutenir, de sa protection effective et d'une subvention annuelle, l'Ecole de médecine, où des docteurs français donneraient

Fig. 93. — L'Université de Beyrouth.

l'enseignement, aidés par des savants de la Cie de Jésus. En hâte, l'on construisit, dans un site à souhait, les bâtiments de la Faculté : l'intelligence la plus sagement pratique pourvut à la distribution des amphithéâtres et des salles, à l'organisation des services, à l'ameublement des laboratoires. Les professeurs titulaires arrivèrent, lorsque tout fut prêt; et, autour de leurs chaires, un public studieux, venu, non-seulement de Syrie, mais de Mésopotamie, d'Egypte, et des îles grecques, ne tarda pas à se grouper. D'année en année, l'on vit s'accroître le chiffre des étudiants ; ils dépassent, aujourd'hui, la centaine (1). Mais, à Beyrouth, comme ailleurs, le bien ne se fait pas impunément; c'est une loi inéluctable qu'il ne se peut accomplir qu'au prix de l'épreuve : les tribulations ne manquèrent donc point à la jeune Université. En vain, les Pères avaient-ils constitué, sur le modèle des Facultés Françaises, l'enseignement de leur Faculté de Beyrouth ; en vain, les professeurs avaient-ils été agréés par le Gouvernement, sur la présentation des Religieux, et un jury, choisi dans nos Facultés, était-il venu, chaque année, conférer, au nom de la France, les grades de médecine et de pharmacie (2) ; en vain, cet état de choses, consacré par un usage de plusieurs années, pouvait-il, dans une certaine mesure, exciper du bénéfice de la prescription ; rien ne fit contre le mauvais vouloir du Sultan qui, un jour, laissa le Conseil de l'enseignement médical ottoman statuer, purement et simplement, que « le diplôme français était nul, à ses yeux », et, circonstance aggravante, interdire (3) systéma-

---

(1) Les R. P. Jésuites ont, à Beyrouth, en plus de l'Université catholique, une Maison d'enseignement primaire, qui compte plus de trois cents élèves, et un Collège d'enseignement secondaire, qui en a près de cinq cents. C'est donc un cours complet de l'enseignement, à ses trois degrés.

(2) Il semble que des diplômes conférés par un Jury français, que l'Etat lui-même a nommé, devraient être valables partout, en France. Mais il n'en fut pas ainsi, tout d'abord, pour les diplômes délivrés aux étudiants de la Faculté de Beyrouth ; la France n'admit les jeunes docteurs en médecine que *dans ses colonies*. Cette mesure maladroite devait être bientôt exploitée, par la Turquie, contre nous.

(3) Pour exercer légalement la médecine, en Turquie, les docteurs

tiquement aux étudiants de l'Université de Beyrouth l'accès des « examens turcs » (1). Que la mesure, en soi, fût injuste et odieuse, on le sent assez. Mais, le « comble », c'est qu'elle était parfaitement ridicule ! On ne peut que sourire, en effet, et hausser les épaules, quand on voit un pays de haute culture, tel que la Turquie, condamner officiellement la science française, et mettre en suspicion nos professeurs eux-mêmes ! Cela se passait, à l'automne de 1897 ; et, naturellement, cela fit grand bruit. Mais l'opinion publique se fût alarmée encore davantage, si, envisageant la question à son vrai point de vue, et avec toutes ses conséquences, on eût cherché à comprendre le but réel de cette vilaine manœuvre, à savoir, un essai de l'amoindrissement de l'influence française en Orient.

L'affaire se traita par voie diplomatique. Après le Consul de France, qui avait avisé le Recteur de l'Université de la mesure draconienne prise par le Conseil médical turc, notre Ambassadeur à Constantinople, M. Cambon, intervint, et fit entendre d'énergiques réclamations ; puis, ce fut le tour de notre Ministre des affaires étrangères. Les pourparlers furent longs et difficiles, et la partie dure à gagner. Mais la cause était si manifestement juste, que, peu à peu, tous les malentendus tombèrent. L'énergie du Gouvernement français, et, en particulier, de M. Delcassé ;

---

de Beyrouth devaient, préalablement, faire viser leurs parchemins, à Constantinople. Or, le visa ne leur était accordé, qu'après de nouveaux examens assez laborieux. Mais, n'était-ce point notre faute ? Et le Sultan aurait-il été admis à se montrer sévère, sur la réception des médecins, si, d'abord, nous n'eussions pas préparé les voies, en ne jugeant nous-mêmes ces médecins suffisants que pour nos colonies ?... Voilà où entraînent les lois d'exception ; voilà comment, avec des mesures restrictives d'une saine et bienfaisante liberté, l'on finit toujours par être pris soi-même dans ses propres filets !

(1) Cette décision fut le résultat d'une savante intrigue qu'avaient menée patiemment, auprès du Sultan, les Allemands et les Russes, également désireux, les uns et les autres, d'établir une École de médecine, également jaloux de la prospérité croissante de l'Université de Beyrouth. Peut-être se convaincra-t-on, ici encore, que j'ai eu raison de dénoncer hautement le double *péril* qui nous menace le plus, aujourd'hui, à côté du péril « juif », à savoir, le péril « protestant », et le péril « russe ». — Cf. ci-dessus, pages 164-165, et passim.

les bonnes dispositions de la Faculté turque ; et, pardessus tout, l'action paternellement protectrice de la Providence, finirent par avoir raison des intrigues jalouses et des compétitions d'à côté. A la fin de l'année 1898, un accord a été conclu, aux termes duquel les diplômes seront désormais conférés, à Beyrouth, par un Jury français, auquel seront adjoints deux membres, trois au plus, délégués par la Turquie : comme auparavant, l'Ecole nommera deux autres membres, ce qui laissera aux voix françaises une belle majorité. Et comme, d'autre part, ces diplômes seront reconnus, à l'avenir, aussi bien en France qu'en Turquie, il est clair que l'Université de Beyrouth se trouve, actuellement, dans des conditions meilleures que celles qu'elle a jamais eues, depuis sa fondation, en 1883. Une seule Ecole possédait jusqu'ici, dans tout l'empire ottoman, les privilèges dont elle jouit, à cette heure. C'est donc un triomphe complet ; et sa prospérité, un moment très menacée, ne peut plus que s'accroître. Il faut s'en applaudir. Si nos écoles d'Orient sont et restent la principale source de l'influence française et de la vraie civilisation, les docteurs en médecine sortis de Beyrouth n'aideront pas médiocrement, de leur côté, à faire rayonner cette même influence. J'irai même plus loin, et j'oserai affirmer que rien ne la servirait mieux que la présence, dans les grands centres orientaux, Jérusalem, Jaffa, Caïffa, Damas, etc., de quelques habiles docteurs français, venus de France, pour s'y établir, et y exercer la médecine. Voyageant là-bas, de compagnie avec un éminent praticien des hôpitaux de Paris, M. le D^r de B**, qui, dès son arrivée dans chaque ville, y était accueilli et recherché comme une providence, j'ai pu, de mes yeux, me convaincre des inappréciables services qu'aurait à rendre un homme de l'art vraiment digne de son nom, en un pays où, vu la stupéfiante insuffisance des médecins indigènes, les pauvres malades sont le jouet d'indignes charlatans, et presque toujours leur victime. En Orient, outre que, matériellement parlant, ils s'y créeraient une position superbe, de bons médecins français feraient « adorer » la France !

TROISIÈME PARTIE

AU PAYS DE PÉRICLÈS

TROISIÈME PARTIE

AU PAYS DE PÉRICLÈS

CHAPITRE I

VERS LA GRÈCE

SUR l'*Ava*, un très-bon paquebot des Messageries maritimes, nous voguons maintenant, à travers les eaux turques, vers les Cyclades et les rivages helléniques. Nous ferons une escale en règle à Samos, où l'*Ava* a des marchandises à décharger : à *Rhodes*, nous n'avons qu'une halte, mais suffisante cependant pour avoir le temps de mettre pied à terre et de prendre contact avec l'île fameuse. Les Grecs, qui embellissaient tout ce qu'ils touchaient, l'avaient surnommée l'« heureuse », Μακαρία; et, à la voir émerger des flots, avec ses rochers brillants et sa riante ceinture de verts ombrages, on est tenté en effet de la trouver telle : la douceur exceptionnelle de son climat, la fertilité de ses collines, la saveur exquise de ses fruits, et, en particulier, de ses « grenades » aux teintes rosées, ῥέα, qui lui ont donné son nom, tout contribue à en faire une île fortunée. A l'époque de Démosthène, il y avait, à Rhodes, une célèbre école de rhéteurs, où son rival malheureux, Eschine, une fois banni d'Athènes, vint donner des leçons d'éloquence. Vers l'an 300 av. J.-C., les Rhodiens élevèrent, à l'entrée de leur port, une énorme statue d'airain, de trente mètres de haut, qui fut célèbre, dans toute l'antiquité, sous le nom de « Colosse d'Apollon », ou « du soleil » : de cette œuvre monumentale, faite par Charès et Lachès, il restait, au moins un souvenir, dans la Tour St Ange, une merveille d'architecture militaire, élevée sur l'emplacement occupé par le Colosse disparu : mais un tremblement de terre l'a renversée, elle-même, en 1851.

Fig. 94. — Tour noire, et canons des Chevaliers, à Rhodes.

Par contre, le souvenir héroïque des Chevaliers de St Jean et de leurs grands-maîtres revit, à Rhodes, à chaque pas. Il y a encore la « rue des Chevaliers » et leurs « canons » (Fig. 94); il y a surtout leur œuvre architecturale, c'est-à-dire, outre les remparts derrière lesquels Villiers de l'Isle-Adam tint en échec, cinq mois, Soliman II, en 1522, leur hôpital, leur château, leurs quartiers, construits dans notre style du moyen-âge (xive et xve siècles) approprié aux exigences des habitudes de l'Orient : ogive, arcades, portes, écussons, tout rappelle les procédés familiers à nos anciens artistes, et tout a une saveur singulièrement occidentale, sinon même française. C'est là, sous la garde des « nations », comme on appelait alors, d'après leur origine, les membres des différents groupes de l'Ordre, que, pendant plus de deux siècles,

les vaillants Chevaliers veillèrent, sentinelles perdues aux portes de l'Asie, sur la sécurité de l'Europe. L'Islam, profitant d'une heure où l'attention de l'Europe était distraite, les chassa de ce nid d'aigle : mais leur héroïque défense força l'admiration même du vainqueur. On se le rappelle, avec fierté, quand on passe devant les prieurés et les auberges des nations; qu'on visite le palais, transformé en bagne; qu'on entre dans l'ancienne église S. Jean, devenue une mosquée; ou qu'on se promène à travers les trois villes, grecque, turque et franque, juxtaposées dans l'enceinte des vieux murs, et cependant distinctes. Et l'on n'éprouve pas une joie moins vive en constatant que, de toutes les influences étrangères qui s'exercent, à Rhodes, aujourd'hui, celle de la France est encore la plus puissante, grâce à l'enseignement de nos Frères, et à nos Ecoles. Ah! ces Ecoles d'Orient, quelle œuvre incomparable de patriotisme !

Fig. 95. — Vue du port de Samos.

En quittant Rhodes, l'*Ava* entre dans les eaux de l'Archipel, et nous cinglons vers le nord, à travers les Sporades, jusqu'à *Samos*, en face du promontoire de Mycale. Avec Patmo, Léro, Fleurna, et les petites îles Nicaria, Samos forme, sous le protectorat de la Turquie, une minuscule Principauté indépendante. Mais quoique feudataire ottomane, elle est restée bien grecque, par l'esprit comme par la langue. Vathy, sa microscopique capitale, est assise, riante et tranquille, au fond d'une baie abritée contre les coups de vent (Fig. 95). Dans l'antiquité, sa plus grande gloire fut d'avoir donné le jour à Pythagore; aujourd'hui, sa gloire la plus réelle est, à l'instar des peuples heureux, de n'avoir point d'histoire. La fécondité de son sol, qui produit abondamment des céréales et du vin, fournit aux besoins essentiels des indigènes ; l'huile de ses oliviers, ses vers à soie, ses plantations de cotonniers défraient, d'autre part, avec ses excellents vins, son commerce d'exportation. Ce n'est pas la richesse, mais c'est l'*aurea mediocritas*. Et l'on vit, en effet, heureux, à Samos, sans y connaître la fièvre des affaires, dans un honnête labeur, d'une existence digne et correcte, où tout est bien équilibré.

Pour retrouver la fièvre des affaires, et les fortunes opulentes, et cette « joie de vivre », qui est, ici-bas, le but suprême auquel un si grand nombre bornent leur aveugle ambition, il faut aller à Smyrne. Voilà la grande cité commerciale de l'Asie-Mineure : son chiffre d'affaires annuel, avec les pays étrangers, dépasse en effet

Fig. 96. — *Smyrne. Port et quai.*

cinq cents millions ; et son port est l'un des plus mouvementés de tous ceux des Echelles du Levant (Fig. 96). Merveilleusement protégée par les monts voisins, le mont Pagus, le Mimas, et le Sipyle, la rade de Smyrne développe ses beaux quais au fond d'un golfe magnifique, qui a peut-être cinquante kilomètres de long sur vingt de large : elle est accessible aux bateaux du plus fort tonnage ; et, si les paquebots ne débarquent point les passagers sur la rive, comme à Alexandrie, du moins n'a-t-on pas, comme à Jaffa, une véritable traversée supplémentaire à entreprendre, pour toucher terre : quelques coups de rame y suffisent, dans les eaux très calmes d'un bassin, abrité par la jetée. Mais, si la nature est débonnaire, à l'entrée de Smyrne, les hommes ont tout-à-fait oublié de l'être ; et la douane turque s'y montre féroce. Il n'y a, ici, recommandations, ni « chaperonnage » d'Agence, qui tiennent devant le formalisme étroit des policiers du Sultan; il n'y a non plus — ce qui paraîtra plus étrange — backchith, qui puisse avoir raison de leur ignorance, ou de leurs préjugés mesquins. Avec eux, la visite des bagages n'est pas une inspection, mais une expertise : tout est bouleversé, ausculté, inventorié; d'un objet inoffensif, tel qu'un caillou du Jourdain, ils prennent facilement ombrage, et demandent à connaître l'emploi qu'on en prétend faire; ils s'alarment de quelques cigarettes, achetées à Samos; mais, surtout, ils poussent les hauts cris, — des gloussements de dindons, — à la vue d'un livre, ou même d'un simple journal. Un de mes voisins, professeur de mathématiques à Damas, avait, dans sa valise, un

Fig. 97. — *Smyrne*. Cimetière turc, et pont de la caravane.

volume de géométrie et une table de logarithmes : on les lui confisqua. J'avais, dans la mienne, deux ou trois journaux égyptiens et un N° du *Daily News* : ils subirent le même sort, et allèrent rejoindre les recueils des logarithmes et des cosinus! Nous protestâmes : mais un sourd de naissance nous eût plus promptement entendus que ces impassibles imbéciles, qui n'opposaient à nos explications que la force d'inertie. Ce sont gens à lier, et à bastonner, ne fût-ce que pour leur faire entrevoir qu'ils sont des sots! A l'arrivée de chaque paquebot, quel qu'en soit du reste le pavillon, les mêmes scènes stupides recommencent, et elles amènent invariablement les mêmes protestations : mais rien n'y fait; les choses se passent le lendemain, comme la veille; et elles se produisent à l'entrée d'un grand port, à ving mètres d'une ville de 250.000 habitants, aux portes de l'Europe, sans qu'aucun Gouvernement ait la pensée d'intervenir pour protéger ses sujets contre l'indiscrétion des marauds qui pontifient, à la douane smyrniote ! En vérité, le trop fameux Concert européen, qui a permis l'écrasement de l'Hellénisme, aurait bien dû, pendant qu'il prêtait la main, d'autre part, au relèvement de la Turquie, exiger, en retour, de son protégé, le Sultan rouge, que la police douanière de Smyrne cessât à l'avenir ses procédés brutaux, et se conduisît avec plus de tact et de délicatesse !

Au Grand Hôtel Huck, où m'amène l'agent de Cook, je ne rencontre que des Allemands ; ils foisonnent, à Smyrne ; et, à table d'hôte, ils font un bruit assourdissant. J'ai hâte, le déjeuner fini, de m'arracher au cliquetis de leurs bruyantes conversations tudesques et de faire, dans la ville, une première tournée de reconnaissance. J'arpente, dans toute sa longueur, le quai immense, où trotte, ras de l'eau, un modeste petit tramway, pendant que des landaus le sillonnent en tous sens, et que défilent les grands dromadaires qui, tout à l'heure, peut-être, traverseront le Pont de la caravane (FIG. 97), avant de rentrer dans la solitude du désert. En dépit des inscriptions grecques, ce quai est tout à fait européen, avec ses hôtels, ses jardins, ses comptoirs. A l'arrière, et parallèlement, court la plus importante des artères de Smyrne, la célèbre « rue franque », trop étroite pour la libre circulation, mais dallée et propre, ce qui est une exception en Orient, et combien vivante, combien pittoresque, avec ses magasins toujours assiégés d'acheteurs, ses agences, ses « passages » (1), son perpétuel fourmille-

(1) C'est dans un de ces passages que se trouve la « Poste française », très intelligemment dirigée par un de nos compatriotes, M. J.-G. Borrel ; car, en dehors de la Poste turque, chaque nation a, à Smyrne, comme à Constantinople, sa Poste particulière. La France a, peu à peu, très bien organisé son service postal dans les pays d'Orient. On s'en convaincra par la liste ci-après des bureaux qu'elle y a ouverts : en Egypte, à Alexandrie et à Port-Saïd ; en Syrie, à Alexandrette, à Beyrouth, à Jaffa, à Lattaquié, à Tripoli : dans la Turquie d'Asie, à Dardanelles, à Kérassunde, à Mersina, à Rhodes, à Sam-

ment de costumes ! J'y relève, je ne sais combien d'enseignes d'Ecoles : le Collège français du S. Cœur ; la Providence des sœurs S. Vincent de Paul ; plusieurs Σχολαί ; le Lycée pratique, Πρακτικὸν Λυκεῖον ; la Scuola femminile dell'Associazione italiana ; la Deutsche Knabenschule ; l'Institut de Notre-Dame de Sion, etc.. Voilà une rue décidément bien pourvue, sous le rapport pédagogique. Elle ne l'est pas moins, au point de vue des installations : son tronçon commerçant, dans la zône voisine des bazars, une fois dépassé, ce ne sont plus qu'habitations privées, qu'appartements bourgeois, en de coquettes constructions à un étage, rarement deux, qui rappellent, lointainement toutefois, les gracieux et confortables hôtels particuliers du quai d'Ostende : au rez-de-chaussée, derrière les grilles ajourées, d'amples vestibules, et des salons, où l'on se tient, le soir, à la fraîcheur ; au premier, les chambres ; ça et là, des miradorès, comme en Espagne, et même d'élégants patios, comme à Sévilla. Là-dedans, vit et fréquente une très élégante société, très affinée comme culture, très ouverte aux travaux de l'esprit et aux choses de

Fig. 98.— *Smyrne.* Tombeau de S. Polycarpe, au lieu de son martyre.

soun, à Smyrne, à Trébizonde, à Vathy ; dans la Turquie d'Europe, à Cavalla, à Constantinople, à Dédéagh, à Port-Lagos, à Salonique ; en Grèce, à Candie, à La Canée, à Hiérapétra, à Réthymno, à Sitia. Tout cela fonctionne avec une régularité admirable, et ce réseau rend au commerce et aux particuliers les plus grands services.

Dans un « passage » parallèle à celui de la Poste française, se trouve l'établissement de *Photographie Parisienne*, dirigé par nos habiles compatriotes Rubellin, père et fils, originaires de Lyon.

l'art (1). On la rencontre d'ailleurs aussi sur le grand quai, le soir, humant la brise, curieuse d'exhiber les plus récentes modes du boulevard, friande de concerts et de spectacles, et s'engouffrant, vers neuf heures, sous les grands arbres de l'établissement Loucas, où parade une troupe italienne.

Au-delà de la rue franque, grimpent, vers la colline couronnée des ruines imposantes du puissant château-fort de l'Acropole, les rues qui aboutissent au quartier turc (2) : cela se profile à l'infini, sans parler que, plus au nord, s'étendent, en une sorte de zône neutre, d'immenses faubourgs, où la civilisation européenne perd de plus en plus pied. Mais c'est dans la rue franque que se trouvent encore et l'Hôpital français, et l'église dédiée à S. Polycarpe (3), dont le disciple S. Pothin apporta le bienfait de la foi à Lugdunum, dans les Gaules, dans la seconde moitié du IIᵉ siècle. Polycarpe, qui occupe, dans l'église d'Orient, en ce même siècle, une place aussi importante que S. Ignace d'Antioche, avait été envoyé, d'Ephèse, par son maître, l'apôtre S. Jean, pour évangéliser Smyrne, la cité voluptueuse et frivole. Il est donc l'anneau vivant qui relie le second siècle au premier ; et il se dresse, dans l'histoire, avec tout le prestige d'un homme apostolique ; il s'y dresse surtout avec l'auréole de son martyre, car c'est une épopée que la courageuse profession de foi du saint Evêque, et que son admirable mort. Le Voyant de Pathmos avait consigné, de son vivant, dans l'Apocalypse, ce magnifique éloge de la chrétienté fondée par Polycarpe : « Ecris à l'Ange de Smyrne : Je connais ta tribulation et ta pauvreté, quoique, en réalité, tu sois riche. Je sais les blas-

---

(1) On fait beaucoup de musique, à Smyrne, et de la bonne ; en flânant, le soir, dans la rue franque, j'y ai entendu jouer, très proprement, au piano, les plus belles œuvres de Chopin et de Schumann.
(2) Ce quartier est le seul qui relève, à Smyrne, du gouvernement turc. La ville « franque », près du port, est sous l'autorité directe des consuls. Dans le quartier turc lui-même, la langue grecque est au moins aussi usuelle que le turc ; on lit, par exemple, couramment, à l'étalage des bouchers, cette indication : Κρέας τῆς πρώτης ποιότητος.
(3) La cathédrale grecque de Smyrne est dédiée à Sᵗᵉ Photiné, la Samaritaine convertie par Jésus, au puits de Jacob.

phèmes que prononcent contre toi ceux qui se disent juifs, mais qui ne le sont point, vraie synagogue de Satan, pour qui les connaît. N'aie peur d'aucune des épreuves qui t'attendent. Voilà que le diable va jeter en prison quelques-uns d'entre vous, pour qu'on juge de votre vertu. L'épreuve durera dix jours. Sois fidèle jusqu'à la mort, et je te donnerai la couronne de vie. Que celui qui a des oreilles écoute ce que l'Esprit dit aux Eglises. Le vainqueur n'aura pas à craindre la seconde mort ! » Cet appel superbe de l'Esprit, Polycarpe, qui l'avait mérité, sut merveilleusement l'entendre. Saisi bientôt par les estafiers du proconsul romain, il fut amené devant lui, dans le Stade, où se trouvait sa tribune. C'était en l'ancienne ville, bâtie sur

Fig. 99. — *Smyrne*. Chapelle S. Polycarpe, sur le mont Pagus.

les flancs du mont Pagus. Ce jour-là, il y avait eu, au Stade, en présence de quarante mille spectateurs, des jeux solennels : coureurs, lutteurs, combats de bêtes, etc.. Le martyre d'un chrétien, d'un évêque, ne pouvait que couronner dignement ces représentations barbares ; et la foule, ivre de sang, attendait. L'interrogatoire fut court. Rempli, malgré tout, d'admiration pour le grand évêque, le magistrat romain eût voulu le sauver (1). Il le conjura

---

(1) Il faut lire, dans l'émouvante *Lettre de l'Eglise de Smyrne aux Eglises du Pont*, le récit détaillé de ce martyre. Ces pages n'ont d'égales, en beauté, que la *Lettre des Eglises de Vienne et de Lyon, sur la persécution de l'an 177*, dont un jeune et distingué prêtre lyonnais, M. l'abbé Pourrat, licencié ès lettres, a donné, en 1898, une élégante traduction, précédée d'une savante étude (In-18, E. Vitte, Lyon).

donc d'avoir égard à son âge avancé, et de se plier aux exigences de la loi de l'empire qui obligeait à jurer par le génie de César : « Jure, lui cria-t-il ; et je te renvoie libre ; renie le Christ! » — « Eh quoi! répondit Polycarpe, voilà quatre-vingt-six ans que je le sers, et il ne m'a jamais fait que du bien ; comment pourrais-je insulter mon Sauveur et mon Roi ? » Le proconsul sembla ne pas comprendre. Comme il insistait pour que le vaillant athlète jurât au moins par le génie de César : « Tu as l'air, lui dit Polycarpe, de ne pas savoir qui je suis. Apprends-le donc : *Je suis chrétien !* » — « Il y a là, riposta le proconsul, il y a là des bêtes, auxquelles je puis te livrer. » — « Fais-les venir, » répliqua Polycarpe. Le proconsul ajouta : « Si tu n'as pas peur des bêtes, j'ai le feu, pour te donner à réfléchir. » — « Ton feu, dit l'évêque, ne brûle pas longtemps ! » Décidément, il n'y avait rien à gagner, avec un tel homme. Etonné, le magistrat quitta son estrade et fit crier, par le héraut, au milieu du Stade, le résultat de l'interrogatoire : « Polycarpe s'est déclaré chrétien ! » Au milieu d'un tumulte indescriptible, où perçaient des cris de haine, la foule ameutée demanda au directeur des jeux de faire lancer un lion contre lui. Sur son refus, elle s'écria : « Qu'on le brûle ! » et le supplice du feu fut immédiatement organisé : un poteau fut dressé pour y lier la victime, et une tunique enduite de bitume et de poix apportée pour couvrir ses membres. « Tout cela est inutile, observa l'évêque ; Dieu me donnera bien la force de ne pas bouger ! » Et, simplement, il mit ses mains derrière le dos, et se laissa lier à l'arbre fatal, pendant que, de ses lèvres, de son cœur, montait vers Dieu une prière sublime. Le brasier allumé forma, sur sa tête, comme une voûte, dont les flammes respectaient son corps. Plus impatiente que surprise, la foule cria alors au bourreau : « Frappe-le de ton glaive ! » Et le témoin du Christ tomba, sous le coup de l'épée barbare, tandis que son sang inondait le sol et éteignait les dernières flammes du bûcher. Dans un pli de terrain, vers le sud, on voit, aux flancs du mont Pagus, le tombeau élevé plus tard, à S. Polycarpe, à l'endroit où il mourut, en confessant son Maître (Fig. 98) ; et, au sommet de la montagne, on montre un édifice sans caractère architectural, où la tradition place une ancienne Chapelle du vaillant évêque (Fig. 99). On peut discuter l'exactitude de cette dernière attribution ; mais tout semble confirmer que le tombeau de S. Polycarpe se trouve bien réellement là où il versa son sang.

Aujourd'hui, une voie ferrée, celle du chemin de fer de Dinair, relie Smyrne à *Ephèse*, à Ephèse, d'où était venu Polycarpe, où S. Paul avait passé, où des messagers de l'Evangile avaient, dès le temps de Claude, fondé une Eglise florissante, et où Saint Jean acheva d'imprimer l'esprit apostolique. La ligne contourne le mont Pagus, tra-

Fig. 100.
Ephèse. Ancienne Eglise Saint-Jean.

verse la vallée du Mélès et la plaine où les Smyrniotes aiment à venir en villégiature, serpente à travers des décombres, et aboutit, après trois longues heures, à la gare d'Ephèse, où sont accumulées les ruines les plus lamentables. Des ruines, voilà en effet tout ce qui reste de la « Double Eglise », *dédiée à Marie, mère de Dieu*, comme s'exprimaient, en 431, les Pères du Concile d'Ephèse, et de l'Eglise S. Jean, dédiée, par Justinien, à l'Apôtre bien-aimé, sur la colline de Libate, au-delà de la « Porte de la persécution. » Une autre église portait, à Ephèse, le nom de S. Jean; le sultan Sélim la transforma en mosquée, il y a trois siècles; et, maintenant, elle aussi, elle est en ruines (Fig. 100). Ephèse n'est donc plus que l'ombre d'un grand nom. Mais, si désolant que soit l'aspect de ses débris épars, on aime pourtant à les contempler, parce que, aux premiers siècles de l'ère chrétienne, il s'accomplit là de grandes choses. La Providence déplace, quand il lui plaît, le candélabre de la divine lumière de la foi; les vieilles cités s'effondrent; et les peuples passent. Qu'importe? Les souvenirs restent : et quand ils sont marqués des noms de Jean, de Paul, de Polycarpe, etc., ces souvenirs-là sont immortels !

CHAPITRE II

ATHÈNES MODERNE

'avais laissé l'*Ava* continuer sa route jusqu'à Constantinople : cette étape du paquebot me donnait en effet quatre jours pour visiter Smyrne et pousser une pointe jusqu'à Ephèse. L'aimable commandant Garbe avait eu l'obligeance de me conserver, pendant ce temps, l'excellente cabine que j'occupais sur le bateau, depuis Beyrouth. Je m'y réinstallai, au retour de l'*Ava* dans le golfe de Smyrne; et cette fois, « pour de bon », nous nous dirigeâmes vers la Grèce. De la côte d'Asie-Mineure au Pirée, la traversée dure vingt heures à peine : quand la mer est belle, c'est une course ravissante, que cette excursion à travers les Cyclades. Notre petite colonie des premières s'était d'ailleurs agrémentée, chemin faisant, à Constantinople et à Smyrne, de quelques recrues intéressantes, dont la présence et l'entrain jetèrent une note assez animée sur cette fin du voyage. Le soir, après dîner, une princesse russe nous tint, au salon, sous le charme, par son prestigieux talent de pianiste : avec une mémoire impeccable et un art consommé, cette gracieuse compatriote de Rubinstein nous détailla des « polonaises » de Chopin, et des « rhapsodies

hongroises » de Liszt. Puis, à l'heure du thé, les causeries reprirent de plus belle, pendant que les incorrigibles fumeurs se dérobaient, discrètement, et s'en allaient arpenter le pont, en rêvant aux étoiles, dont il y avait, ce soir-là, une exceptionnelle féerie à la voûte du firmament.

Le lendemain matin, vers six heures, nous arrivions en vue des rives helléniques ; et, sur les mers de Salamine, maintenant, nous approchions du Pirée. Nous avons dépassé la pointe effilée de la presqu'île, doublé le cap Colonne couronné de ruines dont la blancheur marmoréenne s'argente et resplendit aux feux du soleil levant, et pénétré dans le golfe, le long duquel se déroule, ainsi qu'une toile de maître, la côte montueuse et pittoresque de l'Attique. Au fond, se profile le mont Hymette ; et tous les yeux sont braqués vers sa haute cime qui domine, on le sait, la cité de Minerve. L'attente, une attente mêlée d'impatience et de joie, se peint sur tous les visages et soulève tous les cœurs. On a hâte, on est presque haletant, de la voir surgir, en quelque pli encore ignoré de cette côte mille fois fameuse, la capitale ailée et chantante, qui, autrefois, enfantait, comme en se jouant, les immortels artistes, et qui, depuis, n'a cessé d'être la nourrice bienfaisante des intelligences, à travers les siècles. Et voici qu'en effet, par une échancrure du sol, derrière l'Hymette, se dresse tout-à-coup, au centre d'une plaine tapissée d'oliviers, la vision radieuse du Parthénon, dont les blancs portiques reposent sur le majestueux piédestal du sombre rocher de l'Acropole ; à ses pieds, dans la verdure pâle, s'étagent, à mi-côte, les édifices voisins (Fig. 101).

Athènes ! A sa vue, une émotion indicible, d'autre sorte sans doute que celle qui gagne tout l'être à Jérusalem, mais profonde, tout de même, et d'une douceur infinie, pénètre l'âme : il y a si longtemps, qu'on rêvait d'elle, et qu'on l'aimait ! Ses poètes n'ont-ils pas, de leurs hymnes enchanteurs, bercé notre adolescence ? Ses sages n'ont-ils pas été nos premiers maîtres de philosophie ? Ses héros n'ont-ils pas eu les prémices de nos admirations ? L'on ne peut détacher ses regards de la vision charmante, dont la calme et sereine beauté s'harmonise si bien avec tout ce que l'on a appris de la Grèce, tout ce qu'on en a retenu.

Et, lentement, le paquebot glisse au port où somnolent, dans le clapotis des vagues, les bateaux amarrés, dont les mâts surgissent, à l'horizon, comme une pointure de forêt. Le *Pirée* (Fig. 102), qui n'était qu'un « nom », il y a un demi-siècle, a pris rang, aujourd'hui, parmi les centres maritimes les plus estimés. Sans avoir encore l'importance de Marseille, de Genova, ou de Triest, c'est une « échelle » très-commerçante, où l'activité est grande, et dont la prospérité croissante s'affirme, à côté du vieux port murmurant et des galeries couvertes de la « marine », par le luxe des constructions des nouveaux quartiers. Une voie

Fig. 101.
Echappée sur Athènes, et l'Acropole.

ferrée, fréquemment sillonnée de trains, la relie à la capitale et entretient, entre les deux centres, une animation constante. Au surplus, à mi-chemin, se trouve l'oasis de Phalère, la plage charmeuse, préférée des Athéniens, qui, à elle seule, avec l'attrait de ses jardins et de ses fleurs, de ses villas et de ses bains, de ses concerts et de ses jeux, suffirait à justifier ici l'existence d'une ligne de chemin de fer.

Pour prendre, plus à loisir, une idée de la campagne d'Athènes, je saute, après les formalités bénignes de la douane et du passeport, dans un des landaus gigantesques aux lanternes nikelées, nobles débris qui ont dû promener, il y a un quart de siècle, des noces occidentales, et qui, maintenant, attendent ici les voyageurs à l'arrivée du bateau ; et, en voiture, dans l'*amaxa* hellénique, avec un cocher qui répond au nom harmonieux de Protagoras, sur la route blanche, entre des verdures pâles et malingres, je m'achemine vers le Stade. Parmi de hauts peupliers, le long du Céphise, nous trottons, d'une allure tranquille, contemplant, chaque fois qu'elle se montre, l'Acropole altière, interrogeant tous les coins de l'horizon, éveillant à chaque pas quelque souvenir classique : ce sont, par exemple, ici, d'informes débris des « longs murs », qui, au temps de Thémistocle, réunissaient à la « ville » les trois ports de Munychée, de Phalère, et du Pirée ; là, c'est le petit bois d'oliviers, célèbre jadis sous le nom de « bois sacré de Colone » ; ce sont, plus loin, les monticules qui, sous des noms divers, 'le Corydalle, l'Ægaléos, etc., se redressent, depuis la mer, et aboutissent, par une pente douce, au Lycabète, aux flancs duquel se développe la capitale moderne, pendant que, à l'horizon, se dressent l'Hymette, célèbre par son miel, le Pentélique, aux trésors marmoréens, et, plus loin encore, le Parnès. Comme les postillons de nos anciennes diligences, le cocher n'a eu garde d'omettre, à mi-chemin, la halte traditionnelle, moins pour laisser souffler ses chevaux étiques, que pour souffler lui-même, et « se rafraîchir » avec le verre classique de raki, agrémenté du non moins classique verre d'eau fraîche qui l'accompagne. Cette cérémonie obligatoire terminée, nous reprenons notre marche vers Athènes, dont les premières maisons, déjà, apparaissent, au tournant de la route, dans un paysage élargi, de la vue duquel les yeux ne peuvent se rassasier. Et l'on monte, toujours l'on monte, du bas de la ville jusqu'à la Place de la Constitution, entre des constructions modernes qui, tantôt, se profilent à perte de vue, dans la ligne droite d'une des grandes artères ; tantôt, se séparent en un vide béant, parce qu'il y a là quelque ruine de temple, ou quelque arceau d'ancien portique ; et, tantôt, s'arrondissent en ovale pour faire comme un cadre à quelque église orthodoxe, aux portes surbaissées, aux fenêtres étroites, aux murs épais, et ménager, tout autour, une sorte de chemin de ronde. Et, soudain, l'étroi boyau s'extravase ; il prend les proportions d'un boulevard ; et, dans la grisante lumière du matin, l'on voit apparaître, dominant de sa masse tous les édifices d'alentour, le Palais du Roi, avec, à l'avant, sur la vaste Place, l'élégant jardin où, l'après-midi, dès quatre heures, affluera le « Tout Athènes ».

Ce gracieux square, aux frais ombrages et aux jets d'eau gazouilleurs, le Roi l'a généreusement abandonné à ses sujets : c'est le Jardin royal du.... public. Sa Majesté a le sien, plus magnifique encore, plus vaste surtout, vingt fois plus vaste, à gauche, et à l'arrière, de la façade du Palais, retraite ombragée et délicieuse, parc plutôt que jardin, par les échappées duquel s'entrevoit, au midi, le relief vigoureux de la colline de l'Acropole. Le cadre, il faut l'avouer, l'emporte ici sur le tableau. Cette forêt de

Fig. 102. — Port du Pirée.

verdure, toute proche de la Royale demeure ; cette succession des montagnes voisines, diversement nuancées selon l'éloignement ; surtout, la merveille du Parthénon, qui la domine, tout fait tort au Palais lui-même, Palais et siège du Gouvernement à la fois, qui n'a pas d'ailleurs la moindre prétention architecturale, et qui ne se recommande guère que par sa masse trapue et blanchâtre. Construit à une époque (1834-1840), où certains politiciens, prétendus pratiques, se réclamaient des chiffres des statistiques et du mouvement des ports pour incliner leurs compatriotes à établir la capitale à Patras, ou à Egine, il a été fait, très pratiquement, par des enthousiastes, dont l'idéalisme voyait plus clair que la vulgaire sagesse des docteurs de la science politique : ç'a été le clou d'or qui a définitivement maintenu à Athènes son titre et son importance de capitale, dans la Grèce contemporaine. Allant au plus pressé, l'on ne s'est donc pas embarrassé alors de la préoccupation de faire une œuvre d'art : on a fait un Palais, le « Palati » ; et l'on l'a fait vite ; et l'on l'a installé, sans plus de façons, derrière l'Acropole, et comme à son ombre et sous sa protection. Il suffisait, au surplus, avec ses nombreuses fenêtres symétriques et son faux-air de caserne, à remplir d'aise l'âme bavaroise du Roi Othon (1) : si l'on l'eût bâti, un quart de siècle plus tard, le goût délicat du Roi Georges aurait certainement imposé à l'architecte un autre plan et un autre style. L'indépendance de la Grèce avait été proclamée, en effet, le 3 février 1830, par la Conférence de Londres. Or, jamais indépendance n'avait été plus ardemment souhaitée, ni plus héroïquement conquise ! La Grèce, qui ne s'en souvient ? s'était levée, tout entière, d'un sublime élan de patriotisme, en 1821, contre les Turcs, l'ennemi séculaire. Aussitôt, à entendre raconter les exploits de Botzaris, de Canaris, de Miaulis, de Colocotroni, de Mavrocordato, de Mavromichalis, et de cent autres, l'Europe avait cru voir revivre, dans les Grecs du xixe siècle, l'âme même et l'intrépide fierté de Léonidas et de ses braves ; et, à tous ces héros, dont plusieurs étaient tombés dans la ruine sublime de Missolonghi (1826), elle n'avait ménagé ni ses chaudes sympathies, ni les marques de son admiration. C'eût été peu, cependant, d'avoir conquis l'indépendance, si l'on n'eût mis, d'autre part, à la tête du pays, un chef, dont la main énergique devait être capable d'en défendre le trésor. Le roi Othon qui fut appelé, le premier, à remplir ce grand devoir, gouverna dans des circonstances si difficiles, qu'il succomba à la tâche. Renversé par une révolution, en 1862, il dut quitter la Grèce et retourner en Bavière, à la Cour paternelle (2).

(1) Le Palais Royal fut construit sur les plans, très simples, de l'architecte Gaertner, qui en fit un monument plutôt imposant qu'artistique : il est, cependant, décoré, sur le côté sud, d'un portique ionique assez élégant.

(2) Pour bien remplir la tâche délicate qui lui incombait, dans un Etat naissant issu d'un soulèvement national, il eût fallu au fils du roi de Bavière une souplesse et un tact, dont il était radicalement

L'Assemblée Nationale grecque offrit alors la couronne au Prince Guillaume, — deuxième fils du roi de Danemark, Christian IX (1), — en vertu du protocole signé, à Londres, le 3 juin 1863, par la France, la Russie, et l'Angleterre, les trois puissances protectrices qui, déjà, s'étaient entendues, en 1826, pour arracher la Grèce aux griffes de la Turquie. Le Prince l'accepta. Né le 24 décembre 1845, il fut déclaré majeur, le 27 juin 1863 ; et, le 31 octobre de la même année, il vint habiter le Palati et commença à régner, sous le nom de Georges I, Roi des Hellènes. Ce jour-là, le Roi Georges donna tout son cœur, toute son intelligence, tout son être, à sa patrie d'adoption : en retour, la nation lui a voué ses sympathies les plus profondes. On en a eu, dans

Fig. 103.
Palais de S. M. le Roi Georges I.

les huit ou dix dernières années qui viennent de s'écouler, des preuves éclatantes. Porté, par tempérament, à la méditation et à l'étude, le Roi des Hellènes s'était borné, jusques vers 1890, à observer attentivement les hommes et les choses, et il avait affecté de garder, dans le gouvernement de la chose publique, une sorte d'attitude effacée, qui lui permettait de laisser ses ministres, responsables de par la Charte, marcher en quelque sorte la bride sur le

---

incapable. Son germanisme pesant, ses habitudes, ses goûts, tout allait à l'encontre de l'esprit fin et délié du peuple athénien. Il manquait surtout de l'habileté, du « doigté », indispensable pour gouverner un peuple jeune, enfiévré, passionné de liberté et d'égalité, et aussi jaloux qu'aux temps antiques de discuter lui-même ses affaires. Là où il aurait fallu glisser, il appuya lourdement ; et cette pesanteur de main bavaroise le perdit !

(1) Cf. notre volume : AU PAYS DES FJORDS, pages 76 sq.

cou, porter le poids des affaires, et subir les conséquences de leur gestion. Mais le jour où il crut démêler clairement que ces derniers engageaient le pays dans une voie funeste où l'on ne pouvait persévérer sans péril, aussitôt, il modéra, en la brisant, la dictature ministérielle : usant spontanément de la faculté que la Charte donne au Roi de retirer le pouvoir à un ministère, sans qu'il ait été mis en minorité par les Chambres, le Roi Georges fit acte d'autorité absolue et de clairvoyante énergie. Surprise, au premier moment, la Grèce ne tarda pas à applaudir à la décision de son Prince : aux élections de 1892, elle montra combien est étroite, entre lui et la nation, la communauté de vues et d'esprit. Elle l'a montré, depuis, d'une façon plus touchante encore et non moins unanime, pendant et après les tristes évènements de la récente guerre gréco-turque, où la force est restée au nombre, à défaut du droit, et où la stratégie étrangère n'a pas eu honte de se mettre au service des barbares, pour les aider à avoir raison des faibles ! Les succès, très-peu glorieux, de la Turquie auront servi du moins à mettre en pleine lumière l'attachement et la vénération des Grecs pour leur Monarque et pour sa Famille.

Comment le Roi Georges a su se les concilier, il est facile de le dire, et d'en indiquer quelques-unes des raisons. La première, c'est qu'il est resté, depuis 1863, strictement fidèle au programme qu'il s'était tracé, et qu'il avait fait connaître en montant sur le trône, de « puiser sa force dans l'amour de son peuple » ! La seconde, c'est qu'il a su, par sa direction paternelle, éclairée, et prudente, faire *progresser* le pays, de toutes manières, et lui imprimer un mouvement de « renaissance », qui en fait aujourd'hui l'un des États les plus avancés de tout l'Orient. La troisième, c'est que, tout en dotant la Grèce d'institutions politiques et d'administrations sages qui lui manquaient, il a accompli le bien sans ostentation, sans souci aucun de vaine gloire, et si discrètement, qu'il laisse soupçonner son action bienfaisante, plutôt qu'il ne la laisse voir. La quatrième, qui révèle particulièrement un tact affiné, c'est que, venu très jeune dans un pays qu'il ignorait à peu près entièrement, il a su tout ensemble se l'assimiler en perfection et s'y assimiler admirablement lui-même, jusquelà qu'il a pris, des Grecs, leurs idées, leurs habitudes, leurs façons de parler, et qu'il est devenu aussi Grec que possible. Très-simple, parce que les Grecs sont ennemisnés de l'emphase, il s'est fait, avec eux, familier, d'une familiarité où l'ironie et l'humour s'allient à la bonté, et en tempèrent heureusement l'expression : extrêmement accueillant, il sait écouter ses visiteurs, et entrer dans leurs idées, sans rien abandonner cependant des siennes propres; digne, sans fierté, et toujours très royal, il semble pourtant n'avoir rien tant en horreur que l'étiquette : et tout

Fig. 104. — Le rocher de l'Aréopage, dans la campagne d'Athènes.

cela, on le devine, ravit un peuple naturellement fier, voire même quelque peu vaniteux à ses heures, mais foncièrement généreux, et prompt à saisir les nuances les plus délicates.

J'ai fait allusion à l'attachement respectueux des Grecs pour la Famille Royale. Il n'est que juste d'ajouter, inversement, que la Reine et les Princes ont voué au pays les mêmes sentiments que le Roi Georges, et qu'ils montrent, comme lui, l'exemple d'un dévouement absolu à leur patrie d'adoption. Lorsque, à l'âge de seize ans, la Grande-Duchesse Olga-Constantinovna quitta la Cour de Russie pour unir sa destinée à celle du Roi Georges (octobre 1867), elle donna, elle aussi, à la Grèce, tout son cœur (1); et, par le sourire où se reflète son immense

(1) Fille aînée de S. A. Imp. le Grand-Duc Constantin, et de la Grande-Duchesse Alexandra, la Reine Olga est, par conséquent, la cousine germaine de S. M. le Tsar Nicolas II.

bonté, par sa discrète et inépuisable bienfaisance, par sa charité ingénieuse vis-à-vis des humbles et des petits, elle eut vite fait de gagner l'affection de tout son peuple. Docilement, naturellement, les Princes ont suivi cette heureuse orientation. L'ainé de tous, le « Prince royal », Duc de Sparte, à qui la Grèce a attribué, avec un si touchant amour, le prénom moscovite de Constantin (1), est, moralement, tout le portrait de sa Mère : il l'est même physiquement, en ce sens qu'il a, d'elle, le doux et gracieux sourire, voilé, hélas ! aujourd'hui, et mêlé d'une indicible nuance de mélancolie, sur le visage de la Reine, depuis la mort de la Grande-Duchesse Alexandra. Le frère puiné du Prince Héritier, le Prince Georges (2), a l'âme d'un marin, et toutes ses énergies, toutes ses audaces, toute sa bravoure. C'était bien l'homme d'action qu'il fallait pour gouverner la Crète. Les Puissances, en fixant sur lui leur choix, pour faire de lui le « Haut Commissaire » de l'île pacifiée, ont donc prouvé qu'elles le connaissent bien. Déjà, la salutaire influence de son administration éclairée s'y est fait sentir. Si peu que les menées ambitieuses et les sourdes intrigues de l'Angleterre lui en laissent la facilité, la Crète sera, avant quelques années, l'île la plus prospère de la Méditerranée (3).

(1) Des prénoms de même sorte, qui rappellent à la Reine les chers souvenirs de la Patrie lointaine, ont été donnés au Prince Nicolas, un brillant officier d'artillerie doublé d'un dessinateur émérite et d'un juge exquis des œuvres d'art, et au Prince André.

(2) Né, à Corfou, le 24 juin 1869, le Prince Georges va entrer prochainement dans sa trente-et-unième année.

(3) Ce fut le 26 novembre 1898 que les ministres de Russie et de France, et les chargés d'affaires d'Angleterre et d'Italie lurent, dans la Salle du Trône, devant le Roi et la Reine de Grèce entourés de la Cour, la communication par laquelle les quatre Puissances nommaient le Prince Georges Haut Commissaire en Crète pour une durée de trois ans, et qu'ils demandèrent l'assentiment du Roi. Celui-ci répondit au doyen du Corps diplomatique, M. Onou, ministre de Russie, qu'il acceptait la nomination, et il exprima, avec sa profonde gratitude vis-à-vis des Puissances à la sollicitude desquelles il devait la solution de la Question Crétoise, son ferme espoir qu'elles continueraient à assurer leur protection au peuple de l'île, jusqu'au moment de son établissement définitif. Le Prince

Jetons maintenant, en quittant le Palais du Roi, un rapide coup d'œil sur la Capitale moderne. L'ancienne Athènes était bâtie, de l'autre côté de l'Acropole, au midi, sur le sol ondulé de plusieurs petites collines : la nouvelle, au contraire, s'étend, comme à plaisir, vers le nord, dans le large vallon qui s'ouvre entre l'Acropole et le Lycabète, développant ses places, allongeant ses rues, et étalant presque partout (1) des monuments et des maisons qui sentent, d'une lieue, l'inspiration lourde et banalement uniforme des architectes allemands par qui ont été exécutés la plupart de ces travaux. C'était une heureuse idée sans doute de chercher à pasticher, à Athènes, l'archéologie hellénique : mais cela demandait un goût délicat, et exigeait une rare délicatesse de main. Les " artistes " allemands n'ont eu, en général, ni l'un ni l'autre : ils se

Georges, pendant cette audience, attendait, dans la Salle des héros. Les ministres, après avoir reçu du Roi l'autorisation de communiquer la décision au Prince, entrèrent dans la salle, où ce dernier les reçut, en grand uniforme d'Officier de la marine Hellénique. Il déclara qu'il acceptait sa nomination, et promit solennellement de faire tous ses efforts pour se montrer digne de la mission de confiance dont les Puissances l'investissaient, pacifier l'île, et ramener la concorde entre les deux fractions de la population Crétoise.

Trois semaines plus tard, le 19 décembre 1898, le Prince Georges après une réunion intime de tous les membres de la Famille Royale, quittait le Palati pour se rendre au Pirée, où, dans la rade, l'*Amphitrite* battait pavillon national, et l'attendait pour le conduire à Milo. Il y abordait, le 21, vers midi, montait sur le *Bugeaud*, et arrivait le même soir, à neuf heures, à la Canée, où l'amiral Pottier avait l'honneur de lui remettre le commandement de l'île, pendant que, aux salves joyeuses de l'artillerie, le drapeau autonome était hissé sur le Palais. Depuis, le prince Georges a su, à force de dévouement et d'intelligence, faire avancer la tâche difficile qui lui avait été confiée. Gagnées, de la première heure, par sa loyauté, les populations de l'île, sans distinction de confession religieuse, ont rivalisé de bonne volonté et d'efforts pour l'y aider; tant et si bien que, très prochainement, la Constitution pourra être promulguée, et le Gouvernement du Prince constitué.

(1) Je dis : « *presque* partout », parce que des architectes français, d'un goût plus pur que celui de leurs confrères d'outre-Rhin, se sont, par bonheur, établis à Athènes, ces dernières années, et ont imprimé, aux constructions qu'ils y ont faites, un cachet d'élégance et de grâce qui tranche, de très-heureuse et très saisissante façon, sur les « produits » du « génie » allemand.

sont souvenus, ici, beaucoup plus de München, ou de Berlin, que de la cité de Minerve ; et ils ont oublié qu'on ne fait pas nécessairement du style grec, parce qu'on multiplie les portiques et qu'on accumule les colonnades. En somme, cependant, avec ses deux longues artères, la rue d'Éole et la rue d'Hermès, qui la traversent et se coupent perpendiculairement ; avec ses trois larges boulevards, de l'Académie, du Stade, et de l'Université, qui courent parallèlement, au point de dérouter, tout d'abord, le voyageur qui arrive, et qui cherche à s'orienter ; avec ses grands édifices et ses habitations agréables, Athènes a l'air imposant et distingué d'une capitale en plein épanouissement. L'un des plus graves reproches que je serais tenté de lui faire, c'est, en se transformant, et en devenant moderne et quelque peu occidentale, d'être restée pourtant orientale par le maintien trop scrupuleux d'une des habitudes les moins avouables, dans toutes les villes d'Orient : Athènes n'est point pavée ; et, selon qu'il fait soleil, ou qu'il pleut, on est condamné à y enfoncer dans la poussière, ou à y piétiner dans la boue ! Je n'ignore point, certes, toute la vertu qu'ont prêtée certains « imaginatifs » à la « poussière attique » : ils y ont découvert je ne sais quelles « étincelles » capables d' « insinuer l'âme errante de la race » dans l'âme du voyageur ; et cette trouvaille, si peu qu'elle ait un fond d'exactitude, est assurément merveilleuse. Mais il serait si facile de ne rien laisser perdre de la pénétrante influence d'une poussière si exceptionnellement suggestive, en la recueillant, par exemple, dans quelque salle de Musée qu'on affecterait spécialement à cette destination ! Tout exprès, l'on irait au Musée, pour pouvoir participer aux bienfaits de ce contact ; ce serait comme une sorte de pèlerinage d'art, qu'on se ferait un devoir de ne pas omettre : et, pendant ce temps, à la place de la précieuse poussière recueillie, et mise en lieu sûr, les « agents voyers », dont personne n'a eu encore le mauvais goût de nier les services, à Paris comme à Berlin, à London comme à Wien, feraient leur œuvre, à Athènes, et achèveraient d'imprimer à la Capitale ce cachet de « tenue », qu'il n'est pas possible que nombre d'Athéniens ne désirent, et qu'ils n'appellent de tous leurs vœux.

Parmi les monuments les plus intéressants d'Athènes moderne, je signalerai, à côté de l'Université, remarquable par son architecture polychromique, l'Académie Hellénique, plus remarquable encore, grâce à la beauté de ses marbres, à l'élégance de ses portiques, colonnes et frontons, et à la richesse de ses couleurs et de ses dorures ; le palais de la « Voulie », à l'angle de la rue Colocotroni et de la rue du Stade, où siège le Parlement ; l'église catholique S. Denis ; l'Ecole Polytechnique, dont la vaste composition est d'un style dorique très soigné ; l'église byzantine S. Théodore, frappante par ses trois absides, son dôme, et son clocher, et curieuse jusque dans l'entremêlement des assises de pierres et de briques qui ont servi à sa construction ; le Musée National, qui profile, comme à l'infini, sa longue façade de style ionique ; la Métropole, bâtie exclusivement avec d'antiques débris, et dont les peintures jaunes et rouges de l'extérieur rappellent vaguement les colorations de Ste Sophie ; enfin, pour borner cette énumération, notre Ecole Française, qui, si elle n'attire point l'attention par la magnificence de son architecture, se recommande par des titres plus sérieux, ceux des services rendus à l'archéologie classique, à la philologie, aux fortes études grecques, et tient, haut et ferme, le drapeau de la science, en face des Allemands, des Américains, et des Anglais, qui ont, après nous, pris pied dans l'Attique, et qui y font effort pour chercher à nous distancer (1).

(1) L'Ecole Française d'Athènes, qui a formé déjà une armée de savants, devait fêter, en 1896, le Cinquantenaire de sa fondation. La coïncidence, cette même année, de la célébration solennelle des Jeux Olympiques, qui durèrent quinze jours, décida le directeur de l'Ecole, M. Homolle, à renvoyer la cérémonie à l'année suivante. Elle a eu lieu, en effet, en 1897, vers le milieu d'avril, avec un éclat extraordinaire. Près de deux cents Français, appartenant, pour la plupart, aux Académies et au Corps enseignant, étaient venus à Athènes, à cette occasion, et y assistaient : le Roi, les Princes, les

S'il est vrai, comme on en a fait souvent la remarque, que la vie, en Orient, se localise surtout autour des fontaines, il n'est pas moins exact de constater que, en Occident, elle se concentre tout particulièrement sur les places publiques. Or, bien qu'Athènes se trouve aux portes de l'Orient, la seconde observation semble spécialement juste pour la Capitale hellénique. Réunies par le Stade, aux deux extrémités respectives duquel elles s'épanouissent, la Place de la Constitution, en dessous du Palais Royal, et la Place de la Concorde, au bas de la rampe du Stade, sont la vivante transposition moderne de l'antique Ἀγορά. L'animation, presque la fièvre, est persistante, sur tout le périmètre de la dernière, où aboutissent d'ailleurs nombre d'artères importantes ; et, si la première se trouve, à l'heure des fortes chaleurs, relativement déserte, elle prend brillamment sa revanche, dès que se fait sentir la fraîcheur du soir ; elle s'illumine aussitôt de mille feux, s'emplit d'un bruissement de conversations harmonieuses, et s'égaie aux accords des Musiques militaires (1) ou aux

diplomates, et l'élite de la société et de la colonie française étaient présents. Dans un beau discours, M. Homolle raconta, à grands traits, l'histoire de la création de l'Ecole et de son développement ; il rappela les grandes choses accomplies pendant un demi-siècle, et signala les services rendus à l'archéologie, à la science critique des textes, et aux beaux-arts ; enfin, il émit le vœu de la création d'une Ecole internationale, qui, rattachée à l'Ecole française, serait surtout formée de Belges et de Russes. M. Cavvadias, au nom du Gouvernement grec, félicita ensuite l'Ecole de son passé glorieux et de ses précieuses découvertes. Notre Ministre plénipotentiaire, M. le Comte d'Ormesson, prit alors la parole, et, très éloquemment, en remerciant M. Cavvadias, il exprima au Roi la gratitude de tous pour la haute bienveillance dont Sa Majesté avait fait preuve en assistant à cette fête, et il affirma de nouveau la sympathie de la France pour la Grèce et pour la Dynastie Royale. Le Roi Georges se leva alors, et, s'approchant de M. d'Ormesson, il lui serra la main, aux cris cent fois répétés de : *Vive la Grèce ! Vive la France ! Vive le Roi!* — Le soir, une brillante illumination inondait de ses feux la colline de l'Acropole et dessinait, sur ses cimes, les lignes pures du Parthénon.

(1) Après avoir entendu, à Alexandrie, au Caire, à Smyrne, de détestables Musiques Turques, ce fut pour moi un vrai régal d'entendre, à Athènes, d'excellentes Harmonies militaires, où, à une composition bien équilibrée des instruments se joignent, chez les exécutants, un sens délicat d'interprétation et un beau sentiment du style.

sons joyeux des concerts en plein vent. On y prend alors sur le vif la physionomie de la race, de cette race à la fois bon enfant et ironique, sérieuse et légère, simple et rusée, fière et très susceptible d'obéissance, d'une franchise rude et d'un dévouement à toute épreuve, d'une distinction suprême et d'un abandon exquis. Et à travers les groupes, sur les places ; et le long des rues ou des boulevards, on flâne indéfiniment, avec délices, sous ce beau ciel de l'Attique, épiant, observant, et fixant dans son souvenir, les moindres manifestations de la vie locale, les moindres traits où se traduit l'esprit public. On comprend qu'un tel peuple, qui a conscience de ce qu'il vaut et qui sait ce qu'il peut, soit travaillé toujours par la soif de l'indépendance, et qu'il rêve à perpétuité une Patrie grande et forte. Mais soit qu'on erre aux flancs ondulés du Lycabète, soit qu'on se promène dans la campagne voisine, le spectacle auquel on revient toujours de préférence est celui-là même qu'offre, en bloc, la vue de l'Attique : sur cette terre nue et presque désolée, dont la fertilité fut toujours douteuse, il règne un charme enveloppant et unique, qui ne résulte ni de l'attrait de la végétation, ni du bruissement des eaux vives, ni de la variété des aspects, mais de l'alternance séduisante des lignes pures, de la chaude coloration des premiers plans, de la grandeur de cet ensemble sévère, et de l'harmonie des choses qui, jadis, enfantait, chez ce peuple favorisé, le sentiment religieux et la conception esthétique.

En tous sens, aux alentours de la Capitale, on aime à s'égarer, parce que, de quelque côté qu'on oriente la fantaisie de sa course, on est sûr de jouir de ce rare spectacle, sinon même, par surcroît, de se heurter à quelque vieux souvenir. On monte, par exemple, au sommet du Lycabète, où se dresse, à mi-hauteur, la petite chapelle St-Georges, et d'où l'on a une vue enchanteresse ; on va à Colone, sur l'emplacement de l'ancien dème où naquit Sophocle, et où l'immortel artiste a placé la scène classique de son second *Œdipe* ; on fait le tour du rocher escarpé de l'Aréopage (FIG. 104), au haut duquel s'élevaient des autels, tandis que, au bas, se trouvait le sanctuaire des Euménides, et dont le nom rappelle le célèbre Tribunal qui rendait solennellement la justice, en plein air ; ou encore, on s'engage, par Képhissia, dans le défilé du Parnès, pour venir admirer, à Tatoï, le joli Château Royal qui s'élève, sur les plans réduits du Château de Péterhof, au milieu de splendides jardins.

CHAPITRE III

LES RUINES DE LA CITÉ DE MINERVE

IL faut, maintenant, remonter le cours des longs siècles écoulés, et interroger les vestiges du passé le plus glorieux qui fut jamais, pour retrouver, et, s'il se peut, recomposer, la physionomie de la ville où a fleuri l'adolescence du monde, et où devaient jaillir tant de sources vives. L'ancienne Athènes ne s'étendait pas en effet, comme la capitale moderne, dans le vallon qui se creuse, aux pieds du mont Lycabète : plus voisine de l'Acropole, c'est au midi, non au nord, que ses impeccables artistes avaient semé leurs chefs-d'œuvre. Toutes ces créations de génie, le Temps, hélas! les a singulièrement mutilées : mais l'empreinte de la pensée y a été si forte, qu'on la retrouve jusque dans les ruines. C'est donc, en quelque sorte, une promenade à travers les ruines qu'on doit entreprendre, si l'on veut, en s'acheminant à l'Acropole et au Parthénon, évoquer une lointaine apparition de la Cité de Pallas : c'est même la seule qu'il convienne de faire, si peu qu'on ait, dans les veines, quelques gouttes de sang « esthétique ».

Pour se remplir l'œil de la vision progressive du temple de Minerve, il est bon de s'y diriger en partant de la Place de la Concorde et suivant, soit la longue rue d'Eole, soit, mieux encore, la rue parallèle, à droite. Dès qu'on a traversé la rue d'Hermès, qui la coupe à angle droit, l'on trouve les premiers restes des monuments. C'est d'abord la Porte d'Adrien, qu'il ne faut pas confondre avec l'*Arc* d'Adrien (Fig. 105), voisin de l'Olympéion : celui-ci, du moins, a été élevé selon les pures traditions du génie architectural grec; et, grâce à la double inscription gravée sur sa frise, il nous apprend où se trouvait exactement la délimitation des deux villes (1). L'Arc n'a guère que six mètres de largeur, entre les piliers ; mais son développement total a plus du double ; et il supporte, non pas des statues, ou un quadrige, mais une « attique » percée de trois niches et surmontée d'un fronton. Cela n'est point banal : il semble même que la nature et la main des hommes auraient pu difficilement ouvrir, devant les œuvres sublimes qu'on va admirer, une plus belle avenue.

A quelques deux cents mètres de la Porte, à l'ouest, dans la zône de la gare du Pirée, l'on trouve la colonnade touffue et imposante du temple de Thésée (Fig. 106), la mieux conservée de toutes les constructions antiques d'Athènes. L'édifice, en marbre du Pentélique, remonte peut-être à Cimon (470 av. J.-C.). Il est enserré dans un péristyle circulaire de colonnes, sur lesquelles s'élèvent une architrave nue, une frise formée de métopes et de triglyphes, et une corniche ornementée, dont chaque extrémité est couronnée d'un fronton. Les murs latéraux sont nus, sauf aux extrémités, où quelques figures se rattachent à la frise.

Revenant alors à la Porte d'Adrien, nous trouvons, devant nous, la Porte de l'Agora (Fig. 107), qui appartient, elle aussi, à l'époque romaine. L'inscription gravée sur l'architrave explique que cette construction fut consacrée à Minerve « Athéna », par Jules César et Auguste, et élevée à leurs frais. Il n'en reste malheureusement plus que

---

(1) Voici la traduction française de cette double inscription :
C'est ici l'Athènes de Thésée, l'ancienne ville ;
C'est ici la ville d'Adrien, et non celle de Thésée.

quelques colonnes doriques supportant l'architrave, des triglyphes, et un fronton. Or, la vue de ces débris éveille dans l'âme une impression toute semblable à celle qu'on éprouve, à Roma, lorsque, descendant du Capitole pour aller au Colisée, l'on voit se développer, devant soi, l'emplacement du Forum : telle ruine du Forum romain, le temple de Saturne (497 av. J.-C.), par exemple, rappelle à s'y méprendre, la Porte de l'Agora, à Athènes. Quant à la Place elle-même, qui s'ouvrait au-delà de la Porte, elle était réservée au marché aux huiles : on en a, entr'autres preuves, le témoignage de la grande inscription gravée, derrière la Porte, au temps d'Adrien, pour faire connaître les prescriptions relatives à la vente du liquide. La « Tour des

Fig. 105. — Arc d'Adrien.

vents », qui se trouve près de cette Porte, à l'extrémité méridionale de la rue d'Eole, est un curieux monument octogone, en marbre blanc, dont chacune des faces est orientée vers les huit points, cardinaux ou collatéraux, de l'horizon athénien, auxquels correspondent les vents, dont les noms sont gravés, et les figures symboliques et ailées, sculptées sur la frise : Boréas, sous les traits d'un homme âgé, couvert de lourds vêtements, et au visage désagréable ; Kœkias, sous ceux d'un vieillard, secouant son bouclier, d'où tombent des grêlons ; Apéliotès, jeune homme, aux bras chargés d'épis et de fruits ; Euros, drapé dans les plis d'un manteau ; Notos, le vent qui amène la pluie, représenté avec la physionomie d'un homme jeune, une lourde cruche à la main ; Lips, soulevant la proue d'un navire ; Zéphyros, éphèbe gracieux, dont les vêtements flottent, et laissent s'épancher les premières fleurs du printemps ; Skiron, qui porte un vase : telles sont les huit figures allégoriques, qui décorent cette Tour originale qu'accostent, en tous sens, de nombreux fragments d'antiquités.

Au surplus, en décrivant un cercle autour de l'Acropole, au midi, nous allons trouver d'autres ruines vénérables, et tout-à-fait imposantes. Nous laissons, sur la droite, le rocher de l'Aréopage, à la suite duquel, à l'ouest, s'élève la « Colline des Nymphes », ponctuée encore de quelques vestiges de l'antique enceinte de la Cité, et nous voyons bientôt se développer la façade échancrée, aux brèches béantes, de l'Odéon d'Hérode Atticus (Fig. 108) : c'est, ici, l'un des derniers débris importants qui marquent la présence des vainqueurs, dans la Grèce réduite en province romaine. On sait en effet qu'Hérode Atticus, qui s'appelait encore Tibère Claude, issu d'une noble famille, consacra, en grande partie, à l'embellissement d'Athènes, son immense fortune. Il fit donc bâtir ce théâtre en mémoire de sa femme, Appia Annia Régilla, et il lui donna le nom d' « Odéon de Régilla ». En principe, les Odéons différaient des autres théâtres par certaines particularités de construction, et par une destination spéciale : ils étaient couverts ; et on les réservait aux exercices du chant, ὠδεῖον, et aux concours musicaux. L'Odéon d'Hérode Atticus servit aussi toutefois aux représentations ordinaires ; et autant qu'on en a pu juger, par l'examen de ses débris, lorsqu'il fut dégagé (1), en 1858, il a été détruit par un

---

(1) Depuis un demi-siècle, une armée de savants s'est occupée d'exhumer les trésors enfouis de la Grèce antique, de les recueillir, de les cataloguer, et d'en faire l'histoire. Or, parmi les plus curieuses de ces trouvailles, il faut signaler la découverte archéologique récente (1897-1898) de l'ancienne cité de Pyrène, qui a mis à jour toute une ville conservée comme Pompéi. Jusqu'ici, aucune autre ville de l'ancienne Grèce, déblayée par les archéologues, n'avait montré, à ce point, les rues, les places publiques, les monuments, et l'architecture des édifices privés. C'est à Pyrène que l'on voit, pour la première fois, tout ensemble, des rues régulières coupées à angle droit, des magasins, des arcades, des avenues, des marchés, des théâtres, et plusieurs maisons particulières. Au sud de la ville, non loin de l'emplacement du temple de Minerve, construit sur l'ordre d'Alexan-

incendie. Quoi qu'il en soit, c'est un monument très vaste, d'un aspect un peu morne, avec sa longue façade de style romain à plein cintre, mais dont la disposition intérieure est exactement semblable à celle du théâtre voisin de Bacchus. La scène, qui a très peu de profondeur, six mètres à peine, se développe au contraire considérablement en largeur, où elle atteint près de quarante mètres. Deux escaliers, dont l'un existe encore, mettaient la scène en communication avec l'orchestre, qui est recouvert de dalles carrées formant échiquier. La « cavea », ou « salle » proprement dite, se composait de trente-trois rangées de gradins, que des escaliers de service distribuaient en nombreux compartiments : elle pouvait contenir six mille spectateurs (1). De l'O-

Fig. 106. — Temple de Thésée.

déon au Théâtre de Bacchus, court, au midi de l'Acropole, sur un espace de plus de cent cinquante mètres, un long portique qui relie les deux monuments, et qui complète agréablement pour l'œil la décoration architecturale du lieu.

Le Théâtre de Bacchus (Fig. 109), dont la scène fut le berceau de l'art dramatique et vit représenter les chefs-d'œuvre d'Eschyle, de Sophocle, d'Euripide, et d'Aristophane, remonte au siècle de Périclès et doit à ce grand

---

dre-le-Grand, on a retrouvé le marché de la ville, entouré d'une colonnade ; à côté, est le théâtre, dont la scène est dans un très bon état : aucun théâtre de l'antiquité hellène n'est même aussi parfaitement conservé.

(1) Périclès, qui imprima une si puissante impulsion à l'activité athénienne, avait fait construire un Odéon, près de l'Ilissus, qui, descendant du mont Hymète, allait se jeter dans le golfe d'Égine, après avoir longé la cité de Minerve, au sud-est.

administrateur, sinon sa création même, du moins une partie de son imposante construction et de ses perfectionnements. Longtemps, en effet, Athènes n'avait eu d'autre théâtre que les clairières des bois voisins, ou les carrefours de la ville, qui semblaient dans le principe suffire pour les danses, graves ou comiques, célébrées pendant les fêtes de Bacchus. Mais, le jour où ces danses eurent donné naissance à la tragédie et à la comédie grecques, on dut songer à édifier des théâtres. Ce ne furent d'abord que d'humbles constructions en bois, de simples charpentes recouvertes d'une toile. Or, un jour que l'on représentait, à Athènes, une tragédie de Pratinas — un citoyen de Phlionte, en Argolide, domicilié dans la ville de Minerve, où il avait apporté, et acclimaté, le drame satyrique —, le théâtre de bois, élevé sur la place du marché, s'effondra (500 av. J.-C.), et l'on décida la construction d'un théâtre en pierre, sur les flancs méridionaux de l'Acropole, dans l'enceinte réservée à Dionysios : l'architecte Philon fut aussitôt chargé de ce travail. L'œuvre, entreprise sur un plan très vaste, en 496, et décorée de plus en plus richement, à mesure que grandissaient la fortune et la gloire de la ville, ne fut achevée que cent cinquante ans plus tard, sous l'administration de Lycurgue : mais si l'on y mit le temps, ce fut du moins l'un des plus splendides monuments d'Athènes.

La forme du Théâtre de Bacchus, et, d'une manière générale, de tout théâtre grec, rappelle, par l'importance qui y est donnée à l' « orchestre », (ορχεσθαι, danser), c'est-à-dire, au lieu même où le chœur devait faire ses évolutions, l'origine de la tragédie qui, comme l'ont expressément proclamé Horace et Boileau, était née du chœur dithyrambique : le chœur étant le noyau générateur du poème, l'orchestre devait donc être le centre de l'édifice (1). Mais, outre l'orchestre, il y avait, à l'intérieur du

---

(1) Les « musiciens » de l'orchestre se plaçaient, en avant, contre la scène légèrement surélevée, dans une place appelée, pour cette raison, « hyposcénion » (sous-scène).

théâtre (1), deux autres parties essentielles : la « scène »; et la « cavea », ou espace réservé aux spectateurs. Encore, à l'origine, cela avait-il été simplifié : la scène ne s'était composée, d'abord, que de l'orchestre, qui, placé par derrière, en était séparé par un mur. On dut néanmoins, assez vite, leur affecter respectivement une place distincte. Qu'on imagine donc un espace demi-circulaire et très vaste, dont le premier plan, au centre, était réservé à l'orchestre, près du « thymélé » (2), qui rappelait lui-même l'autel de Dionysios, autour duquel le chœur faisait ses évolutions dithyrambiques. A l'arrière, et un peu au-dessus, de cet hémicycle, on voyait, limitée par un parallélogramme étroit, mais extrêmement allongé, la scène proprement dite. A l'avant de la scène se trouvaient une

Fig. 107. — Porte de l'Agora.

une grille, qui en fermait l'accès aux spectateurs ; le rideau, qui s'abaissait, au lieu de se lever, comme chez nous ; et une façade, qui représentait ordinairement l'*entrée* d'un palais, ou d'un temple, avec leurs annexes, car la tragédie grecque n'introduisait jamais le spectateur dans l'enceinte de l'édifice. Aux extrémités de la scène, à droite et à gauche du parallélogramme, étaient les ailes, nommées parascénies, qui servaient à la fois de coulisses, et de magasins pour les décors et les accessoires. Au fond enfin se trouvaient trois portes : l'une, à droite, qui, selon les conventions théâtrales, était censée conduire aux appar-

---

(1) Je dis : à « l'intérieur », par opposition « à l'extérieur », car, au dehors, le théâtre grec se composait de trois rangs de portiques superposés.
(2) Le mot lui-même, θυμέλη, veut dire « autel ».

tements des hôtes ; la seconde, au milieu, qui recevait le nom de « porte *royale* », représentait la principale entrée, et était réservée à la venue et à la sortie du protagoniste de la pièce ; la troisième, à gauche, menait, toujours d'après les usages adoptés, aux appartements des femmes, au sanctuaire, ou autres endroits retirés. On s'explique assez bien l'habitude de cette disposition, quand on réfléchit sur la situation topographique du théâtre de Bacchus, à Athènes : du haut de la scène, en effet, l'acteur avait, à sa gauche, la plus grande partie de la ville, et le port ; à sa droite, presque partout, la campagne. Il était donc entendu, d'abord, que le personnage principal, ou protagoniste (1), entrait et sortait par la porte royale, tandis que le deutéragoniste et le tritagoniste passaient par les portes de côté; puis, que tout acteur qui entrait par les parascénies de droite venait de la campagne, au lieu que celui qui arrivait par les parascénies de gauche venait de la ville ; enfin, que, vu le peu de profondeur de la scène, les acteurs pouvaient se placer l'un à côté de l'autre, comme dans un bas-relief, et comme semblaient l'indiquer d'ailleurs les arts plastiques, qui ne connaissaient et n'admettaient que cette disposition.

Fig. 108. — Façade de l'Odéon d'Hérode.

Mais, si l'on réfléchit, d'autre part, aux proportions considérables de la troisième partie du théâtre, ou « cavea », où se localisaient, sur les gradins (2) d'un immense amphi-

---

(1) Le protagoniste pouvait n'être pas nécessairement le premier des acteurs, par la position sociale ; mais c'était toujours le premier, par l'importance de son rôle.

(2) En avant de ces gradins, et tout voisins de l'orchestre, se trouvaient les sièges réservés aux prêtres de Bacchus. Les fouilles

théâtre, jusqu'à trente mille spectateurs, comme à Athènes, jusqu'à cent cinquante mille, comme au théâtre d'Ephèse(1), on comprendra que, réduit à ses proportions naturelles, l'acteur y aurait paru ridiculement petit. De là, quelques mesures ingénieuses, prises pour le grandir. On le chaussa donc d'un cothurne, c'est-à-dire, d'un brodequin avec semelle épaisse, carré du bout, et allant aux deux pieds. Puis, pour garder encore les proportions, on lui rembourra le corps avec des coussins, on lui allongea les bras avec des gants, et on lui grossit enfin la tête avec un « masque ». Aussi bien, de tout temps, le masque avait figuré dans les réjouissances dionysiaques. Simple couche de minium, qu'on se passait sur la figure, à l'origine, le

Fig. 109.— Intérieur du théâtre de Bacchus.

masque primitif fut transformé ensuite, et grossièrement façonné avec des lambeaux d'étoffe, ou même simplement avec des écorces d'arbre. Eschyle vint, à son tour, qui créa

exécutées, en 1862, à Athènes, par l'architecte allemand Strack, ont mis à jour, avec les ruines du théâtre de Bacchus (Fig. 109), la rangée de ces sièges : ils ont la forme de fauteuils, et sont en marbre pentélique, ce qui donne à entendre qu'ils étaient fort beaux, mais que ce n'était peut-être pas le dernier mot de la commodité, ni du confortable. Ils sont reliés entr'eux à peu près à la façon des stalles des chanoines, dans le chœur des cathédrales ; et celui qui fait directement face à la scène, était réservé au prêtre de Dionysios Eleuthérien, à qui revenait la présidence d'une représentation considérée comme une cérémonie en l'honneur du dieu.

(1) Ces chiffres qui, d'abord, font rêver, s'expliquent cependant par cette double considération que les représentations dramatiques avaient un caractère religieux, et qu'elles étaient rares autant que solennelles ; on construisait donc les théâtres, en conséquence : il fallait que la majeure partie de la population d'une cité pût facilement y trouver accès.

le vrai masque tragique ; et cette invention, qui nous paraît quelquefois grotesque, sinon même contraire à la nature, était en réalité une heureuse trouvaille. Le masque, en effet, en emboîtant la tête comme un casque, lui donnait la grosseur nécessaire dans l'agrandissement général de l'acteur ; il était, d'autre part, ménagé de manière à renforcer la voix, détail indispensable dans ces théâtres en plein air, et si vastes ; il permettait, en outre, au même acteur, de jouer alternativement, grâce à une substitution aisée et rapide, plusieurs rôles, et, aux hommes, de jouer même des rôles de femmes ; enfin, s'il avait l'inconvénient de priver la figure de son expression naturelle (1), il offrait du moins cet inappréciable avantage de remplacer un visage connu, ou vulgaire, par une figure idéale. Dans une petite ville comme Athènes, où tout le monde vivait sur la place publique et où l'on était naturellement familier et railleur, n'était-il pas à craindre que l'acteur eût manqué de dignité, s'il se fût présenté avec les traits que, la veille, on avait rencontrés dans l'échoppe d'un barbier, ou sur le marché aux poissons ? L'illusion dramatique n'aurait point, très probablement, résisté à de pareilles épreuves. Quant à l'effet que produisait, sur les spectateurs, le jeu d'acteurs ainsi accoutrés, il était considérable ; et nous parviendrons, en dépit de la différence des usages, à nous l'expliquer, si nous nous rappelons que les anciens se montraient beaucoup moins sensibles à la vivacité passionnée des gestes qu'à la beauté plastique : ils aimaient à retrouver, dans les acteurs, les attitudes grandioses des bas-reliefs de Phidias ; et leurs oreilles s'enchantaient des savantes mélopées que leur faisaient entendre ces voix sonores et harmonieuses.

Tandis qu'on erre, rêveur, dans le théâtre de Bacchus, à

---

(1) L'inconvénient, du reste, était beaucoup moins sensible, dans la tragédie grecque, où les caractères sont plus généraux et les passions moins précipitées, que dans le drame moderne. Il ne faut pas oublier d'ailleurs qu'on remédia, en partie, à cet inconvénient, pa le grand nombre de « types » de masques que l'on imagina, de manière à correspondre à toutes les conditions, à représenter tous les âges, et à traduire tous les sentiments.

travers les gradins de la cavea, près des fauteuils de marbre qui semblent attendre encore leurs « abonnés », ou le long de la scène, on se plaît à recomposer, par la pensée quelqu'une de ces grandes représentations, où les Athéniens applaudissaient avec enthousiasme les vers héroïques de l'auteur des *Perses*, ou les admirables strophes de Sophocle, son jeune et heureux rival, en attendant qu'ils leur élevassent, dans le théâtre même, sur la proposition de Lycurgue, des statues de bronze, à côté de celles des autres poètes dramatiques ; on s'arrête devant les Silènes accroupis, qui supportent la scène ; on remarque les bas-reliefs qui décorent le mur de séparation entre la scène et l'orchestre ; et, à la vue de tous ces imposants débris, on se pénètre de tout ce qu'il y eut

Fig. 110. — Vue du temple de Jupiter Olympien, et du mont Lycabète.

de grandeur et de qualités heureuses dans l'âme de ce peuple unique, dont Rome elle-même ne fut qu'une brillante et solennelle copie.

A peu de distance du Théâtre de Dionysios, au sud-est, s'élève enfin, à l'arrière de l'Arc d'Adrien déjà décrit (Fig. 94), le célèbre temple de Jupiter Olympien, « Olympéion » (Fig. 110), dont il ne reste plus que quinze colonnes d'ordre corinthien, dont la plupart ont conservé leur architrave. Dans les premières années du Vᵉ siècle avant Jésus-Christ, Pisistrate (+ 527) posa les fondations de ce temple, dont les travaux longtemps interrompus ne furent repris qu'en l'an 164 par un des bienfaiteurs d'Athènes, Antiochus Epiphane, d'après les plans de l'architecte Cossutius. Tout ce qui nous reste du monument semble appartenir à cette reprise des travaux, qui excita alors l'admiration des contemporains. Mais Antiochus mourut, avant d'avoir pu terminer son œuvre. La gloire de l'achever était réservée, deux siècles et demi plus tard, à Adrien, qui en fit la dédicace, en l'an 130 après Jésus-Christ. On aura quelque idée de la magnificence de ce temple, si l'on se rappelle que deux de ses façades, à l'est et à l'ouest, avaient une triple rangée de huit colonnes, et que les deux autres côtés, au nord et au midi, en avaient une double de cent colonnes corinthiennes, de plus d'un mètre et demi de diamètre, sur dix-sept mètres de haut : après celui d'Ephèse, c'était, dans l'orient grec et l'occident, le plus grand des temples de l'antiquité. En souvenir de la solennelle dédicace qui avait couronné l'achèvement des travaux séculaires, on plaça, dans ce temple, la statue de l'empereur Adrien à côté de la statue d'or et d'ivoire de Jupiter.

CHAPITRE IV

L'ACROPOLE ET LE PARTHÉNON

'EN viens, pour finir, au rocher fameux de l'Acropole, qui tient une si grande et si légitime place dans l'histoire d'Athènes, et à la merveille du Parthénon, qui le domine. D'après les plus anciennes traditions, ce furent les Pélasges qui, les premiers, se fixèrent sur l'Acropole : ce furent eux aussi qui aplanirent la crête de ce rocher, qui en rendirent les flancs plus escarpés, et qui couvrirent d'une fortification à neuf portes son côté occidental, le seul versant qui fût désormais accessible. C'était alors tout l'emplacement occupé par la ville : le périmètre même du rocher fortifié limitait la zône des habitations. Là se trouvaient, avec la résidence des rois, qui y rendaient la justice, les principaux sanctuaires de l'Etat. Mais, resserrée entre ces bornes étroites, la ville aurait risqué de perdre tout essor ; elle ne tarda donc pas à descendre peu-à-peu dans la plaine ; et l'Acropole, modifiant insensiblement sa destination première, n'en conserva alors que la donnée essentielle : elle resta une Citadelle, qui fut en même temps le plus vénéré des sanctuaires. Cet état de choses dura ainsi jusqu'à l'époque des Pisistra-

tides, où le siège du gouvernement fut de nouveau porté dans la Citadelle : à cette occasion, Pisistrate la dota d'une entrée plus grandiose et l'orna d'un temple, qu'il dédia à Minerve Athéné. Puis, pendant les guerres Médiques, vers 479, les Perses l'incendièrent, et ravagèrent tous ses monuments. Mais, après le passage des Barbares, Thémistocle et Cimon entreprirent, sinon une restauration des ruines, du moins un essai de défense du rocher cher à la Grèce, en l'entourant d'une enceinte de murailles. Le lieu était donc prêt à recevoir des chefs-d'œuvre, quand parut Périclès, qui devait en effet y élever des monuments d'une incomparable beauté. Aussi, le nom de Périclès est-il inséparable de celui de l'Acropole et du Parthénon, tout de même qu'il l'est de celui du grand siècle où, sous sa haute inspiration et sa bienfaisante influence, travaillèrent des artistes de génie, qui produisirent, dans tous les genres, des œuvres immortelles.

Nul n'a plus fait que Périclès pour la grandeur de son pays ; nul n'a poursuivi ce but avec une conscience aussi nette, ni avec un aussi complet désintéressement. Il aima passionnément le grand, mais, ennobli par le beau, qui n'en est que la forme esthétique. Il voulut qu'Athènes fût l'institutrice de son pays, en même temps qu'elle en serait la reine, et qu'elle restât, pour la postérité, le modèle d'une ville où toutes les facultés humaines, élevées à leur plus haute puissance, s'unissent dans un prodigieux et fécond équilibre. Abstraction faite de son origine aristocratique et de sa culture affinée, qui l'y aidèrent singulièrement, Périclès trouva, dans la composition même de la race athénienne, et dans les tentatives et efforts des hommes qui l'avaient précédé, à la tête de la chose publique, comme deux précieuses pierres d'attente pour l'y encourager et l'y soutenir.

Après avoir été primitivement habitée par les Pélasges, l'Attique avait été en effet successivement visitée et colonisée par les Phéniciens, les Ioniens, les Crétois, etc., immigrateurs pacifiques, qui avaient introduit dans le pays les cultes de leurs divinités respectives avec la civilisation qu'ils représentaient, et qui y avaient accru son capital intellectuel. Les invasions guerrières, qui d'ordinaire entraînent avec elles des troubles politiques et amènent des remaniements de territoire, respectèrent heureusement l'Attique, soit parce que la région, relativement pauvre, offrait peu d'attrait à leur cupidité, soit parce qu'elle se trouvait protégée par sa position reculée et ses défenses naturelles. Elle eut la bonne fortune d'échapper aux invasions doriennes ; et, tandis que la conquête apportait, dans le reste du Péloponnèse, un élément étranger brutalement oppresseur, elle ne connut pas les bouleversements qui, s'ils ne laissent pas toujours dans un peuple des ferments de haine, arrêtent

Fig. 111.— La Tour Vénitienne; les Propylées.

tout au moins le caractère national dans son développement, et parfois même le faussent. Ainsi préservée, l'Attique eut, de surcroît, un autre gain ; un grand nombre de nobles familles, qui ne pouvaient se résigner à subir le joug dorien, émigrèrent sur ses rives tranquilles, apportant avec elles leur culte, leurs qualités propres, et les progrès déjà réalisés par leurs efforts. Ce furent donc autant d'éléments bienfaisants qui, par des infiltrations successives, se fondirent peu à peu et sans heurt dans la masse indigène, la pénétrèrent, et contribuèrent largement à donner au génie athénien cette variété d'aptitudes, qui semblait faire de lui comme le résumé du génie hellénique et son type même.

D'autre part, Athènes avait eu la rare fortune de voir à sa tête des hommes d'Etat qui, loin de redouter le développement intellectuel du peuple, avaient pris au contraire à tâche de le provoquer. Après Solon, qui avait soigneusement recueilli les Poèmes homériques, Pisistrate avait révisé ces poésies, qui prirent dès lors le premier rang dans l'éducation de la jeunesse athénienne; il avait appelé à sa cour les aèdes les plus renommés, Anacréon, Lasos, etc. ; introduit le culte de Dionysios, dont le drame naissant allait devenir la parure, et le culte d'Athéné ; et travaillé à la prospérité matérielle de la ville par des constructions d'aqueducs et de monuments, des plantations, et des embellissements divers. Or, de tant d'heureuses espérances, Périclès sut faire les plus consolantes réalités. Par sa mère, Agariste, il appartenait à la grande famille des Alcméonides : son père, Xantippe, ami d'Anacréon, s'était distingué, comme amiral; et, dans un tel milieu, les sentiments élevés, les talents politiques, et l'amour des choses de l'esprit étaient traditionnels. Pendant son enfance, Périclès avait été le témoin des scènes les plus tragiques et des événements les plus grandioses. L'incendie de la ville, la lutte avec les Barbares, le triomphe de la Grèce, dû surtout aux efforts d'Athènes, et la gloire qui en avait rejailli sur elle, tout semblait donc s'être rencontré à souhait pour frapper une jeune imagination, et lui inspirer l'idée du rôle que devait jouer l'Attique dans le monde des Hellènes.

Beau, robuste, sobre, et avide d'apprendre, Périclès s'assimila étonnamment la culture nouvelle qui commençait à passer, de l'Ionie, dans la Grèce : il fréquenta les artistes, les poètes, les philosophes, ouvrant avidement son âme à toutes les belles émotions, et son intelligence à toutes les grandes idées. Aussi, lorsque, après quarante ans de luttes, la démocratie fut définitivement triomphante, nul ne se trouva plus apte que lui à assurer ce que réclamait alors le sentiment public, à savoir, au dehors, une politique ferme, basée sur l'esprit de suite (1), et, au dedans, le

(1) L'*esprit de suite*, voilà bien en effet l'un des plus essentiels facteurs de la prospérité des peuples, et de leur puissance. C'est cet esprit qui a fait, qui fait encore, aujourd'hui, la force de l'Angleterre, tout de même qu'il fait celle de la Russie, et de l'Allemagne. A London, comme à Pétersbourg, comme à Berlin, on sent qu'il y a

repos et la paix. Préparé, par son origine aristocratique et sa culture libérale, à embrasser à la fois le passé et l'avenir, il sut concilier, dans la synthèse heureuse d'une intelligente démocratie, les nobles traditions de l'une et les justes revendications de l'autre. Voyez-le d'ailleurs à l'œuvre : il achève les Longs-Murs, et améliore la construction des vaisseaux ; il organise les finances, et fonde des colonies qui portent, aux deux extrémités du monde

une volonté persistante, tenace, qui, le but une fois entrevu, s'obstine à y tendre, sans jamais dévier de la route que, après sage et mûre réflexion, elle s'est tracée. Et cela fait ressortir d'autant, hélas ! la légèreté, l'imprévoyance, et les incessantes variations, qui caractérisent, au contraire, chez nous, la prétendue direction des affaires. Le caractère dominant de notre politique contemporaine est d'être essentiellement incohérente, ce qui est bien tout l'opposé de l'application de l'esprit de suite. Les récentes affaires de Fachoda et du Haut Nil en sont, entre mille autres, une preuve tristement éloquente. Tandis que l'Angleterre continuait, là-bas, sans broncher, sa marche dans le Soudan, et qu'elle poursuivait parallèlement, vis-à-vis des puissances européennes, une politique fort habile pour s'assurer, le moment venu, leur adhésion aux faits accomplis, ou tout au moins leur silence, nous poursuivions, nous, avec nos perpétuels remaniements ministériels, une politique indécise, hésitante, et variable au gré de conceptions juridiques opposées, nous rangeant, un jour, à la théorie de la suzeraineté de l'empire ottoman sur le Nil, sauf à adopter, le lendemain, la théorie de la *res nullius*. Nous décidions le départ de la mission Marchand ; mais nous le décidions, après trop d'hésitations, et quand c'était trop tard. Si encore, en envoyant la mission à Fachoda, l'on eût su la renforcer, et la ravitailler ; mais on ne se préoccupa même pas de mettre tout en œuvre pour lui assurer l'appui des Abyssins, non plus qu'on n'eut la sagesse de se ménager les appuis diplomatiques dont tout faisait prévoir que nous aurions prochainement besoin. Aussi, le jour où les Anglais vainqueurs de Khartoum, rencontrèrent Marchand à Fachoda, et que, fatalement, éclata la crise, nous n'eûmes ni le soutien de la diplomatie pour appuyer nos revendications, ni la préparation militaire capable de soutenir nos droits. Les efforts héroïques de ces braves gens étaient donc peine perdue, par suite de la pauvreté et de l'incohérence de notre politique extérieure et coloniale. Avec une poignée d'Européens, qu'il avait conduits, du Congo fétichiste jusqu'à l'Abyssinie chrétienne, à travers le pays des Derviches musulmans et fanatiques, Marchand avait ajouté une page glorieuse, étonnante, aux épopées françaises. Cette page, l'imprévoyante légèreté et l'absence d'esprit de suite de nos hommes d'Etat, nous força à la déchirer, si nous ne voulions pas nous engager dans une guerre épouvantable.
— Cf. le volume instructif du vicomte Robert de Caix : *Fachoda ; la France et l'Angleterre* (J. André, Paris 1899).

grec, l'influence de la métropole ; il provoque un généreux et commun effort de tous les Etats de la Grèce pour relever de leurs ruines les édifices ravagés par l'invasion des Perses ; sans se laisser détourner de son but par la jalousie de Sparte qui accumule sur ses pas les obstacles, il exécute du moins son projet, dans l'Attique, et, à Rhamnonte, à Eleusis, il reconstruit magnifiquement les temples de Némésis et de Déméter ; au Pirée, dont les Barbares avaient fait un amas de décombres, il rebâtit ce faubourg d'Athènes, y crée des arsenaux et des docks, y installe des tribunaux et des bureaux de police et de douane, et y fait surgir une ville maritime modèle ; enfin, dans la capitale elle-même, après avoir multiplié les fondations nouvelles et les embellissements de toute nature, il couronne son œuvre, en même temps que la cité, par ses splendides constructions de l'Acropole, où, sans parler des merveilles que nous allons y admirer, on pouvait voir quatre mille pieds carrés de hauts et bas-reliefs et plus de cinq cents statues colossales. Pour réaliser cette œuvre grandiose et gigantesque, il avait fallu à Périclès des artistes et de l'argent. L'argent, il se le procura par sa politique habile, en réunissant, sous l'hégémonie d'Athènes, une quantité considérable de petits Etats dispersés sur une ligne de côtes d'environ neuf mille kilomètres, et en retirant d'eux un tribut annuel de cinq à six cents talents. Quant aux artistes, si la Providence mit à point sur sa route les plus grands que la Grèce devait jamais produire, il eut du moins le mérite de les comprendre, de les aimer, de les échauffer à la flamme de son propre enthousiasme, et, plus d'une fois sans doute, de les inspirer. Athènes s'engageait, la dernière, dans une voie artistique où le Péloponnèse et les îles avaient déjà brillamment marché. Mais, grâce à Périclès, du premier coup elle prit, pour ne plus le quitter, la tête du mouvement. Elle n'eut plus, comme au temps de Cimon, besoin de faire appel, pour s'illustrer, à des artistes du dehors. Elle venait de donner le jour à un maître qui devait les effacer tous : Phidias ! Peintre, sculpteur, et architecte, comme plus tard Michel-Ange, ce grand homme embrassa tout le domaine de l'art et fut l'âme de tous les travaux conçus par Périclès : Athènes eut, dès lors, ses écoles, qui éclipsèrent toutes les autres, pendant que, de toutes parts, la Grèce appelait ses artistes pour décorer les frontons de ses temples.

Il faut bien l'avouer : le rocher rougeâtre et monumental de l'Acropole était, dans son isolement, au milieu de la plaine, entre le Parnès, le Pentélique et l'Hymette, un piédestal merveilleusement prédestiné à supporter des chefs-d'œuvre, et à resplendir, comme il le fait encore aujourd'hui, isolé et superbe, dans une gloire d'or. Il faut y arriver par l'Arc d'Adrien, pour le voir dans la belle

Fig. 112.
L'Erechthéïon, ou Temple d'Erecthé.

échappée que lui ont faite les hommes et la nature, et pour comprendre comment il a pu être, à la fois, comparé à un autel immense et à une citadelle. Aperçu par la baie qui s'ouvre sous le grand cintre, il se dresse si imposant, dans la majesté de sa force, qu'il saisit et retient l'attention tout entière, au préjudice du Parthénon, qui, sur son sommet, semble alors se rapetisser et comme disparaître (1). Mais, glissez-vous jusqu'au mur de soutènement qui supporte la miniature du temple de la Victoire

---

(1) Cette « illusion d'optique », quand on touche presque à la base de l'Acropole, est d'autant plus curieuse à noter, que, à distance, sur la route du Pirée, par exemple, ou même au bas de la rue d'Éole, il se fait un renversement presque total des proportions : tandis qu'il semble que le rocher s'écrase et se réduit à une sorte de soubassement granitique, le Parthénon grandit, au sommet, de tout ce que perd l'Acropole ; on ne voit plus que le temple de la déesse, et l'on a l'esprit, comme les yeux, obsédé de sa radieuse vision.

Aptère ; par le large escalier qui s'ouvre devant vous, arrivez aux Propylées ; montez au haut du plateau ; et tout, alors, disparaîtra pour vous, en face des deux merveilles, qui couronnent cette cime favorisée, l'Erechtéïon, et le Parthénon !

Les Propylées, ou « avant-portes », Προπύλαι, n'étaient qu'une entrée décorative, mais princière, qui acheminait au temple de Minerve. Un portique, composé de six colonnes doriques, conduisait à cinq portes, par lesquelles on pénétrait dans la partie supérieure de l'Acropole, l'enceinte sacrée. La porte centrale avait, en bordure, deux rangées de colonnes ioniques ; et la toiture était terminée, sur chacun des deux deux côtés de la façade, par un fronton. L'œuvre, conçue et exécutée par l'architecte Mnésiclès, huit ans avant la mort de Périclès, avait la grâce infinie des œuvres qui ne vieillissent point : c'était, en quelque sorte, le vestibule idéal de l'idéal Parthénon ; et, telle était la perfection du travail que, chez les anciens, les Propylées étaient mises, pour leur beauté, sur le même plan que le temple lui-même. Malheureusement trop de peuples, trop de Barbares, ont passé là, au cours des siècles, qui n'ont pas eu la vénération des œuvres sacrées, et qui ont laissé des traces de leur visite : Vénitiens, Turcs, Anglais, Allemands, ont, à tour de rôle, et chacun à sa manière, « exploité » l'Acropole. Les Vénitiens, qui la bombardèrent, sous les ordres de François Morosini, en 1688, ne la profanèrent guère moins en y élevant, à côté des temples antiques, une Tour carrée (FIG. 111), qui portait leur nom, et dont la nudité accusait d'autant mieux la laideur (1). De leur côté, les Turcs n'avaient point procécé avec plus de respect. Ces éternels faiseurs de mosquées avaient flanqué le temple de la déesse d'un minaret, au balcon duquel retentissait, nasillarde, aux heures prescrites par le Koran, la voix du muezzin : la

---

(1) Ce contre-sens esthétique, qu'on pouvait voir encore, il y a quelques années, au milieu de l'Acropole, a eu la seule fin qu'il méritait : on l'a abattu !

voix fauve du muezzin, o dü boni ! sur les cimes sereines où planait jadis l'harmonie des hymnes, aux processions des Panathénées !... Et pourtant, si déplacée fût-elle en un tel lieu, cette voix, après tout, restait inoffensive, en comparaison du brigandage que perpétraient ces mêmes Turcs, lorsqu'ils recouvraient d'un dôme épais le grand vestibule des Propylées, qu'ils y logeaient l'aga, et qu'ils y établissaient un dépôt d'armes et de poudre. La foudre en effet mit le feu à l'arsenal, en 1656 ; et le monument

Fig. 113. — Le Parthénon.

sauta ! La foudre, ce jour-là, se trompa manifestement d'adresse : ce sont les Turcs qui auraient dû sauter, et débarrasser à jamais l'Europe de leur turqueries ! — Puis, sont venus les Anglais, et, notamment, au commencement de ce siècle, lord Elgin, qui, sous couleur de soustraire les sculptures de l'Acropole au vandalisme ottoman, en organisa une spoliation savante, et en enrichit, à prix d'or (1), le British Museum. Et, après les Anglais, ç'a été le tour des archéologues germaniques, lesquels, pour préciser les faits, fouillaient furieusement, en 1888 (2), le long des soubassements du Parthénon, au risque d'en

---

(1) Sans doute, le prétexte était honnête ; mais le procédé restait parfaitement inavouable, et l'opération honteuse. Lord Elgin vendit, en effet, près d'*un million* (35.000 liv. sterling), les marbres qu'il rapportait de Grèce, et dont il avait chargé plusieurs vaisseaux. Toujours préoccupés du but pratique, ces bons Anglais ; toujours la main tendue, dès que sonne le mot *business*; et légèrement juifs, quoique Anglais, sinon même peut-être parce que Anglais ! — Cf., ci-dessus, page 125.

(2) Un nouveau désastre a frappé récemment le Parthénon : son fronton oriental a été violemment ébranlé par le tremblement de terre de 1894.

ébranler la base de leurs lourdes mains de taupiers, et d'achever l'ouvrage des Vénitiens et des Turcs ! Ah ! les Barbares ! Combien longue et cruelle en a été l'invasion, depuis qu'arriva, dans la mer de Salamine, la flotte qui transportait les Perses de Xerxès !...

Les Propylées franchies, on monte, par une rampe douce, au sommet de l'Acropole, transformé, hélas ! aujourd'hui, en un immense amas de ruines grandioses. Dès les premiers pas, sur le plateau, voici, minuscule (1) et exquis, le temple ionique dédié à Athéné Niké, le temple de la « Victoire Aptère » (sans ailes). Dressé, sur un soubassement de trois degrés, à une extrémité de la terrasse, il domine l'abîme, sans cacher l'horizon. Jadis, autour du temple, courait une frise merveilleuse : lord Elgin en « débarrassa » deux de ses côtés. Par bonheur, il y a là une chose que n'a pas pu « prendre » le noble comte : c'est la vue, la splendide vue qu'on a, de la terrasse, derrière le temple, à l'ouest, sur la mer et sur toute la contrée (2).

L'on aperçoit, ensuite, à gauche, dans une dépression du sol du plateau, le temple, aux trois portiques, de l'ancien roi d'Athènes, Erechthée, l' « Erechthéion » (Fig. 112) œuvre géniale, comme ses voisines, mais géniale surtout par la grâce, où l'artiste a diversifié à plaisir les motifs et multiplié les détails, et qu'il faut embrasser moins d'un coup d'œil d'ensemble que par une série de « contemplations » successives ; œuvre légère, aussi, où triomphe l'ordre ionique, incarnation vivante de la sobriété dans la grâce.

A droite enfin, avec ses flancs mutilés qui laissent, par la triste brèche béante, voir un pan du ciel bleu entre ses deux frontons, se dresse le chef-d'œuvre des chefs-d'œuvre, l' « habitation de la vierge », le Parthénon (Fig. 113). Ce n'est plus, entre des ruines, qu'une ruine

---

(1) Il a à peine neuf mètres de haut, sur six à sept de large.
(2) A une extrémité de la plate-forme de l'Acropole, on a installé un petit Musée où se trouvent recueillis des marbres, des fragments de colonnes et de frises, des statues, etc., épaves glorieuses de sa magnificence passée.

majestueuse, plus qu'une pièce de musée sur un gigantesque piédestal : mais cette ruine, au mâle et sévère style dorique qu'elle a fixé en sa forme définitive, parle, plus que nulle autre, à l'imagination, et donne à l'âme l'impression totale de la sérénité dans la grandeur (1), une grandeur au charme enveloppant qui repose, non une grandeur qui écrase ou obsède. Tandis que, en Egypte et chez les Arabes, les artistes appliquent leurs ornements sur des panneaux tout entiers, chez les Grecs, au contraire, l'ornement reste comme la vignette d'un texte formé par les grandes lignes de l'édifice : c'est simplement une accentuation discrète, imprimée à une « limite » ; quelque chose d'analogue à une frange légère, aux confins d'une surface unie. Tout est eurythmie, c'est-à-dire, rayonnement d'une harmonie supérieure, dans ce temple incomparable : aux parties qui travaillent, les moulures architecturales ; à celles qui n'ont qu'une fonction mécanique, et qui ne concourent point, par conséquent, à la solidité, la statuaire ; partout enfin, un usage franc et large de la lumière, tombant de tout son poids sur des surfaces nettement taillées, et projetant des ombres à la fois fortes et transparentes. C'est dans ce temple d'Athéné, exemplaire par excellence de l'édifice sacré, que les Athéniens avaient rassemblé, à côté de l'autel de la déesse, tous leurs trésors. National autant que religieux, l'édifice était une sorte de garde-meuble, où l'on inscrivait les traités avec les étrangers, où

---

(1) J'ai expliqué, plus haut, comment, à l'époque de Périclès, les contributions des Etats confédérés s'étaient élevées jusqu'au revenu annuel de six cents talents (trois millions et demi). C'était là la principale source de richesse, pour Athènes, dont le budget annuel total ne dépassait pas mille talents. Grâce à ces recettes, on pouvait non-seulement suffire aux besoins, mais songer à l'épargne. Et, en effet, Périclès lui-même nous apprend que l'épargne avait atteint, de son temps, le chiffre de dix mille neuf cents talents, en monnaie, ou en métaux non monnayés, et que, en 431, deux ans avant sa mort, trois mille talents, c'est-à-dire, l'actif de trois budgets, avaient déjà été dépensés pour les constructions de l'Odéon, des Propylées, d'une partie de l'Erechthéïon, et du Parthénon. C'est assez indiquer dans quelle proportion les arts profitaient, sous ce grand citoyen, du superflu budgétaire.

l'on logeait les princes et les personnages considérables qui traversaient la ville, et où l'on gardait les deniers publics, en même temps qu'on l'encombrait d'offrandes, d'œuvres d'art et d'objets de prix, parce qu'il renfermait le Palladium. A ce titre, on l'avait mis à l'abri d'un coup de main, dans l'emplacement sûr et si bien approprié de l'Acropole, que pouvaient défendre ses enceintes et sa hauteur inexpugnable.

A quelque heure du jour qu'on fasse l'ascension de l'Acropole, on éprouve, en face du Parthénon, la même sensation de beauté intégrale et de force, la même impression de perfection logique, la même joie intellectuelle qui résulte de la contemplation d'une œuvre achevée. Il y a deux instants toutefois, dans la journée, où le spectacle s'empreint, en se diversifiant, de plus de magnificence : c'est le matin, de bonne heure ; et vers la fin du jour. Le matin, quand le soleil inonde de ses rayons les arêtes du Pentélique, le temple, baigné de lumière, resplendit sous le ciel en fête : quoique mutilé, il chante, avec le marbre délicat et presque fluide de ses mâles colonnes, l'hymne de l'éternelle jeunesse. Le soir, au contraire, quand le soleil incline à l'horizon et va bientôt descendre dans la mer, ses rayons obliques ne colorent plus la façade sévère que de lueurs fauves : peu-à-peu, les tonalités s'effacent, les nuances s'amortissent, et les reflets s'éteignent. Et, là-bas, vers Salamine, où l'astre se plonge dans les flots, on voit flotter, par-delà Athènes qui s'enveloppe d'ombres, par-delà la plaine de l'Attique qui lentement bleuit et s'endort, une poussière d'or et de pourpre, joyeux et dernier caprice de la lumière, dans la grisante féerie du couchant.

CHAPITRE V

CORINTHE, DELPHES, ET OLYMPIE

'ai dit adieu — non, pas adieu ; mais, au revoir ! — à l'Acropole, et aux ruines fameuses, et au Stade, Ὀδός Σταδίου ; et, par la voie ferrée qui relie Athènes à Patras, le long des golfes intérieurs, le train m'emporte, d'une allure très-modérément ailée, vers Corinthe, l'antique cité joyeuse. Librement, à travers l'espace, pas très loin de la « voie sacrée » où se déployaient autrefois les processions des éphèbes suivant avec des cantiques le clergé de Déméter, l'express court, dans la campagne, au bord des eaux bleues de l'ancien golfe Saronique, traverse Eleusis et Mégare, et coupe en diagonale l'isthme étroit qui unit l'ancien Péloponèse, la Morée d'aujourd'hui, à la Grèce proprement dite. Sur cet isthme, qui n'a, en certains endroits, guère plus de six kilomètres de largeur, les Grecs avaient élevé, à l'époque de l'invasion de Xerxès, une muraille de défense. Mais les Turcs, qui détruisent tout, l'ont abattue, sous Mahomet II ; et il n'en reste actuellement aucunes traces, non plus, hélas ! que du magnifique temple de Neptune, près duquel, tous les quatre ou cinq ans, se célébraient solennellement les « Jeux *isthmi-*

ques », où l'on disputait à la fois les prix de la lutte et de la course, et ceux de la musique et de la poésie. Et, à l'extrémité de l'isthme, où commence le golfe de Lépante, on touche à CORINTHE, la ville jadis célèbre entre toutes par son commerce et ses œuvres d'art. En ce temps-là, sur la hauteur voisine, elle dressait fièrement ses murs cyclopéens, et les remparts de sa citadelle, l' « Acrocorinthe », et la frise de son temple ; elle se glorifiait de sa fontaine de Pirène, dont, au-dessous, les eaux pures jaillissaient du rocher légendaire, où l'on disait que Bellérophon avait pris Pégase, le cheval ailé ; et, par son double port, sur chacun des deux golfes, elle ne cessait d'accroître sa richesse, d'étaler son luxe, et d'affirmer son opulence. Mais plus rien ne subsiste maintenant de sa grandeur passée hormis quelques colonnes, restées encore debout pour en rendre témoignage (FIG. 114). Près des colonnes, des groupes de maisons représentent la petite ville d'aujourd'hui : son port est envasé, et d'un accès difficile ; et comme elle n'a point de quai, le débarquement, lorsqu'on y arrive par mer, ne s'opère point sans encombre. On se borne donc à y faire halte : c'est une simple étape, dans la course d'Athènes au Parnasse.

De l'autre côté du golfe, une bande de plaine découpée à la scie sépare la mer tranquille des premières pentes qui, en Phocide, acheminent à la montagne sacrée (1), dont un Athénien de Paris, Émile Gebhart, a dit humoristiquement, dans je ne sais plus lequel de ses livres, que, si Apollon en est le dieu, Boileau s'est figuré en être le sacristain. Au fond de la baie de Salona, à l'onde assoupie, voici, dans une anse, le petit port d'Itea, aux maisons blanches éparpillées. La plaine, la riche plaine de Cyrrha, tapissée de pampres et ponctuée d'oliviers, commence, tout de suite, après avoir dépassé la marine. Une jolie

---

(1) Le Parnasse, aux cimes neigeuses, a 2.479^m d'altitude. A droite, on aperçoit l'Hélicon, que les Anciens avaient consacré à Apollon et aux Muses, et des flancs duquel la fable racontait que Pégase avait fait jaillir, d'un coup de son sabot, la fontaine d'Hippocrène.

route la traverse, qui, lentement, monte vers le pauvre village de Crissa, et conduit, par des méandres inévitables, au village de Castri, qui s'élève sur l'emplacement de Delphes, et que la France a fait sien, dans des circonstances qu'il n'est pas inutile de rappeler.

On sait quelles étaient, dans l'antiquité, l'importance et la richesse du Temple d'Apollon établi en ce lieu, et combien l'oracle du dieu y était consulté, et écouté (1). Le monument, que traversaient les eaux de la fontaine Castalie, était littéralement encombré de statues, et d'objets précieux en or et en argent (2). Aussi, ses trésors ne cessèrent-ils de tenter la cupidité des hommes ; tour à tour, les Phocidiens, les Thraces, les Romains le pillèrent.

Fig. 114. — Ruines de Corinthe.

Comme les Gaulois, eux aussi, y firent main basse, il était dans l'ordre que leurs arrière-petit-fils songeassent, quelque jour, à acquitter la dette des ancêtres. Ils n'y ont point manqué. L'Ecole Française d'Athènes, à qui l'art et la science doivent déjà la résurrection de Délos, de Mantinée, de Myrina, d'Elatée, aura eu encore la gloire

---

(1) L'ouverture prophétique, appelée « Pythium », était une longue crevasse, qu'on aperçoit dans les roches, et qui était surmontée d'un trépied sur lequel la prêtresse d'Apollon, la « Pythie », rendait ses oracles. On croit généralement qu'il sortait des roches des mofettes, c'est-à-dire, des émanations de gaz irrespirable, dont l'effet naturel était de provoquer des convulsions.

Tous les quatre ans, au printemps, dans la plaine de Cyrrha, l'on célébrait, par des exercices de luttes, et par des concours de musique et de poésie, les « Jeux Pythiques », institués en l'honneur d'Apollon, vainqueur du serpent Python qui désolait la région, et dont la peau servit à recouvrir le trépied fatidique.

(2) L'abondance des trésors s'explique par ce fait que personne n'était admis à consulter l'oracle du dieu, sans lui avoir fait, au préalable, de riches présents.

d'exhumer ce qui reste des sanctuaires de Delphes. (Fig. 115.)

Si la tâche était glorieuse, et fort tentante, elle était aussi, d'autre part, singulièrement lourde, et très délicate à accomplir. Entreprise, il y a une quarantaine d'années, par MM. Wescher et Foucart, qui donnèrent les premiers coups de pioche, elle resta longtemps stationnaire, avant que M. Haussoullier ne continuât, vers 1880, la tranchée déjà ouverte. Entre temps, les Allemands avaient mené une campagne effrénée pour nous disputer la possession du sol sacré et s'en faire adjuger le monopole. Par bonheur, outre que nous avions pour nous le droit du premier occupant, nos savants et nos diplomates ne restèrent en arrière ni d'activité, ni d'énergie, pour le faire prévaloir. Grâce au dévouement et à la ténacité de MM. Foucart et Homolle, du Comte de Mouy et du Comte de Montholon, la Convention de Delphes, qui intervint entre notre Chambre des députés et la Βουλή Hellénique, au commencement de 1891, nous donna enfin gain de cause, et offrit à la pléiade de l'Ecole d'Athènes un champ exceptionnellement digne du zèle et de l'activité de ses jeunes savants. On alla d'abord au plus pressé : les habitants de Castri furent expropriés de leurs pauvres maisons, et indemnisés ; et l'on installa, en montagne, un chemin de fer Decauville. En 1893, les chantiers se trouvèrent en pleine activité, et les résultats des premières fouilles des explorateurs furent très beaux et très consolants (1).

(1) Voici comment s'exprimait M. Homolle, dans le Rapport officiel qu'il lisait, en séance publique, le 16 novembre 1894, devant l'Académie des Inscriptions et Belles-Lettres : « Lorsque nous avons vu sortir de terre les morceaux, trop souvent maltraités, quelquefois aussi, dans leur fleur, des trente métopes qui décoraient les façades et les flancs de l'édifice : Zeus, Héra, Athéna, Dionysios, Apollon, Héraclès, vainqueur des géants ; Héraclès et Thésée, dompteurs de monstres, aux prises avec le lion de Némée ; le taureau de Marathon, les Centaures, les Amazones, Géryon, le Minotaure ; et ces Amazones lancées au galop, qui se dressaient au sommet des frontons, monument éternel de la terreur inspirée par la cavalerie perse et de sa déroute, nous avons ressenti, avec une singulière vivacité, la joie de la découverte et la surprise de l'inattendu. Nous avions sous les

Depuis, les recherches se poursuivent avec succès, et l'archéologie française a reçu, de ses rivaux, à l'étranger, les justes éloges qu'elle mérite. L'an dernier (avril 1898), aux fêtes du cinquantenaire de l'Ecole, l'un des orateurs les plus applaudis a été, sans conteste, M. Syngros, le riche banquier grec, lorsqu'il s'est levé, ainsi qu'un Mécène, pour annoncer qu'il paierait les frais de l'établissement d'un Musée, à Delphes même, afin d'abriter les belles œuvres découvertes au cours des fouilles françaises. Voilà où en sont les choses, et comment Delphes, exhumée de ses ruines, raconte maintenant les gloires de la montagne d'Apollon : ces heureux résultats, dont on est redevable à la France, ont une portée considérable, qu'il est d'autant plus juste de mettre en lumière, que la tâche a été accomplie d'une manière plus modeste.

Fig. 115. — Delphes. (Castri) : état actuel des fouilles.

A Olympie, en effet, c'est sur le mode majeur et de très retentissante façon que les explorateurs allemands ont proclamé eux-mêmes leurs découvertes, et qu'ils ont pris soin de les faire redire par toutes les bouches de la renommée. La voie ferrée, qui contourne, au nord-ouest, le Péloponnèse, amène, par petites étapes, de Patras à Pyrgos (2), d'où l'on gagne rapidement le pays de Jupiter,

---

yeux, nous tenions dans nos mains, les témoins d'un des plus grands événements de l'histoire, du plus beau triomphe de la Grèce, et du plus pur ; et l'œuvre était digne des circonstances, jeune, confiante, hardie, un peu inexpérimentée encore, mais pleine de sève et d'élan..... »

(2) Le port minuscule de Katakolon, voisin de Pyrgos, est l' « échelle » où l'on débarque, lorsqu'on se rend à Olympie par la voie de mer.

par une voie spéciale, celle du chemin de fer d'Olympie. Des ruines, un hôtel, un Musée, voilà tout ce qu'on aperçoit, au terme du voyage, à la descente du vagon. Là-bas, aux pieds du mont Kronios, aux flancs boisés ; entre le fleuve Alphée, le fleuve le plus fleuve de la Grèce, et le torrent Cladeus, s'étend l' « humide » vallon — comme parle Pausanias — de l'enceinte olympique devenue, en cette fin de siècle, le champ des fouilles. A travers les décombres, se dressent quelques maigres arbustes, poussés d'hier, qui semblent faire effort pour tenir la place des platanes et des oliviers du bois antique qu'Hercule, d'après la fable, avait environné d'une clôture ; partout, entre les marbres et les pierres, poussent, vivaces les asphodèles, et quelques autres liliacées (Fig. 117). C'est là que, depuis 1875, les archéologues allemands ont entrepris, à l'instigation de leur savant compatriote, l'historien Ernest Curtius, le travail d'exhumation qui a mis au jour les chefs-d'œuvre réunis maintenant dans le Musée voisin (1). Mais, si ce sont les Allemands qui ont eu la gloire de mener à bien ces recherches, et le mérite d'en faire très largement les frais, c'est aux Français que revient l'honneur d'en avoir conçu la toute première idée, et d'avoir, avant personne, commencé l'exploration. Dès 1723, en effet, le Bénédictin Montfaucon invitait ses contemporains à rechercher si Olympie avait réellement disparu, sans laisser de traces ; et, en 1829, lors de l'expédition de Morée, nos savants commencèrent des sondages, qui donnèrent de très heureux résultats. Malheureusement, ils n'avaient pas les ressources suffisantes pour continuer l'entreprise. L'Allemagne, mieux avisée, fit, sans hésiter, tous les sacrifices nécessaires ; et elle attacha son nom aux découvertes, à la lumière desquelles on peut désormais explorer l'ancien sanctuaire de Zeus, à Olympie.

En Grèce, aucun sanctuaire n'était plus cher à toute la race que celui-là ; aucun, non pas même celui de Delphes,

---

(1) D'après le traité conclu entre la Grèce et l'Allemagne, au début des fouilles, toutes les richesses artistiques retrouvées par les savants doivent en effet rester en Grèce.

— que Pindare appelle cependant « le nombril de la terre », — parce que le dieu du Parnasse, Apollon, ne pouvait point avoir le pas sur Zeus Olympien, maître suprême des dieux et des hommes. Les fêtes quinquennales célébrées en son honneur étaient un évènement pour le monde grec tout entier ; au prix de ce devoir religieux, toute autre considération devenait secondaire. On le vit bien, quand les Perses étaient aux portes de la Grèce, et que Léonidas et ses trois cents héros tombaient héroïquement, aux Thermopyles : les peuples grecs n'en célébrèrent pas moins les fêtes d'Olympie, jugeant qu'il n'était pas de devoir plus pressant, même en face de l'étranger, que d'implorer l'assistance du dieu.

Fig. 116.
Le Musée d'Olympie.

Un grand voyageur du IIe siècle de notre ère, le géographe Lydien Pausanias, le Baedeker des Anciens, a consacré deux des dix livres de sa consciencieuse description de la Grèce à l'Elide, et à Olympie, dont la splendeur avait déjà cessé, mais dont les richesses restaient encore intactes, à cette époque. Grâce à lui, on se reconnaît au milieu de ce dédale de palais et de temples, dont les Allemands ont retrouvé le plan presque tracé, sur le sol, dans l'épaisse couche de terre qui recouvrait colonnes et sculptures. Autour du grand temple de Zeus, et de son antique autel dominant une terrasse tout entière façonnée avec la cendre des sacrifices accumulée depuis des siècles, se rangeaient, dans l' « Altis », ou enceinte sacrée, une foule d'autres temples et d'autres autels, dressés là comme pour faire cortège au dieu suprême. C'est à l'autel de Zeus que se succédaient, après les magistrats d'Elis, qui sacrifiaient au nom de l'Etat Eléen, toutes les députations officielles des cités grecques, qui imploraient la divinité pour leur pays ; puis, les particuliers, désireux d'appeler sur eux sa protection. Leur tribut d'hommages une fois payé à Zeus et à tous les dieux, commençaient, à la joie universelle, les spectacles profanes, les « concours » ; car aucun peuple n'eut jamais, autant que les Grecs, le goût et la passion des concours : tout prenait pour eux cet aspect ; et les moindres choses, comme les plus grandes, et les plus diverses, leur étaient sans relâche une occasion naturelle de se mesurer. A Olympie, le concours garda toujours son caractère primitif : les « Jeux Olympiques » restèrent rigoureusement une lutte *gymnique* et *hippique*, sans aucune addition complémentaire, comme ailleurs, de concours littéraires ou musicaux. A voir les exercices du stade (1) et les courses de chars et de chevaux, les spectateurs prenaient, pendant plusieurs jours, un plaisir extrême, dont ils semblaient ainsi ne pouvoir se rassasier : c'était une satisfaction esthétique qui attirait, au stade et à l'hippodrome, ces admirateurs-nés des belles formes et de l'adresse, et qui les y retenait : outre qu'ils se sentaient soulevés par un intérêt patriotique, celui du triomphe du représentant de leur province ou de leur île, ils aimaient passionnément à voir de beaux hommes déployer toute leur force, et courir avec grâce et vitesse. Et quand les concours étaient achevés, commençait alors la dernière cérémonie, l'une des plus solennelles et des plus émouvantes, celle de la distribution des prix. Elle avait lieu sous le portique antérieur du grand temple de Zeus, où, sur une table d'or et d'ivoire admirablement ciselée (2), l'on avait déposé les récompenses, à savoir, des couronnes tressées avec les branches d'un olivier sacré planté par Héraclès. Ces humbles couronnes d'un feuillage toujours vert, symbole de gloire et d'immortalité,

---

(1) Le *Stade* était, proprement, une mesure de longueur, d'environ deux cents mètres. Ce nom fut attribué, par extension, à la « carrière » où avaient lieu les jeux et les courses.

(2) Ce chef-d'œuvre avait été fait par un élève de Phidias, Colotès.

placées sur les fronts victorieux par les juges des concours, en présence des magistrats et des prêtres d'Olympie, et devant les députés de toutes les cités grecques et une foule immense, avaient, aux yeux des vainqueurs, une valeur infinie. C'est ainsi que, à Olympie, où monuments et statues réunissaient à l'envi tous les types de beauté, les Hellènes glorifiaient à la fois les trois choses qui avaient pour eux le plus de prix : la religion, la patrie, et l'art !

Or, le site lui-même ajoutait, à Olympie, au charme des fêtes. A Delphes, le paysage est sévère : aujourd'hui encore, lorsqu'on voit, en cascades de rayons, tomber toujours, de la haute montagne rocheuse du Par-

Fig. 117. — Ruines d'Olympie.

nasse, la fontaine de Castalie qui chante sa douce complainte mélancolique, et la source immortelle où les Muses aimaient à baigner leurs pieds de marbre, on ne peut se défendre d'une impression étrange de grandeur presque sauvage. A Olympie, au contraire, le cadre est riant, et la toile gracieuse : le décor est visiblement préparé pour l'éclat et l'enivrement des fêtes ; la nature s'y est unie aux hommes, pour exalter la joie de vivre. Si peu donc qu'on ait soi-même, avec le culte du beau, cette secrète ouverture d'âme sans laquelle on reste irrémédiablement insensible à la poésie des choses (1), on éprouve, à visiter le

---

(1) Cette poésie, comme toute poésie, ne se révèle qu'à qui sait s'y ouvrir et y est préparé. Pour jouir des beautés de la nature, comprendre les œuvres d'art, et entendre le langage des choses, il faut soi-même avoir, avec un peu de poésie au cœur, une étincelle d'enthousiasme. Que de gens on rencontre, en qui rien ne vibre, qui ont visité, par exemple, la Palestine, et qui n'ont rapporté, de Jéru-

trésor du Musée d'Olympie (Fig. 116) et à errer au travers des temples et des ruines (Fig. 117), une émotion esthétique, une jouissance d'art, dont l'intensité s'accroît à chaque pas : devant la « Victoire » de Pæonius ; devant l' « Apollon », de Phidias ; par-dessus tout, devant l' « Hermès », de Praxitèle, on reste délicieusement saisi de surprise, et confondu d'admiration !

Il était donc naturel que l'exhumation de ces incomparables chefs-d'œuvre, en remettant en vedette le nom d'Olympie, rappelât vivement le souvenir des *Jeux* célèbres, et inspirât l'idée d'en faire une « reprise », non point servile, sans doute, mais ingénieusement accommodée aux habitudes et aux lois de notre vie moderne (1). A une époque comme la nôtre, où l'éducation physique s'est singulièrement développée et où l'on veut que, chez les enfants, la validité et la vigueur du corps répondent au développement de l'esprit, tout semblait en effet particulièrement favorable à une renaissance des concours internationaux de gymnastique. Or, cette renaissance a eu lieu : c'est un Français, un homme du monde, plein de généreuses intentions, M. le baron de Coubertin, président de l' « Union des Sociétés athlétiques de France », qui en a pris l'initiative, et qui a inauguré la restauration des Jeux Olympiques ; et c'est en Grèce, comme l'imposaient les grands souvenirs du passé ; c'est à Athènes, l'élégante capitale, mieux appropriée, avec son vieux Stade panathénéen, que les ruines encombrées d'Olympie, aux déploiements exigés par ce genre de spectacle, que les Fêtes ont été célébrées, quinze jours durant, en avril 1896. Dans le décor grandiose du Stade, aux deux tiers restauré, grâce aux libéralités de M. Abérof ; en présence du Roi,

---

salem, que l'unique souvenir de ses ruines et de ses verrues, de ses sordides contacts, et de ses « odeurs » ! Avec des dispositions semblables, ils eussent beaucoup mieux fait de rester chez eux....

(1) C'est ainsi qu'on a nécessairement modifié deux détails essentiels du programme primitif : d'abord, celui du « costume » des anciens concurrents, lequel était, on le sait, par trop sommaire ; puis, celui qui interdisait aux femmes, sous peine de mort, d'assister aux Jeux.

de la Cour, des ministres, du Corps diplomatique, et de l'armée ; devant une foule immense, où la haute aristocratie coudoyait les familles bourgeoises, et les gens du peuple les paysans en fustanelles et en capes ; aux sonneries joyeuses des fanfares et au bruit harmonieux des conversations ailées, on a donc vu tous les « athlètes », tous les coureurs rapides, de l'Hellade et du monde, se disputer vaillamment les prix de l'agilité et l'adresse. Le succès de ces Fêtes a été extraordinaire, et leur splendeur inouïe : grâce à cette heureuse et concrète résurrection de l'histoire, chacun a cru voir passer sous ses yeux, dans le Stade, comme un défilé superbe des anciens coureurs d'Olympie, comme une glorieuse apothéose de la Grèce antique !

Et il me plaît infiniment de clore, sur ce brillant et pacifique souvenir, le rapide récit de ma visite au Pays de Périclès, — et des Palikares.

TABLE DES ILLUSTRATIONS

Pages

FRONTISPICE, composé par R. LENAIL.
FIG.	1.	L'*Orénoque* sortant du port de la Joliette............		5
»	2.	ALEXANDRIE.	Vue du port, et du Palais du Vice-Roi..	17
»	3.	»	La Place, après le bombardement de 1882.................................	18
»	4.	»	La Place reconstruite.....................	19
»	5.	»	Un marchand de canne à sucre.........	21
»	6.	»	Allée de la Colonne Pompée............	24
»	7.	»	Colonne Pompée, et cimetière arabe.....	25
»	8.	»	Mahométans, à la Mosquée.............	27
»	9.	LE CAIRE.	Une caravane de chameaux.............	33
»	10.	»	Première vision des Pyramides.........	35
»	11.	»	L'Obélisque d'Héliopolis................	36
»	12.	»	Vue générale du Caire..................	36
»	13.	»	L'entrée du Shepheard's Hôtel.........	37
»	14.	»	Le salon arabe du Shepheard's Hôtel...	37
»	15.	»	Vue de la Capitale, prise de la Citadelle	41
»	16.	»	Restaurant et café arabes...............	42
»	17.	»	Une station d'âniers....................	43
»	18.	»	Les coureurs, à une station de voitures.	44
»	19.	»	Echoppe d'épicier arabe................	45
»	20.	»	Cour intérieure d'une maison arabe.....	46
»	21.	»	Ecole arabe de jeunes garçons..........	47
»	22.	»	Derviches tourneurs......	48
»	23.	»	Mosquée Kaïd-Bey.......	53
»	24.	»	Place Mohamed-Ali.....................	54
»	25.	»	Mosquée de la Citadelle................	55
»	26.	»	Tombeaux des Mameluks...............	56
»	27.	»	Tombeaux des Kalifes..................	57
»	28.	»	Coupe transversale du Pont du Nil.....	58
»	29.	»	Palais de S. A. le Khédive.............	59

				Pages
Fig.	30.	LE CAIRE.	Sur le Pont du Nil	60
»	31.	»	Route des Pyramides	61
»	32.	»	Les Bédouins des Pyramides	62
»	33.	»	Au pied des Pyramides	63
»	34.	»	Le Sphinx	65
»	35.	»	Musée de Gisch	75
»	36.	»	Salle des Momies, au musée de Gisch	77
»	37.	»	Cercueil d'une momie	79
»	38.	»	Momie de Séthos I	81
»	39.	»	Momie de Ramsès II (Sésostris	81
»	40.	»	Une rue du Vieux Caire	87
»	41.	MEMPHIS.	Statue de Ramsès II	91
»	42.	ABYDOS.	Fragment de sculpture	95
»	43.	SUEZ.	Le port, à la marée basse	105
»	44.	»	Vue du Canal	107
»	45.	PORT-SAID.	Rue du Commerce. Vue prise de la mer.	109
»	46.	JAFFA.	Le port, et la ville basse	137
»	47.	»	Cook's Office	139
»	48.	»	Gare du chemin de fer de Jérusalem	141
»	49.	JÉRUSALEM.	La Porte de Jaffa	143
»	50.	»	Panorama de la Ville Sainte : vue prise du mont des Oliviers	149
»	51.	»	Une rue de Jérusalem	151
«	52.	»	Un rabbin	154
»	53.	»	Types juifs	155
»	54.	»	Muraille des lamentations	157
»	55.	»	Intérieur du Cénacle, au mont Sion	159
»	56.	»	Arc de l'Antonia, ou de l' « Ecce homo »	169
»	57.	»	Voie douloureuse : V^e et VIe stations	171
»	58.	»	Escalier du Saint-Sépulcre	173
»	59.	»	Façade latérale du Saint-Sépulcre	175
»	60.	»	Emplacement du Calvaire (Chapelle grecque)	181
»	61.	»	Rocher fendu du Golgotha	185
»	62.	»	Le Saint-Sépulcre : entrée du divin Tombeau	189
»	63.	»	Vue générale de l'emplacement du Temple de Salomon	193
»	64.	»	Mosaïques et détails extérieurs de la Mosquée d'Omar	195
»	65.	»	Vue intérieure de la Mosquée d'Omar	197
»	66.	»	La célèbre « Porte dorée »	199
»	67.	»	Porte Saint-Etienne, dans l'enceinte orientale des remparts	201
»	68.	»	La vallée de Josaphat (côté sud)	207
»	69.	»	Jardin de Gethsémani, et colline du Mont des Oliviers	208
»	70.	»	Olivier du Jardin de Gethsémani	209
»	71.	»	Rocher des Apôtres, et colonne de la trahison de Judas	210
»	72.	»	Intérieur du Tombeau de la Sainte Vierge	211

TABLE DES ILLUSTRATIONS

Pages

Fig. 73.	Jérusalem.	Torrent du Cédron, et tombeau d'Absalon	212
» 74.	»	Piscine de Siloé, dans la vallée du Cédron	213
» 75.	»	Cloître de la chapelle du Pater noster...	214
» 76.	»	Coupole de l'Ascension : rocher de l'empreinte du pied......................	215
» 77.	»	Route de Béthanie à Jéricho............	221
» 78.	Jéricho.	Les ruines, et la plaine...............	223
» 79.	»	Bords du Jourdain....................	224
» 80.	»	Bords de la Mer morte, et montagnes de Moab............................	225
» 81.	»	Ruth la glaneuse, dans le champ de Booz	227
» 82.	Bethléhem.	Route de Jérusalem à Bethléhem........	241
» 83.	»	Tombeau de Rachel, à mi-chemin........	233
» 84.	»	Village des Pasteurs...................	235
» 85.	»	L'arrivée des pèlerins, à Bethléhem, le jour de Noël.......................	237
» 86.	»	L'église de la Nativité.................	239
» 87.	»	Grotte de la Nativité : la Crèche........	231
» 88.	Nazareth.	Fontaine de la Vierge.................	247
» 89.	»	Chapelle de l' « Atelier de S. Joseph »...	249
» 90.	Le Thabor.	Porte extérieure du Couvent latin.......	251
» 91.	Tibériade.	Vue de la ville, prise du lac, à l'ouest....	253
» 92.	Beyrouth.	Le Jardin de Rustein Pacha............	254
» 93.	»	L'Université...........................	255
» 94.	Rhodes.	La Tour noire, et les canons des Chevaliers.........................	262
» 95.	Samos.	Vue du port.........................	263
» 96.	Smyrne.	Port et quai..........................	264
» 97.	»	Cimetière turc, et Pont de la caravane...	265
» 98.	»	Tombeau de S. Polycarpe, au lieu de son martyre...........................	267
» 99.	»	Chapelle S. Polycarpe, sur le mont Pagus	269
» 100.	Éphèse.	Ancienne Église S. Jean...............	271
» 101.	Athènes.	Échappée sur l'Acropole et sur la ville...	275
» 102.	»	Vue du port du Pirée..................	277
» 103.	»	Palais Royal de la Constitution.........	279
» 104.	»	La campagne : rocher de l'Aréopage.....	281
» 105.	»	L'Arc d'Adrien.......................	291
» 106.	»	Le Temple de Thésée..................	293
» 107.	»	La Porte de l'Agora...................	295
» 108.	»	Façade de l'Odéon d'Hérode Atticus.....	296
» 109.	»	Intérieur du Théâtre de Bacchus........	297
» 110.	»	Vue du Temple de Jupiter Olympien, et du Lycabète.......................	299
» 111.	»	Tour Vénitienne, et Propylées...........	303
» 112.	»	L'Erechtéïon, ou Temple d'Erechthé.....	307
» 113.	»	Le Parthénon.........................	309
» 114.	Corinthe.	Ruines de l'ancienne ville..............	315
» 115.	Delphes (Castri).	État actuel des fouilles.......	317
» 116.	Olympie.	Vue générale du Musée...............	319
» 117.	»	Le temple de Junon...................	321

TABLE DES MATIÈRES

Pages

Avant-propos..................................... v

PREMIÈRE PARTIE

AU PAYS DES PHARAONS

Chapitre i. — **Une ville flottante : l'Orénoque.** — Physionomie d'un départ. — Une ville flottante qui est une sous-préfecture. — Statistique navale. — Le Commandant Bouis, et la croisière de 1898, aux rives Helléniques et à Constantinople. — Un lever de soleil, en vue de la Corse. — Une page de dessins croqués par la nature, aux côtes septentrionales de la Sardaigne. — Le décor du phare de Messina. — Première vision des côtes d'Egypte. — Un paquebot en retard. — Le port d'Alexandrie. — Invasion de sauterelles. — A quoi sert un billet Cook............................ 1

Chapitre ii. — **Alexandrie.** — Un paysage déjà vu. — Une première visite obligatoire. — La Place Méhémet-Ali. — Un peu d'histoire rétrospective. — Un révolutionnaire : Araby-Bey. — Le bombardement d'Alexandrie, par Messieurs les Anglais (12 juillet 1882). — De l'eau bénite de cour. — Un quartier saccagé. — Une Place relevée de ses ruines. — Deux civilisations mur mitoyen. — Une ville franque. — L'Œuvre nationale des Ecoles d'Orient. — L'Ecole française des Arts et Métiers. — A travers les Eglises. — Un interview chez S. B. le patriarche Melchite. — La Colonne Pompée. — Aspect proprot du quartier turc. — Le Pharos d'Alexandrie. —

Le Palais du Khédive. — Flânerie dans le quartier européen. — Le triomphe des balcons. — Le fléau de l'arrosage. — Prospérité croissante de la ville, au xixe siècle. — L'oasis de San Stéfano. — Une coïncidence de dates : le centenaire d'Aboukir. — La revanche de Napoléon.................... 15

CHAPITRE III. — **Arrivée au Caire.** — La première voie ferrée de l'Orient. — Matériel anglais. — La poussière d'Egypte. — La foire de Tanta. — Les jardins de Benha. — La banlieue de la capitale. — Shepheard's hôtel. — Un perron de marbre. — La « season ». — Relâche. — Les avantages de l'isolement au caravansérail. — Service nègre. — Des mains noires dans des gants blancs. — Farniente, sur la terrasse. — Clair de lune. — Les moustiques du Caire....................... 31

CHAPITRE IV. — **Les rues du Caire.** — Visite à l'Ezbékiyé. — Le dessin de Barillet. — La rue Muski. — Où sont les plus belles artères. — Le bazar. — Ce qu'on y voit de plus intéressant. — Impression à la sortie du labyrinthe. — Les « types » des rues. — Aniers, et coureurs. — Flânerie dans la vieille ville — Le Kaléïdoscope de la chaussée. — Les soldats de l'Angleterre. — En pays conquis. — Représentations, et concerts. — Les derviches tourneurs.................... 39

CHAPITRE V. — **A travers les monuments du Caire.** — Point de cathédrale. — Un réseau de mosquées. — Analogies d'une mosquée et d'un temple protestant. — La Place Mohammed-Ali. — Mosquée du sultan Hasan. — Mosquée Mohammed. — Tombeaux des Mameluks. — Tombeaux des Kalifes. — Le pont du Nil. — Le Palais Khédivial d'Abdin. — Le palais du Nil. — S. A. Abbas Hilmi II. — Ces inévitables Anglais. — La route des Pyramides. — Une plaie d'Egypte, aux pieds des Pyramides : la nuée des sauterelles. — Première impression produite par la vue des colosses de pierre. — L'escalade. — La visite intérieure. — Autour du Sphinx. — Vision, au clair de lune.................................. 51

CHAPITRE VI. — **Le Musée de Giséh.** — La fondation du Musée, à Boulaq, et son nouveau directeur, Victor Loret (1), à Giseh. — Le groupement des salles. — Un « fouilleur » de génie : Mariette-Bey. — L'histoire reconstituée à l'aide des monuments. — La pierre trilingue de Rosette. — Les hiéroglyphes livrent leurs secrets. — La salle des momies. — Comment on faisait une momie. — L'égalité de la conservation dans la mort, chez les Egyptiens. — Devant les cercueils de Séthos I, et de Ramsès II, le « grand roi Sésostris ». — Une illusion d'optique. — Impuissance de l'homme à lutter contre la mort. — Memento, homo, quia pulvis es 73

(1) A l'heure où j'écris ces lignes, les journaux annoncent que, dans la vallée des Rois, à Thèbes, V. Loret vient de découvrir la tombe de Thoutmès I (7 mai 1899).

TABLE DES MATIÈRES 331

Pages

Cpapitre vii. — **Autour du Nil.** — Souvenirs bibliques. — Les arrogances de la « science ». — Le jardin de Matariyé. — La terre patriarcale de Gessen. — Deux Joseph, à Héliopolis. — La Sainte Famille, au Vieux Caire. — Le village de Bédrachein. — L'ancienne Memphis. — Le colosse de Ramsès II. — L'orientation du génie architectural, en Egypte. — Le Sérapéum. — Trois programmes pour visiter les rives du Nil. — Vers Luchsor, en chemin de fer. — Cités disparues. — Asiout, et l'impression du désert. — En remontant, au midi : Abydos, la ville sainte des Egyptiens. — Le temple de Dendéra. — Une ville gigantesque : Thèbes, aux cent portes. — Les tombeaux des Ramessides. — La descente du fleuve en bateau.. 85

Chapitre viii. — **A travers le Delta.** — Une succession d'oasis. — Comment on pourrait aller rapidement du Caire à Suez. — Anciens essais d'un canal entre les deux mers. — Un grand Français : Ferdinand de Lesseps. — Agissements de l'Angleterre. — L'inauguration du Canal de Suez (1869). — Physionomie de Suez. — Traversée du Canal, en bateau. — Une ville coquette ; Ismaïlia. — Russes et Français, dans les eaux de Port-Saïd. — A qui le Canal ? — Le monument de F. de Lesseps.. 103

Chapitre ix. — **L'Angleterre, et la question d'Egypte.** — La clef du monde. — L'expédition de Bonaparte. — La Force, et le Droit. — La diplomatie anglaise, au Congrès de Berlin (1878). — La bombardement d'Alexandrie par l'amiral anglais, et l'entrée des troupes britanniques au Caire (1882). — Déclarations solennelles de l'amiral Seymour, et de lord Dufferin, ambassadeur à Constantinople. — Engagements, et parole d'honneur. — L'Europe jouée. — Rodomontades d'outre-Manche. — Des gens sans entrailles. — Menaces et intimidation. — Affirmation du Protectorat de l'Angleterre. — Attitude significative de S. A. Abbas Himli II. — Maigre compensation accordée à la France. — Les ennemis de l'Europe et de la civilisation............................ 113

DEUXIÈME PARTIE

AU PAYS DU CHRIST

Chapitre i. — **Jaffa.** — Deux routes, d'Egypte en Palestine. — L'orchestration du voyage, par les paquebots. — A bord de « Bérénice ». — Un rêve, les yeux ouverts. — La passe de Jaffa, et les écumeurs de mer. — Escalade du bateau. — Comment on échappe aux mains des forbans. — Le marché,

332 TABLE DES MATIÈRES

Pages

à Jaffa. — Le bazar. — L'Hôpital Saint-Louis, et l'influence française. — Les jardins et la campagne. — La nouvelle ligne du chemin de fer de Jaffa à Jérusalem. — Regrets stériles et plaintes hors de saison. — Comment on devrait se rendre à la Ville Sainte. — Singulière impression, à son approche..... 135

CHAPITRE II. — **Dans la ville Sainte.** — Scènes d'arrivée. — Rues fermées, et rues ouvertes. — Contrastes d'aspect. — Physionomie diverse de Jérusalem, vue par le dehors, ou du dedans. — Un beau panorama photographique. — Le quartier juif. — Costumes et attitudes. — A la porte d'une synagogue. — Le Mur des lamentations. — Un souvenir de Loti, au Grand New Hôtel. — Mon drogman : Jean Yasmineh. — La Tour de David. — Le quartier Arménien. — Les maisons d'Anne et de Caïphe. — Celle de Joseph d'Arimathie. — Le Cénacle. — Le Patriarcat latin. — S. B. Mgr Piavi. — Le Consulat de France. — L' « Auberge de France ». — Le péril russe. — Les PP. Dominicains, au Tombeau de Saint-Etienne... 147

CHAPITRE III. — **La Voie douloureuse, et le Saint Sépulcre.** — La colline du Calvaire, jadis et aujourd'hui. — La première église bâtie, au Golgotha, par Sainte Hélène. — Objections des libres-penseurs. — La Tour Antonia, et la Voie douloureuse. — L'Arc de l'Antonia. — Le tracé authentique de la Voie, dans les sous-sol de la Maison de N.-D. de Sion. — Inclinaison du chemin, qui, ensuite se redresse, à partir de la Ve Station — Simon de Cyrène, et Véronique. — La Porte Judiciaire. — Les deux chemins du Saint-Sépulcre. — Parfaite inutilité d'un nouveau temple protestant. — Parade impériale, et discours de circonstance. — Le parvis de la Basilique. — Complexité du Saint édifice. — Les chapelles du Crucifiement et de l'Elévation de la Croix. — La fente du rocher. — La Pierre de l'Onction. — Le divin Sépulcre : une Tombe triomphale et glorieuse. — Ce que le Saint Sépulcre dit au cœur....................................... 167

CHAPITRE IV. — **Au temple de Salomon.** — Les souvenirs du Temple, à travers l'histoire. — Le Temple, au temps d'Hérode. — La prédiction de sa ruine, par Jésus. — Le siège de Jérusalem, par Titus (70 ap. J -C.) — La mosquée d'Omar (VIIe siècle). — L' « Haram ech-Chérif ». — Un plaisir d'art sans mélange. — Babouches règlementaires. — La merveille des vitraux et des mosaïques. — Le rocher du Moriah. — La mosquée El Aksa. — Les écuries des Templiers. — La Porte « spécieuse ». — L'Etablissement Sainte Anne. — Hommage au Grand Cardinal Lavigerie· — Deux séminaires juxtaposés. — La piscine Probatique. — L'Immaculée Conception, à Jérusalem. — La France et ses religieux, dans la Ville Sainte. 191

CHAPITRE V. — **Du Cédron au Mont des Oliviers.** — Nature désolée. — La Porte Saint Etienne. — Le cours du Cédron. — Les lépreux de la vallée. — Le Jardin de Gethsémani. — Le rocher du sommeil des trois Apôtres. — La Grotte de l'Agonie. — Le couvent russe. — Le Tombeau de la Sainte Vierge. — La scène de l'ouverture du Tombeau, traitée par les grands peintres. — Encore la Porte spécieuse (Porte dorée). — Le tombeau d'Absalon, et celui de Josaphat. — La piscine de Siloé. — Haceldama. — Le lieu où Jésus pleura sur Jérusalem. — La Chapelle du « Symbole des Apôtres » — La Chapelle du « Pater Noster. » — Le « Pater », en trente-trois langues. — Un essaim de Carmélites, du monastère de Carpentras. — La Chapelle de l'Ascension. — L'empreinte des pieds du Sauveur. — Les catholiques « chez eux », malgré les Turcs........ 205

CHAPITRE VI. — **Jéricho, le Jourdain, et la Mer Morte.** — Histoire de brigands. — Escorte rassurante : un cavalier. — Portrait de Saleh Arkat. — En voiturin, pour la Mer Morte. — Les ruines de Bethphagé. — A Béthanie. — L'Auberge du « Bon Samaritain ». — Changement de décor. — — Admirable précision des descriptions de l'Evangile. — Toujours la descente. — Un monastère sur un abîme. — Le New Hôtel de Jéricho. — Trois cités disparues. — Un cadre plus beau que sa toile. — Quarante degrés centigrades, à minuit. — Musique de chacals. — Vision des monts de Moab. — Le lointain de la Mer Morte. — Un nom parfaitement justifié. — Un lac à onze cent soixante mètres au-dessous du niveau de la mer. — Un fleuve de vie : le Jourdain. — Ruth la Moabite, au champ de Booz 219

CHAPITRE VII. — **Bethléhem.** — Route riante, sur la crête des collines. — Le puits des Rois Mages. — Le tombeau de Rachel. — Panorama de Bethléhem-Ephrata. — Les caravanes, le jour de Noël. — L'Eglise de la Nativité. — Vandalisme des Grecs. — Une cohabitation incommode. — Description de la Grotte. — Evocation du massacre des SS. Innocents, d'après un sermon de S. Augustin. — La Grotte du lait. — La chapelle de S. Jérôme. — Comment le grand docteur fut amené, par la Providence à se fixer à Bethléem. — Vieille histoire, toujours ancienne et toujours nouvelle. — Le souvenir vivant de Sainte Paule. — L'oranger de S. Jérôme.................................... 229

CHAPITRE VIII. — **De Nazareth à Beyrouth, par Caïffa.** — Ligne droite, et ligne courbe. — Physionomie de Caïffa, aux pieds du Carmel. — Un essaim lyonnais de Carmélites, à Caïffa. — Trop d'Allemands. — Nazareth, la ville des fleurs. — La Basilique de l'Annonciation. — Translation de la « Santa Casa » en Illyrie, puis en Italie, à Loreto (1291-1294). — La Fontaine de la Vierge. — Un glorieux cousinage. — L'Atelier de Saint Joseph. — Ascension du Thabor. — Ce qu'on voit, du haut de la montagne de la Transfiguration. — Le Couvent latin, au Thabor. — Les riantes cités de jadis, aux bords du lac de Tibériade : Capharnaüm, Corozaïn, Génézareth, Magdala. — Richesse des souvenirs, à Tibériade. — Un ghetto. — La fontaine de Cana. — Le site de Beyrouth. — Les jardins. — Question d'atavisme. — L'Université catholique de Beyrouth. — Un article à ne pas exporter. — Mesure draconienne du Conseil de l'enseignement médical turc. — Diplomatie, et énergie. — Le « modus vivendi » de la Faculté de médecine, depuis l' « accord » de 1898. — Un infaillible moyen d'influence française en Orient.. 245

TROISIÈME PARTIE

AU PAYS DE PÉRICLÈS

Chapitre i. — **Vers la Grèce.** — Sur l' « Ava ». — Rhodes, l'île « fortunée ». — Le « Colosse » du soleil. — La Tour Saint Ange, et le tremblement de terre de 1851. — La « rue des Chevaliers ». — Les Ecoles françaises, à Rhodes. — La patrie de Pythagore. — D'heureux insulaires, à Samos. — La grande ville d'Ionie : Smyrne. — Le fléau de la douane ottomane. — Les Allemands de l'Hôtel Huck —. Plusieurs kilomètres de quais. — La « rue franque ». — Essor pédagogique. — Le service postal français, en Orient. — Le culte de la musique, à Smyrne. — Le quartier turc, et la ville franque. — La mémoire de Saint Polycarpe. — Son martyre, au stade. — Son tombeau, et sa chapelle, au mont Pagus. — Les ruines d'Ephèse. — L'Eglise Saint Jean. — Le souvenir de la Mère de Dieu.. 261

Chapitre ii. — **Athènes moderne.** — A travers les Cyclades. — Une compatriote de Rubinstein sur l' « Ava ». — La mer de Salamine. — Première échappée sur le mont Hymette et l'Acropole. — Le port du Pirée. — Une plage balnéaire : Phalère. — En « amaxa », vers Athènes, sous la conduite de Protagoras. — Halte classique. — Le long du Céphise. — La Place de la Constitution. — Le Palais Royal, et ses jardins. — L'héroïque levée de la Grèce, pendant la guerre de l'indépendance. — Le Roi Othon. — Avènement de S. M. Georges I (1863). — La Famille Royale. — Les constructions allemandes, à Athènes : pseudo-pastiche de l'ancienne architecture. — Le goût français. — La « poussière attique ». — Un moyen de s'en débarrasser, sans en rien perdre. — Les principaux monuments : Université, Académie, Voulie, Eglise Saint-Denis, Eglise byzantine Saint-Théodore, Ecole polytechnique, Musée national, etc. — L'Ecole Française, et son cinquantenaire (1897). — Deux belles Places. — La société Hellénique. —

TABLE DES MATIÈRES

Pages

Une musique militaire, comme on n'en entend pas aux pays turcs. — Excursions autour de la Capitale. — Le Château Royal de Tatoï.. 273

Chapitre III. — **Les ruines de la Cité de Minerve.** — La route de l'Acropole. — La Porte d'Adrien. — Le temple de Thésée. — La Porte de l'Agora. — Une ruine du Forum romain. — La Tour des vents. — L'Odéon d'Hérode Atticus. — Le théâtre de Bacchus. — Les origines du drame. — Distribution du théâtre : orchestre, scène, cavea. — Les trois portes de la scène. — Nécessité du cothurne et du masque : leurs avantages. — Les fauteuils de marbre. — L'Arc d'Adrien. — Le temple de Jupiter Olympien, et le mont Lycabète. — Statues d'Adrien et de Jupiter................... 289

Chapitre IV. — **Acropole, et Parthénon.** — Position de la Cité antique. — La Citadelle. — Le sanctuaire. — Guerres désastreuses. — Les habitants de l'Attique. — Portrait de Périclès. — L'esprit de suite. — Un impôt intelligent. — Heureuse floraison d'artistes. — Diversité d'impression en face de l'Acropole. — Les Propylées. — Invasion de Barbares. — Le temple de la Victoire Aptère. — Le temple d'Erechthé. — Principes d'esthétique incarnés dans le Parthénon. — Le tremblement de terre de 1894. — Un temple religieux et national. — Deux heures de la journée particulièrement propices pour admirer le Parthénon............. 301

Chapitre V. — **Corinthe, Delphes, et Olympie.** — L'Ancienne Voie sacrée, et le chemin de fer de Patras. — Eleusis, et Mégare. — L'isthme de Corinthe. — Les deux golfes. — L'Acro-Corinthe. — Le port d'Itea. — La plaine de Cyrrha. — Les gloires du Parnasse. — La France, à Delphes. — Le Musée de M. Syngros. — Un rapport de M. Homolle. — De Pyrgos à Olympie. — Le vallon d'Olympie, et ses ruines. — Les premiers pionniers. — L'œuvre des archéologues allemands. — Une description d'Olympie par le géographe Pausanias. — Ce qu'on venait faire à Olympie. — La passion des concours, chez les Grecs. — Le prix des récompenses. — Religion, patrie, et art. — Un cadre accommodé au tableau. — L' « Apollon » de Phidias, et l' « Hermès » de Praxitèle. — M. de Coubertin, et son projet de « reprise » des Jeux Olympiques. — Les modifications à faire subir à l'ancien programme. — Olympie, à Athènes. — Restauration du Stade. — Quinze jours de courses. — Un match international. — Le public, et les coureurs. — Immense succès des Fêtes. — Un dernier souvenir au Pays de Périclès, et des Palikares............................. 312

ERRATA

Page 77, ligne 9, au lieu de : *persistaute*, lisez : *persistante*.
»   82, » 25, »   *e*, » *et*.
»   97, » 1, » *nord*, » *midi*.
» 103, » 5, » *féeondité*, » *fécondité*.
» 129, » 35, note » *Anglterre*, » *Angleterre*.
» 128, » 29, » *la rendent*, » *le rendent*.
» 168, » 1, note » *Eapitales*, » *capitales*.
» 189, » 38, » *myster*, » *mystère*.

LYON. — IMPRIMERIE EMMANUEL VITTE, 18, RUE DE LA QUARANTAINE.

www.ingramcontent.com/pod-product-compliance
Lightning Source LLC
Chambersburg PA
CBHW060453170426
43199CB00011B/1190